# 東京大神宮ものがたり

大神宮の一四〇年

藤本頼生

錦正社

『風俗画報』臨時増刊 175 号(明治 31 年)に描かれた日比谷大神宮例祭の図

明治 40 年頃の日比谷大神宮の社頭風景(絵葉書)

『日本之勝観』（大正 4 年〈初版は明治 36 年〉）に掲載された日比谷大神宮拝殿前の写真

尾形月耕画「日比谷大神宮」（『新撰東京名勝画譜』国立国会図書館所蔵、明治 41 年）

昭和 30 年代の東京大神宮拝殿

昭和 30 年代の東京大神宮(鳥居前から)

現在の東京大神宮拝殿

現在の東京大神宮(鳥居前から)

正月の境内(令和２年１月４日)

境内俯瞰(日本武道館方向を望む)

東京大神宮における現在の神前結婚式

東京メトロ銀座線「銀座駅」に掲出の東京大神宮マツヤサロンの広告
写真右：披露宴会場「五十鈴の間」、右上：一日一組限定の「伊勢懐石料理」

# はじめに　――大神宮創建から百四十年を迎えて――

　令和二（二〇二〇）年四月十七日を以て、東京大神宮は、その前身となる神宮司庁東京皇大神宮遥拝殿として創建されて以来、百四十年という佳節を迎えた。当宮の歴史そのものから考えれば、本文中でも述べているように、明治五（一八七二）年十月に東京麴町に設けられた神宮司庁東京出張所以降の歴史を背景として、伊勢神宮との深い由緒と歴史的経緯を持つ社でもある。

　日本全国に宗教法人として登録されている神社は八万社を数える。法人として登録・認証されていない、いわゆるムラ持ち（自治会や町内会の運営等）の社・小祠も含めると、全国に十数万社とも言われる神社の歴史や由緒は千差万別であり、八万の社が有れば無論、八万社それぞれに鎮座の由緒や氏子ら庶民崇敬の歴史が存在する。そのなかでも東京大神宮は、創建以来、戦前期には一般に広く「日比谷大神宮」、「飯田橋大神宮」という名称で神社として認識・崇敬されてきた歴史を持ちながらも、国家的な宗教政策との関係性のなかで創建されるに至った伊勢神宮の東京の遥拝殿としての歴史、神宮・神社と宗教とを分離する形で設けられることとなった神宮教という教派神道の一派としての歴史、非宗教の民法法人である財団法人神宮奉斎会としての歴史、そして飯田橋への移転と戦後の財団法人の解散、新たに衣替えした東京大神宮という宗教法人としての歴史を歩んできた。さらには関東大震災の被災に伴っては皇居内への御霊代の御動座という日本全国の他のどの社にも無い、特別の歴史、由緒を持つ社でもあり、同じ東京都内の明治神宮や靖國神社とともに、近代以降の神宮・神社にかかる制度的な変遷に最も翻弄されてきた社でもある。

先に述べた通り、現在、全国に数多の神社が存在するなかで、このある種、特別な由緒、歴史を持つ東京大神宮の歴史については、これまで岡田米夫や松山能夫が中心となって『神宮公文類纂』など神宮当局の公文書をもとに詳細に大神宮の創建経緯を編んだ『東京大神宮沿革史』や阪本是丸の著した『東京大神宮百年の歩み』があり、それぞれ、大神宮が現在の鎮座地である飯田橋への移転から三十年、大神宮創建から百年、という、佳節に合わせて発刊されたものである。

加えて阪本健一の『明治神道史の研究』や西川順土の『近代の神宮』、久保田収の『神道指令の超克』等の先学による詳細な研究があり、本書執筆にあたっては、これら先学の研究の恩恵に与かったことはいうまでもない。また、近年、武田幸也の『近代の神宮と教化活動』も発刊されており、大神宮の歴史的な沿革や由緒、活動については、これらの書や論文を読めば大方のことは理解でき、本書執筆にあたってもこれら先学の業績の恩恵を受けたことはいうまでもない。

その一方で、『東京大神宮沿革史』と『東京大神宮百年の歩み』は、ともに出版社からの発行ではなく、東京大神宮による印刷・刊行によるもので、かつ非売品でもあるため、発行数、配布先も限られており、一般に広く当宮のことを知ってもらう機会には恵まれていなかった。また、阪本健一、久保田、武田の書は学術書でもあり主に研究者向けである。ゆえに昭和五十五年に刊行された『東京大神宮百年の歩み』から既に四十年、神宮司庁の発刊である西川の書も刊行から三十年余を経たこともあり、令和の新たな時代を歩み続ける東京大神宮の神社史を記す上では、あらためて平成以降の歴史についても幾許か書き加える必要もあると考えていた。

そこで、本書では、近代以降の法令に基づく制度的な変遷や日比谷から飯田橋への移転等の歴史的経緯、社務にかかる歴史史料等をも用いた沿革は、前掲の岡田・阪本の二書に依拠しつつも東京都公文書館に残された当時の申請文書なども用いて、現在の東京大神宮の前史にあたる、通称「日比谷大神宮」とも称された時代の歩み、その起源にあたる神宮司庁東京出張所から、神道事務局神殿・神宮教院、神宮教、神宮奉斎会という日比谷時代の大神宮から飯田橋への移転への軌跡を描き出してみたい。そして昭和以後、令和までの歩みについても各新聞記事などとともに辿ってみたい。

また、本書中盤では、かつて平井直房や石井研士が神道学・宗教学の立場から明らかにしてきた東京大神宮の代名詞ともいえる神前結婚式に焦点をあて、その創始から現在に至るまでの経緯についても概観を試みている。

そして本書の後半では、「これが大神宮に関係するのか」と思ってしまうような点や、東京大神宮に関する身近な事柄を様々な角度から解き明かすことで前半、中盤に記した内容を補足する形で、当宮の歴史の周縁にあるものを描き出してみたいと考えている。

本書は、先に述べた大神宮の創建以来の複雑な歴史や神前結婚式という観点に加え、「ヒト・出来事・モノ・場所」にも注目しながらこの百四十年の歩みを繙くことによって、東京大神宮が「東京のお伊勢さま」とも称される由縁を少しでも一般の方々に伝えたいと考えている。大神宮の神社史としては、いささか風変りな書かもしれないが、本書の発刊を通じて一般の人々に大神宮をより親しみのある社として感じてもらえる一つのきっかけになれば、幸いである。

最後に、本書の刊行にあたって筆者を励まして戴くとともに、多大なるご支援を戴いた東京大神宮の松山文彦宮司に心より御礼を申し上げ、巻頭の挨拶としたい。

令和二年九月十三日

國學院大學准教授　藤　本　頼　生

# 目　次

## 第二編　神前結婚式と礼典・大神宮

## 第三編　大神宮あれこれ――大神宮の不思議を探る――……167

# 大神宮の名称・呼称についての解説
## ――本書を読む方のために――

本書においては、現在の東京大神宮および東京大神宮の移転前の通称である「日比谷大神宮」を意味する名称（呼び名）が数多く登場し、混乱することがある。本書では、基本的に「大神宮」という名を用いて著述を進めているが、昭和三年の移転前を「日比谷大神宮」、移転後を「飯田橋大神宮」と呼称し、昭和二十一年以降は、「東京大神宮」という語を用いている。しかし、なかには、どうしても大神宮のことを意味するが、異なる呼び名を記している場合もあり、読み進める読者の方々が混乱してしまうことも予想される。そこで読者の利便のため、基本的な用語となる①～⑨の次の語について簡単な解説を行うことで、後掲の図とともに本書の理解の一助としたい。

①神宮司庁東京出張所（明治五年～明治十五年五月三十一日）

明治五年に神宮少宮司であった浦田長民が、東京の教部省との連絡および東京・大阪・京都の三府における神宮の御神徳宣揚と教化宣布活動の中心拠点とするために置いた出張所のうちの一つで東京出張所のこと。単なる事務機関ではなく、東京の神宮教会、神風講社を統括する信仰機関でもあった。

明治五年十月七日までに東京に設置されていたと考えられている。教部省は当初、東京出張所の中に東西両部の仮教院を置いて国民教化の中心とした。最初に東京麴町（場所不明）に置かれたが、神宮教会が併せて開設された赤坂麴町五丁目（紀尾井町三十一番地）の元紀州邸に明治六年九月二十九日に移転。明治八年三月二十七日に再度、有楽町三丁目二番地に移転することを東京府に願い出て許可、四月十日に移転を開始、同月十五日に出張所の移転が完了した。出張所内には神殿が設けられ、天照大御神と造化三神が祀られており、神鏡が奉安されていた。この神鏡は東京府下の各神宮教会にて説教がなされる際に護送されていたと考えられており、大神宮の淵源ともいうべきものである。後述する神宮教院との関係性でいえば、東京出張所は、神宮の教化宣布にあたる機関でもあるため、伊勢に設けられていた神宮教院の出張所に等しい性格をも持っていた。

### ②神宮司庁東京皇大神宮遥拝殿（明治十三年四月十七日～明治十五年五月三十一日）

神宮司庁の各出張所（東京・大阪・京都）においてそれぞれ神拝の必要上、神殿を設けることとなり、京都では一条忠貞邸に明治八年五月に「皇大神宮遥拝殿」を設置、大阪でも平野町の神宮教会に設置されたが、東京においては、神宮司庁が同年三月に有楽町三丁目二番地に土地を購入後、同月二十五日に移転、四月十日に神宮司庁東京出張所と東京府下の神宮教会とを有楽町に移すとともに神宮教会に鳥居を建設することを東京府に申請し、許可されている。四月十三日には神宮大宮司の許可を得て、十五日に東京府下神田錦町の神宮教会に奉斎されていた神鏡を奉遷した。次いで明治八年四月二十四日に神宮司庁東京出張所内に皇大神宮遥拝殿を設置すべく、東京府に申請、二十九日に承認を得て五月に教部省に創立願の申請書を提出、六月二日に教部省の承認を得、その後、六月二十七日に東京府知事の承認を得て遥拝殿の建築が開始された。

この遥拝殿は、一般の神明社や全国の各神社に所在する神宮遥拝所などとは異なり、神宮司庁の付属施設として伊勢からの御霊代を奉斎する神殿が設けられ、その神殿から遷座したものであることから、東京府民はこの遥拝殿を日比谷大神宮と称していた。この遥拝殿は現在の東京大神宮の基ともいうべきもので、明治十三年四月十七日に神宮司庁東京出張所の神殿から遷座されていることから、東京大神宮ではこの日を創建（設立）の日としている。

### ③神道事務局神殿

教部省が明治五年八月に東京金地院に開講した国民教化を行う教導職のための機関が大教院である。その後、九月に麴町紀尾井坂の紀伊徳川邸を経て、明治六年二月に芝増上寺内へと移転した。その後、大教院を中心に行っていた神仏合同布教が明治八年四月三十日の太政官達ならびに五月三日の教部省達乙四号によって廃止となり、五月二日に大教院も廃止された。そのため、神道・神官側の教導職の布教組織の拠点として設置した機関が神道事務局である。各宗の大教院は区々に維持されたため、明治八年五月十日に神道事務局内に神道大教院を設けて府県に神道事務分局、分局の一部に支局が設けられた。また教導職の養成のため神道事務局に生徒寮を置いた。神道事務局は、同八年四月十日に有楽町の神宮司庁東京出張所の構内に設置されていたが、この神道事務局が設けた神殿が神道事務局神殿である。神宮司庁東京出張所皇大神宮遥拝殿を設置する際、明治九年八月八日にこの神殿を遥拝殿の内に合併して設置することを東京府に願い出て、九月十八日に聞き届けられ合併されることとなった。明治十五年に神宮司庁と神宮教院が分離された際に構内に同居する形で存在していた神道事務局は、この折に神宮教院と分離することとなり、併せて神道事務局の神殿の御霊代も皇大神宮遥拝殿から分離したとされている(『東京大神宮沿革史』)。

### ④神宮教院(明治五年〜明治十五年／通称名としては神宮教時代の明治三十年代まで使用)

明治五年三月十四日、神祇省が教部省へと改組され、政府が大教宣布運動の推進のため、神官僧侶を教導職に任じ、九月七日に東京に大教院を設置した。同年十月二十八日付で神宮大宮司および少宮司の名で教部省に届け出て許され、伊勢の神宮(神宮司庁)が独自に設立した一般への教化宣布活動と、神宮の神官育成のための教義学習を行うために創設した機関が神宮教院である。

神宮教院は、各地に置かれた神宮教会の中枢機関でもあり、中教院の取り扱いがなされた。明治六年一月に開講。同年三月に伊勢の宇治浦田町内の旧藤波氏朝邸を買い取り移転、十月に神宮宮域内に説教を行う時雍館を設置して、時雍館を中心に教徒信徒の教育をなすとともに、明治九年十月に生徒教育の場として置かれた本教館を中心に人材の育成を行った。また、各地に講社を結成、再構成して教勢の拡大と神宮大麻の頒布を主要事業とした。本教館は、明治十四年に廃止となり、教院の土地建物等は、神宮司庁と神宮教院との分離協約に基づき、時雍館と神宮教院の地方本部、各地方の神宮教会を除き、東京の神宮教（神道神宮派）の所有として引き渡された。なお、通称名としては「日比谷神宮教院」などの名称で神宮教時代も使用されており、明治三十二年の神宮奉斎会の発足まで引き続き使用されていた名称である。

⑤**神道神宮派／神宮教**（明治十五年六月一日～明治三十二年九月二日）

明治十五年一月の神官教導職の分離と、その後の神仏教導職の廃止に伴って、神宮および神社は国家の宗祀であり、神官および神職は宗教的なものに携わらぬこととなり、神宮の信仰宣布の教導団体として宗教的な事柄を取り扱う神宮教院とは分離すべきという趣旨のもと、伊勢の神宮（神宮司庁）と神宮教院とを組織として切り離すこととなり、神宮教院が神道神宮派（通称神宮教）と改称して従来の教導職を中心に布教活動にあたった。明治十七年八月十一日の太政官達にて神仏の教導職が廃止され、神道神宮派も他の教派神道と同様の宗教団体の一つに編入され、あらためて宗教として立教して神宮教と称することとなった。この時代の神宮教東京本院の神殿（もとの東京皇大神宮遥拝殿のこと）を大神宮祠（日比谷大神宮祠）とも称した。

⑥**大神宮祠**（日比谷大神宮祠）

神宮司庁と神宮教院が明治十五年の神官教導職の分離に伴い、同一の組織体から別々の組織となった際、神宮司庁皇大神宮遥拝殿は神宮教院の所属となった。神宮教院は当初、神道神宮派を名乗り、明治十七年八月に神宮教と改称した際に皇大神宮遥拝殿の名称を「大神宮祠」と称することとなったもので、その時代の神宮教院本院（神宮教本院／神宮教東京本院）神殿の名称でもある。この時代も一般的な通称名は日比谷大神宮であった。

### ⑦日比谷大神宮／日比谷皇大神宮／飯田橋大神宮

神宮教本院および神宮奉斎会本院の神殿の通称・呼称。有楽町にあった時代には「日比谷大神宮」、関東大震災後、昭和三年に飯田町へと移転した後は、「飯田橋大神宮（飯田町大神宮とも）」と呼ばれていた。なお、「日比谷大神宮」の名は、神宮司庁東京皇大神宮遥拝殿の創立当初から日比谷大神宮、もしくは日比谷皇大神宮と呼称されていた名称である。

### ⑧神宮奉斎会（明治三十二年九月四日～昭和二十一年九月四日）

明治三十一年の民法施行により、翌三十二年（一八九九）九月に神宮教が神宮の崇敬団体として解散。旧民法三十四条に基づく、財団法人神宮奉斎会として新たに組織化された伊勢の神宮の崇敬および奉拝、国礼の普及と介助、国典の考究を主とする団体。昭和二年二月まで伊勢神宮のお札である神宮大麻の全国頒布を神宮神部署とともに受け持った。また、神宮教時代から全国の伊勢講を結集し、参宮会事業を行うとともに神宮大麻・伊勢暦の頒布活動への従事を行っていた。財団法人の本部と神殿を併せて神宮奉斎会本院と称していた。

先の大戦の終戦に伴い、昭和二十年十二月十五日にGHQ／SCAP（連合国軍最高司令官総司令部）より、神道指令が発出されて昭和二十一年一月三十一日で神祇院が廃止、神社の国家管理が廃止されることとなった。そのため、当時、民間の神祇関係の主要三団体であった財団法人神宮奉斎会と財団法人皇典講究所（現在の学校法人國學院大學の経営母体で内務省の委託により神職の資格付与・養成、古典研究を行っていた団体）、財団法人大日本神祇会（旧称全国神職会＝全国の神職の互助組織）の代表者が議論を重ねた結果、三団体を解散して、合併することにより、同年二月三日に全国の八万神社の統括組織として宗教法人神社本庁を設立した。神社本庁の設立に伴って、財団法人神宮奉斎会は、昭和二十一年九月四日に内務大臣より解散が認可されたが、本院の奉斎殿（神殿）については、先だって四月に宗教法人東京大神宮として設立されることとなった。

⑨**東京大神宮**（昭和二十一年四月十七日〜現在）

神宮奉斎会本院の奉斎殿（神殿）を昭和二十年十二月二十八日に施行された宗教法人令（翌二十一年二月二日に神社を含む形で一部改正）に基づき、昭和二十一年四月十七日に宗教法人として登記・設立した神社。その後、昭和二十六年四月三日に施行された宗教法人法に基づき、あらためて宗教法人の設立申請を行い、神社本庁の承認および、所轄庁である東京都の認証を受け、神社本庁包括下の宗教法人として登記されて現在に至っている。

## 本書の理解を助けるための大神宮を中心にした各組織の変遷図

（明治4年頃から〜昭和21年の東京大神宮設立に至るまで）

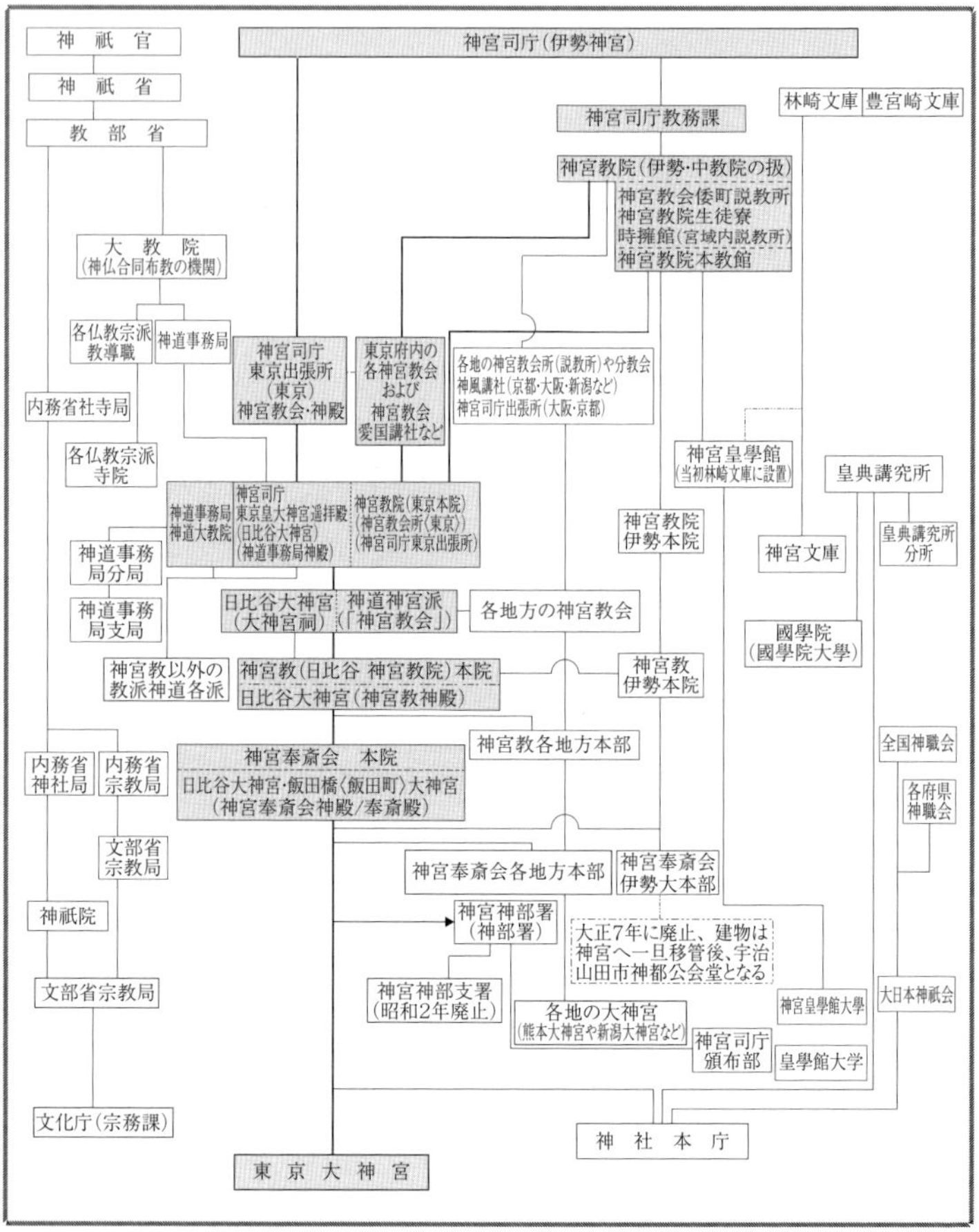


※本図は、本書後掲の参考文献等を参考に作成したものであるが、神宮教院・神宮教、神宮奉斎会、東京大神宮を中心に作成した組織の変遷図であり、東京大神宮の設立までのおおよその概略を示した図である。本書の理解の補助になればとの思いから作成したものであり、誤記などがある場合はどうかお許しいただきたい。

# 第一編　大神宮創建の経緯をたどる

―日比谷時代から飯田橋移転までの大神宮の歴史―

## 明治維新と伊勢神宮

かつて伊勢の神宮には、御厨や御薗、神戸、神田、名田などと呼ばれる約千三百五十ヶ所あまりの神領地があったとされる（『神鳳抄』）。中世以降、武家社会の進展とともに、武士による略奪などもあり御厨などの神領地から神税を集めることが徐々に困難となり、神宮の経済的維持のため、各地の御厨を廻っていた代官・手代が中心となって伊勢講を結成し、御師との師檀関係や在地領主の信仰などが相俟って御祓大麻の頒布や代参者の伊勢参詣、神明社、神明宮の勧請など種々の活動が全国各地で展開されていた。そのような経緯もあり、現在でも神明社、神明宮と称する社が全国に約四千社、社名が異なる社も含め、天照大神を祭神として祀る神社は、約一万社余が鎮座しているとされる（神社本庁編『全国神社祭祀祭礼総合調査』、岡田荘司・加瀬直弥編『現代・神社の信仰分布』、岡田米夫『全国神社祭神御神徳記』によれば一万八千社ともされる）。

また、民謡の伊勢音頭の一節には、「伊勢に行きたい　伊勢路がみたい　せめて一生に　一度でも」とある通り、かつての神郡や御厨、神明社等の勧請地を中心として長年にわたって伊勢信仰、神明信仰が育まれ、江戸時代には、約六十年に一回の傾向で、神宮の式年遷宮のあった年を中心にその前後の年に行われた「お蔭参り」が一大ブームとなっていった。とくに慶安三年、宝永二年、明和八年、文政十三年には、全国各地から伊勢神宮への数百万単位の庶民参詣があったことは、近世日本宗教史の上でもトピックの一つとなっている。しかしながら、後述するように、明治四年五月十四日に出された太政官布告第二百三十四にて達せられた神宮及び神社・神職の御改正と、同年七月十二日の太政官布告第三百四十六に「師職並ニ諸国檀家ト唱へ御麻配分致候等之儀一切停止候事」と書かれた御師の配札停止などを含む八項目の神宮の御改革の達が出された結果、それまでの伊勢信仰の中核ともなっていた神宮の中・下級の神職である内宮・外宮の御師は、同年十二月二十二日の神祇省の達にて廃止となり、御師自邸での神楽や祈禱をはじめ、内宮で約百十万四千三百十八戸、外宮で四百五十六万戸（「旧師職総人名其他取調帳」）と推定される御祓大麻の配札、伊勢暦などの頒布も併せて廃されることとなったのである。こうした神宮にかかる一連の制度改革は、近代以降の伊勢の神宮のあり方に大きな変化を及ぼすこととなった。

# 維新の理想と神宮の御取扱

明治政府は、慶応三年十一月十七日に「神祇官を始め旧儀再興の策問」、明治元年三月十三日には、「祭政一致の制に復し、天下の諸神社を神祇官に所属せしむべき件」、明治元年十月十七日に「氷川神社親祭の詔」、明治元年三月には「神仏判然の令」、明治三年一月三日に「神祇鎮祭の詔」など、神祇祭祀にかかわる詔や行政指令を相次いで発した。維新期において各地で未だ新体制への移行に諸種の混乱を生じている状況のなかで、祭政一致の制に復し、神祇官を再興するという詔を明治天皇が下し給うたことは、あらためて神武創業の始めに基づくとする国家の理想を明確に示すものでもあり、まさに神道・神社を中心にして、その祭祀を政教の根本とするということを明治政府が世に示したことでもあった（藤本頼生『明治維新と天皇・神社』）。

一方、古代から近代に至るまで約二千年にわたって国家が最も大切に取り扱ってきた社である伊勢の神宮に関しては、無論、関東のみならず全国各地に勧請されていた神明社・神明宮などもあるなかで、明治四年には当時、立法機関であった左院によって神宮を東京へと遷座するという伊勢神宮の東京遷座論が薩摩閥を中心に建議された。とくに建議では、七ヶ条のうち第一に「一、天照大神ノ神殿ヲ禁城ノ中央ニ造立シ国家ノ大事ニ神前ニ於テ議定スヘキコト」「一、伊勢神廟ニ安置シ奉ル処ノ神鏡ヲ宮中ニ移シ奉リ三種ノ神器合一シテ天照大神ノ神勅ニ基ク可キ事」（『法規分類大全』官職門）などとあるように、立法機関である左院が広大なる理想を描いており、この遷座論を明治八年頃まで議論していたという経緯もあった。実際には遷座論への反対も根強く、神宮の東京遷座は実現しなかったが、新たに帝都となった東京において、皇室の祖廟、国家第一の宗廟とも称される伊勢神宮の信仰をいかに固めていくかということは、先に述べたように、祭祀を政教の根本とする明治国家の基本デザインの上でも、あるいは、明治三年一月に「大教宣布の詔」を発して国民教化を企図して行われることとなる大教宣布運動を推進してゆく上でも重要な問題でもあったと考えられる。

## 大教宣布の詔と神宮

明治三年一月三日に出された「大教宣布の詔」は、皇祖天照大御神を各々が奉斎するとともに神宮崇敬の実を挙げていくこともその理想の一つであった。これに加えて明治五年四月二十五日に太政官布告第百三十五号にて十四級からなる教導職を設置、神官や僧侶等を同職に任命し、同二十八日に三月に設置された教部省から「敬神愛国ノ旨ヲ体スヘキ事」「天理人道ヲ明ニスヘキ事」「皇上ヲ奉戴シ朝旨ヲ遵守セシムヘキ事」という三条の教則を教導職に達して、全国的な国民教化運動が展開されることとなった。西川順土によれば、神祇省→教部省と再編される以前に神社を所管していた神祇官に宣教使が置かれていた明治二年当初は、ちょうど第五十五回神宮式年遷宮も行われたこともあり、神宮に関する信仰の実情や国学を中心にした思想の影響もあって、神祇官の施策に天照大神中心の思考が強かったと考えられている（西川順土「天照大神を祀る神殿・遥拝殿の建設」『近代の神宮』）。とくに明治元年、二年頃にあっては、寺院を神宮遥拝所とする案や、京都に設置しようとしていた皇学所の学神の神々を祀る神殿を「皇祖天照大宮（皇祖天神社）」という呼称としようとしたことや、翌三年五月には各地に祀られていた神明社の措置についても、不都合ならば「遥拝所」と改称して然るべきという伺を太政官に提出しているほどであった（阪本是丸『明治維新と国学者』、藤本頼生『明治維新と天皇・神社』など）。

加えて阪本是丸が明らかにしているように（阪本是丸「日本型政教関係の形成過程」『日本型政教関係の誕生』）、明治四年七月八日に神祇官から急遽上京を命じられ、八月五日（八月八日に神祇官は、行政改革により神祇省と改称再編）には、神祇官出仕となった伊勢の浦田長民が同月七日付で「神祇官改革見込」という宮中祭祀、神宮祭祀、神祇官の改革という三点を中心とした建白を草している。

浦田は、①神祇官の政府への合併による祭政教の一致、②太政官の中に天照大神の神殿を設け、天皇・高官が拝礼すること、③府県庁にも天照大神の神殿を造営して太政官に倣うこと、④宣教使を廃止して、府県知事、参事を宣教に当たらせること、⑤全人民に天照大神を崇敬させることが国民教化の急務であり、そのためには神宮の神札である神宮大麻を地方庁が頒布することを建議している。

さらにこうした考えは、翌年九月にも神祇省幹部の連名による建言がなされており、阪本是丸の言によれば、この建言は「新時代における神祇省の基本方針」を表明したもので、左に示した「海内敬神ヲ一ニシ教道ノ本原ヲ建ツ可キノ議」（「明治四年神文大外四省ノ要件アリ」（国立国会図書館憲政資料室所蔵『大木喬任文書』所収）は、神祇省幹部らが九ヶ条にわたる教化の具体的方策として示したものである。

一、天下一斑氏神ト称シ崇奉スル所ノ社一切天照皇太神ヲ勧請シ奉ル可キ事
一、府県庁接近ノ官社府県社等へ皇太神宮ヲ勧請シ奉ル可キ事
一、天下人民華族以下家屋ノ内神棚ヲ設ケ皇太神宮大麻ヲ安置ス可キ事
右三ヶ条ヲ以テ公法トス
規則
一、地方諸官員節朔日及拝任征役ニハ必ス　皇太神宮ヲ拝ス可キ事
一、華族以下氏子ノ人民節朔日ニハ毎戸無漏氏神社へ参拝ス可キ事
但右三日祠官社前ニ於テ氏子帳ヲ以テ人別ヲ検査シ参拝ヲ欠ク者アラハ地方へ達セシムへキ事
一、氏子人民婚姻及移転寄留旅行等ノ事アレハ必ス氏神社へ参拝ス可キ事
一、華族士民毎朝神棚ヲ拝ミ祝文ヲ誦シテ後公私ノ事業ヲ修ム可キ事
但氏神社ノ祠掌毎月一度毎戸巡行シテ幣帛ヲ置キ神棚ヲ拝シ毎戸ノ勤惰検査セシム可キ事
一、氏神社参拝ヲ欠キ神棚ヲ拝スルヲ怠ル者ハ参拝一度ヲ怠ルノ罰金若干神拝ヲ怠ル事一日ノ罰金若干ヲ定メ此法新律ニ加入スヘキ事
一、右ヶ条ノ定則管下ニ於テ実効ヲ奏セス御趣意洽ク体認セサルノ地方ニ於テハ至当ノ御処置ア

ル可キ事
右決議ノ上ハ早々海内ニ布告シ先三府及開港地等緊要ノ地方布政使ヲ頒遣シ尚年限実効ヲ奏スヘキ事
神祇省

この折に示された神祇省の幹部らの構想は、まさに神道国教化の政策であり、天照大神を氏神社に勧請して、天照大神と氏神とを直結し、すべての人民を天照大神の信仰と天皇への崇敬へと動員する体制を構築しようとするものであった。しかしながら、条約改正問題における欧米への使節団派遣や廃藩置県以後の内政整備の問題、間近に迫る明治大嘗祭の斎行という状況のなかでは、この建議を受け入れる余裕は政府にはなく、また神祇省のこうした思想を必ずしも受容できないという考え方、潮流も生じていた。しかし、政府が具体的に進めた施策の一つとしては、第三条にある「天下人民華族以下家屋ノ内神棚ヲ設ケ皇太神宮大麻ヲ安置ス可キ事」の採用を当時の最高意思決定機関である正院に願い出ており、これはその後、明治四年十二月に出されたいわゆる神宮大宮司をして神宮大麻を全国頒布させ、師職・檀那の制を廃止するという施策の実施へとつながったのである。

## 三府へ神宮司庁出張所を設置

先に述べた神祇省の建議は結果的にほとんど受け入れられなかったが、こうした動きのなかで東京大神宮の前身となる神宮司庁東京出張所皇大神宮遥拝殿創建への直接の発端となったのは、明治五年六月五日、教部省七等出仕・少教正であった浦田長民が神宮少宮司に兼ねて就任したことである（十月に神宮少宮司専任となる）。浦田は、明治二年三月、度会府知事橋本実梁宛に東京への神宮遷座論をいち早く建言していた人物でもあるが、その後、明治六年一月には「神宮遷座得失論」を記すなど、一転して神宮遷座論に強く反対していたことでも知られている。

浦田が神宮少宮司に就任した後、伊勢の神宮においては、明治四年の神宮御師の廃絶などの御改正のみならず、さらなる諸改革が実施されていくこととなった。まず、浦田は、少宮司着任直後の明治五年七月、同年八月に仮開院していた大教院（翌年一月に開院）と連携して、三月に設置された教部省が四月に出された三条の教則の宣布・普及を進める大教宣布運動の一翼を担うとともに、神宮の御神徳を教化宣布するため、全国各地に神宮教会を開設、伊勢にその本部となる神宮教院を設置した。そして教部省と神宮との緊密な連絡のために、五年十月七日までの間に東京麴町に神宮司庁東京出張所を開設、京都と大阪にも出張所を開設して三府において教化宣布の教務の任に当たらせた。神宮司庁東京出張所については、阪本是丸によれば、東部管長代理であった本荘宗秀から中教正北小路随光、少教正浦田長民宛の通知をもって十月七日までに設置されていたことが明らかとなっている（阪本是丸『東京大神宮百年の歩み』）。

神宮司庁東京出張所は、単なる伊勢の神宮を統括する神宮司庁の一出張所、事務機関としてだけでなく、明治五年に伊勢に設置されていた神宮教院を東京にも置くことで、東京での神宮の教化宣布活

神宮教院教殿（中津大神宮所蔵写真）

動の中心拠点として設けられたものである。また、東京府下の各地におかれた神宮教会や講社（神風講社）を包括する信仰上の中心拠点でもあるため、出張所内には、伊勢から御霊代（神鏡）を奉遷して、四柱大神（天照大御神と天之御中主神、高皇産霊神、神皇産霊神）を奉斎する神殿が設けられた。この御霊代の奉斎を以て東京大神宮に祀られている御祭神を東京に鎮め祀った最初と考えられている。神殿の御霊代として奉安された神鏡は、府下の神宮教会で国民教化のための説教会が行われた際に護送・奉安され、礼拝の後、説教が行われていた。

明治六年一月二十八日になると、東京府下に神宮教会を開設することが許可された。同年九月二十九日になると、浦田少宮司ら神宮側は、神宮司庁東京出張所を中教院皇学所の建設許可を得ていた赤坂御門内の麴町五丁目（紀尾井町三十一番地、現在の赤坂プリンスクラシックハウスおよび千代田放送会館周辺）の旧紀州藩邸に移転することを願い出る。十月二十三日には大教院に聞き届けられて、神殿とともに東京出張所を移転した。この旧紀州藩邸は、当初大教院の建設敷地とされた地でもあった。

## 神宮教院と神宮教会の設立

神宮では、神宮司庁東京出張所を設置するとともに、伊勢度会県下をはじめとして全国各地に神宮教会を開設、明治五年四月に出された三条の教則に基づき、布教宣布活動に従事しようと企図し、五年七月に浦田少宮司名でその旨を教部省へ願い出ている。この時期、伊勢では倭町の金刀比羅神社をはじめ、松阪の八雲神社、鳥羽の常安寺などが説教所となって、二千余人の人々が群参したという記録も残されている。こうした説教のための中軸機関となったのが宇治浦田町の藤波氏朝邸を購入して設置した神宮教院である。あわせて明治六年十月には説教所として皇大神宮の宮域内に時雍館（現在の内宮神楽殿の手前付近）も開校し、一日、十一日、二十一日を説教日としていた（阪本健一『明治神道史の研究』）。神宮教院以外に前述したような社寺が教会所となり神宮教会と定められていくなかで、東京では、明治六年一月二十八日に神宮教会の設置が許可されている。翌年二月七日には教部省より神宮司庁東京出張所内に神宮教会を開設することも許可されており、同月八日から三月にかけて、神宮教会に付属する神風講社の設立とその組み立て条件について教部省に伺い出ている。明治六年三月十四日に紀尾井町に移転していた神宮司庁東京出張所では、吉田勝久宅（深川佐賀町二—四）および望月光政宅（浅草八幡町一）に各々神宮教会を開設する旨を東京府に届け出ている。これら神宮教院と本部教会、神宮司庁東京出張所の設置について神宮教院の罫紙に経緯が記載されている「神宮教院改革意見書」ならびに塚田菅彦「神宮教改革ニ付具申書」（明治二十六年五月、『都築馨六文書』国立国会図書館所蔵）にある「神宮教院及各本部教会ノ創始」と「神宮教院設立由来ノ事」が簡潔にて概要を理解しやすいため、その一部をここに紹介しておきたい。

一　神宮教院及各本部教会ノ創始

神宮教院各本部教会ヲ創立セシハ神宮司庁ニシテ明治五年八月教部省ヨリ神官ノ輩教導職兼補ノ旨被達神宮祭主以下宮掌ニ到ル百余名ノ者教職ニ補セラル依テ神宮司庁ニ教務課ヲ置キ三重度会両県ニ布教ス同年十月別ニ一宇ヲ借受教務課ヲ改テ神宮教院ト称シ翌年四月今ノ本院ヲ設ク当時祭主大教正近衛忠房ハ愛知浜松岐阜諸県へ大宮司中教正本荘宗秀ハ京都大阪敦賀石川諸府県へ禰宜以下ノ教職ヲ率ヰ巡教ス祭主ヲ教長ト称シ大少宮司ヲ副教長ト称セシヲ以テ禰宜以下職員ヲ教長代理トシテ全国ニ派遣教導セシム各地ノ教務頻繁ナルニ随ヒ其ノ地方ニ教会ヲ設置シ神宮ノ御分霊ヲ奉鎮シ地方ノ教務ヲ取扱ハシム東京大阪ハ特ニ神宮司庁出張所ト称シ其内ニ教会ヲ置ク今ノ東京教院ハ同八年三月司庁ニ於テ買得セシモノナリ翌九年ニ至テ全国ヲ区画シテ教区ヲ定メ教区内ニ本部ヲ設ケ禰宜以下教長代理トシテ在勤シ一国毎ニ教会ヲ置キ其下ニ分教会ヲ設ケ布教結社ノ事大麻暦本頒布ノ事ヲ取扱ハサシム爾来汲々孳々教義ヲ拡張シ国トシテ教会アラサルナク処トシテ講社アラサルナキニ至ル之ヲ神宮教院各本部教会ノ創始トス現今管長田中頼庸神宮大宮

司トナリシハ明治六年ニシテ別訣創始ノ組織ヲナスモノナリ

神宮教院設立由来ノ事

明治五年四月始テ教導職ヲ置カレ神宮祭主正二位近衛忠房大教正ニ補セラレ東部ノ管長トナリタリ之ヲ本教ノ権輿トス仝六年東京麹町区紀尾井町ニ神宮司庁出張所ヲ置キ布教ノ事務ヲ分掌シ又神宮司庁ヨリ教導職ヲ全国ニ派遣シ神風講社ヲ結成ス同八年三月八日右出張所ヲ麹町区有楽町三丁目二番地ニ移シテ右出張所ニ神道事務局ヲ合併セリ仝年神宮司庁ニ於テ神宮教会規制並ニ教会講社規約ヲ制シ全国ヲ区分シテ十二ノ本部ヲ置キ各県下ニ数百ノ教会及ヒ分教会ヲ置ク仝十四年神風講社ノ信徒尽クヲ率ヰ直轄教会トナシ一派特立ノ神宮教ヲ起シタリ仝十五年十月神官教導職ヲ分離セラレタルヲ以テ遂ニ神宮司庁ト区分シ同庁東京出張所ヲ単ニ神宮教院ト称シ仝十六年三月祠宇ノ認可ヲ得タリ是即日比谷神宮教祠宇教院之レナリ

東京府下における神宮の宣布活動は、神宮司庁東京出張所の教会を中心にして東京府下に神風講社が組織され、六月より神宮教院の活動が府下で開始、明治七年六月三日には、下谷南稲荷町の唯念寺に紀尾井町の神宮司庁東京出張所から神鏡を奉遷・護送して仮神宮教会を開設、田中頼庸神宮大宮司、浦田長民少宮司のほか、講師として教導職大講義鎌田龍吉、神田息胤、中講義寺西利人が出張開講しており、初日だけで一、四五三人、二日目は三、〇五八人、三日目には四、八〇〇人の聴衆を集めたという記録もあり（阪本健一『明治神道史の研究』）、説教会の盛会ぶりを窺うことができる。この説教会の折、神宮司庁東京出張所の神殿から神鏡を奉遷護送しているが、そのルートは赤坂御門を通過して、田町通り、桐畑虎御門前より久保町中通り、神田多町二丁目より須田町、万代橋より元御成道筋広小路山下通り、下谷南稲荷町唯念寺という道筋であった。その他、東京府下以外にも茨城県真壁郡下館西郷谷村の羽黒神社、同久慈郡太田村若宮八幡宮などへも説教会のため神鏡を護送したという記録も残されている。

しかしながら、その後、明治六年二月に芝増上寺に移転していた大教宣布運動の拠点たる大教院が明治七年一月、火災にて神殿講堂・書類とも焼失した。この焼失に伴って増上寺にほど近い芝大神宮へと大教院は仮移転したが、前年から島地黙雷をはじめ浄土真宗を中心とする大教院分離運動なども相俟って、結果、翌八年五月には大教院が廃止されるに至った。大教院の廃止によって神仏合同布教も廃止となることを察知した神道側では、神官教導職の統一を図り、神職による宣教組織を固めて大教院に代わる国民教化運動を行う本拠地たらしめるべく有楽町の神宮司庁東京出張所構内に神道事務局を創立することを明治八年三月二十八日に教部大輔へ伺い出、翌日聞き届けられることとなった。

明治八年五月十日には、芝から有楽町の神宮司庁東京出張所内へと四柱を祀る御霊代の遷座が行われた。この御霊代遷御に供奉する神官の列に加え、一般の講中らが旗を立てて鈴を振り、数珠をかけて我先にと付き添って沿道は賑わいを見せたという。また、遷座後には出張所の構内で倭舞が舞われたとも伝えられている(『読売新聞』明治八年五月十二日朝刊)。

神道側の教導職らによって新たに設立された神道事務局は、大教院の廃止後、政府が主導する国民教化運動を受け継ぐ唯一の機関ともなり、神宮司庁が新たに創建する皇大神宮遥拝殿に合流・併設する形で神殿が置かれることとなったが、明治十四年には、公的な神道布教の主体としてこの神道事務局の神殿に祀る祭神に天之御中主神、高御産巣日神、神産巣日神、天照大神の四柱以外に大国主神を加えるか否かについて激しい教義論争が起き、最終的には明治天皇の勅裁を得て決定されるまでの事件へと発展した。いわゆる「祭神論争」と呼ばれるこの一件は、近代日本宗教史のなかでもとくに神道の神学面を語る上で著名な事件として知られている。

## 神宮司庁東京出張所皇大神宮遥拝殿の創建

明治八年三月になると神宮司庁東京出張所および構内の神殿について、有楽町三丁目二番地の元大隈重信邸跡に移転する動きがみられるようになる。大隈は、築地から転居した明治四年十二月から同七年八月に神田錦町へと転居するまでの間、有楽町の同所に住居を置いており、転居後も大隈名義の私有財産となっていた。それゆえ、神宮司庁は大隈重信より同所の土地建物を購入していたが、明治十一年八月に至るまで買収の際に皇大神宮権禰宜であった山田大路元安の名義で土地建物を買収登記していた。そのため、同年八月九日に祭主三品宮（久邇宮朝彦親王）の代理として落合直澄神宮禰宜が名義変更を行うに至っている。

この時期は府内各地で数多く教会説教がなされ、参加人数の増加に伴う説教回数の増加など、神宮

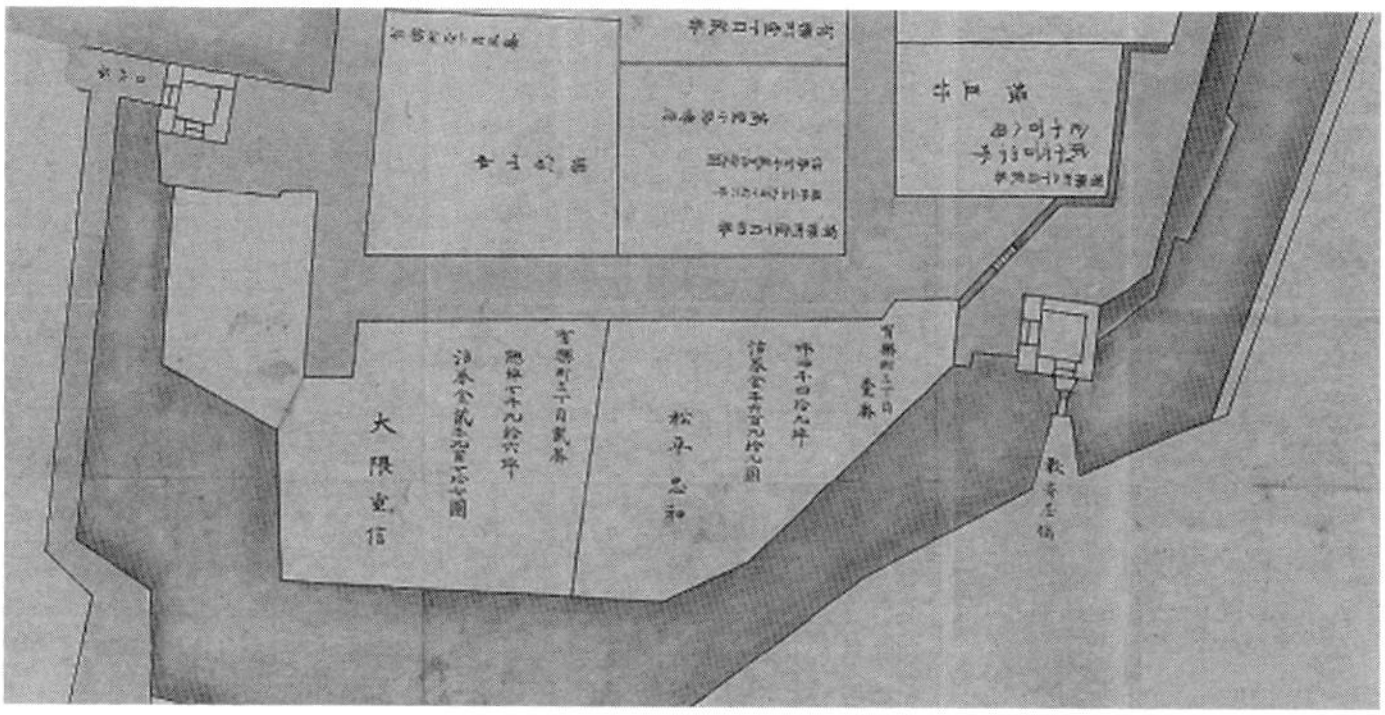

明治六年　第一大区沽券地図（第一大区三小区　有楽町三丁目）（東京都公文書館所蔵）

司庁東京出張所から盛んに神宮教会や一般私邸への講師派遣がなされていることが、東京府知事宛の公文書などからも窺うことができるが（『講社取結・教院設置・邸内社堂・甲および乙〈社寺科〉』明治八年、九年、東京都公文書館所蔵）、明治八年三月三十一日には、四月十五日から三日間、東京府知事宛に東京出張所で教会説教を開催する旨を伺い出て許可されている。次いで四月十日には、神宮が東京神田錦町一丁目十五番地の三条西邸に設置されていた神宮教会と神宮司庁東京出張所とを有楽町へ移転するため、神明鳥居の建設を東京府へ願い出て同日付で許可されている（『講社取結、教院設置説教所等、私祭社堂建廃、葬儀〈社寺掛〉』明治八年、東京都公文書館所蔵）。この教会合併に伴って東京出張所の土塀が撤去された。その五日後の四月十五日には、神田錦町の神宮教会を合併するにあたり、同教会に奉斎していた御霊代（神鏡）を東京出張所構内の神殿へと護送、合祀した。この折には多数の群衆があることを危惧した東京出張所が、東京府に次のような奉遷護送の道筋を示している（『神宮公文類纂　教導篇』明治八年、「神宮教

会所神宮司庁へ合併に付神鏡護送通行願」『講社取結・教院設置・邸内社堂・乙〈社寺科〉』明治八年、東京都公文書館所蔵）。

当神宮教会所神田錦町拾五番地ニ有之候処、今般第壱大区三小区有楽町三丁目弐番地神宮司庁出張所江合併致候ニ付、来ル十五日神鏡護送、別紙之通道筋通行候、尤雨天順延致候間、此段及御届候也

明治八年四月十三日

祭主三條西季知代理
神宮大宮司　田中頼庸

東京府知事　大久保一翁　殿

追而本文之儀ニ付、信仰之者随従参詣之儀往々申出候ニ付、兼而多人数雑沓不相成段厳重申聞置候得共、多数之儀制止届兼候哉難計候間、此段為念御承知置有之度候也

この折の道筋は、「神田錦町より神田橋江入、辰之口八代洲河岸通り神宮司庁出張所江着」とされ、承認されているが（『講社取結、教院設置説教所等、私祭社堂建廃、葬儀〈社寺掛〉』明治八年、東京都公文書館所蔵）、この折には、府下の神風講社の講中から多くの群衆が参列したとあり、新吉原の茶屋からも芸妓連中が五十名ほど参列したと報じられている（『読売新聞』明治八年四月十八日朝刊）。このことからも多数の群衆が神鏡奉遷に参列したことは明らかである。

合祀後は神宮教会が合併されたことを標示するため、出張所構内に一丈八尺×九尺、赤地に中央白

地に「神宮教会」の四字を墨書した旗を立てることを十三日に東京府に願い出て許可されている（「神宮教会号旗取建願」『講社取結、教院設置説教所等、私祭社堂建廃、葬儀〈社寺掛〉』明治八年、東京都公文書館所蔵）。

加えて新たに組織されることになった神道事務局を神宮司庁東京出張所と同じ地所構内に併置することとなり、既に同地所で建設が計画されていた東京出張所の皇大神宮遥拝殿の建築についてもとり進められることとなった。四月二十四日には、神宮司庁から東京府下に皇大神宮遥拝殿を創建することについて次のように、地方官である東京府へと照会状を出す事が決議されている（『講社取結・教院設置・邸内社堂・甲および乙〈社寺科〉』明治八年、九年、東京都公文書館所蔵、『神宮公文類纂　教導篇』明治十年「東京遥拝殿設立始末」神宮文庫所蔵）。

東京府下遥拝殿設立之件、地方官へ照会案
御府管下第一大区三小区有楽町三丁目弐番地当庁出張所構内へ皇大神宮遥拝殿建設致度、御府ニ於、御差支無之候哉　及御打合候　至急御回答有之度候也
明治八年四月廿四日
（祭主大教正三條西季知）代理　神宮少宮司　浦田　長民
東京府知事　大久保一翁殿

この願書は東京府より二十九日に承認され、翌五月に神宮司庁より改めて教部省宛に許可申請書「皇大神宮遥拝殿創立之儀願」を提出している（『講社取結・教院設置・邸内社堂・甲および乙（社寺科）』明

治八年九年、東京都公文書館所蔵。『神宮公文類纂　教導篇』明治十年「東京遥拝殿設立始末」神宮文庫所蔵。なお、東京都公文書館所蔵文書では承認の日が六月三日付、『神宮公文類纂』では六月二日付となっている）。

皇大神宮遥拝殿創立之儀願

大教宣布ニ付テハ各府県人烟稠密之地ニハ、必皇大神宮遥拝殿可取設見込ニテ、既ニ京都、大坂両府下ヘハ設立御聞届、着手仕候処、方今輦轂下、其設之無候テハ、人心ノ帰向ニモ関係シ甚不都合ニ候条、当庁出張所内空閑之地江、右遥拝殿創立仕度、尤地方官ヘモ打合候処、別紙写之通差支無之旨ニ付、至急御許可相成度、則永続之見込書等相添此段願上候也

明治八年四月

祭主大教正三條西季知代理

神宮少宮司　権中教正　浦田　長民　印

教部大輔　宍戸　璣　殿

（添付永続見込書）

東京府下へ皇大神宮遥拝殿設立出費并永続之見込

一、遥拝殿建築入費ハ神風講社中積金ヲ以テ出費可致候事

一、永続之儀ハ神宮社入金ヲ以取賄、且神風講社積金等ニテ永続方法相立可申事

この願い出は六月三日に教部省より「願之趣聞届事」と承認の指令があり、六月二十七日に東京府知事の承認も得て、東京出張所の表門に「皇大神宮遥拝殿建築地所」の標木を立てて、建築に取り掛

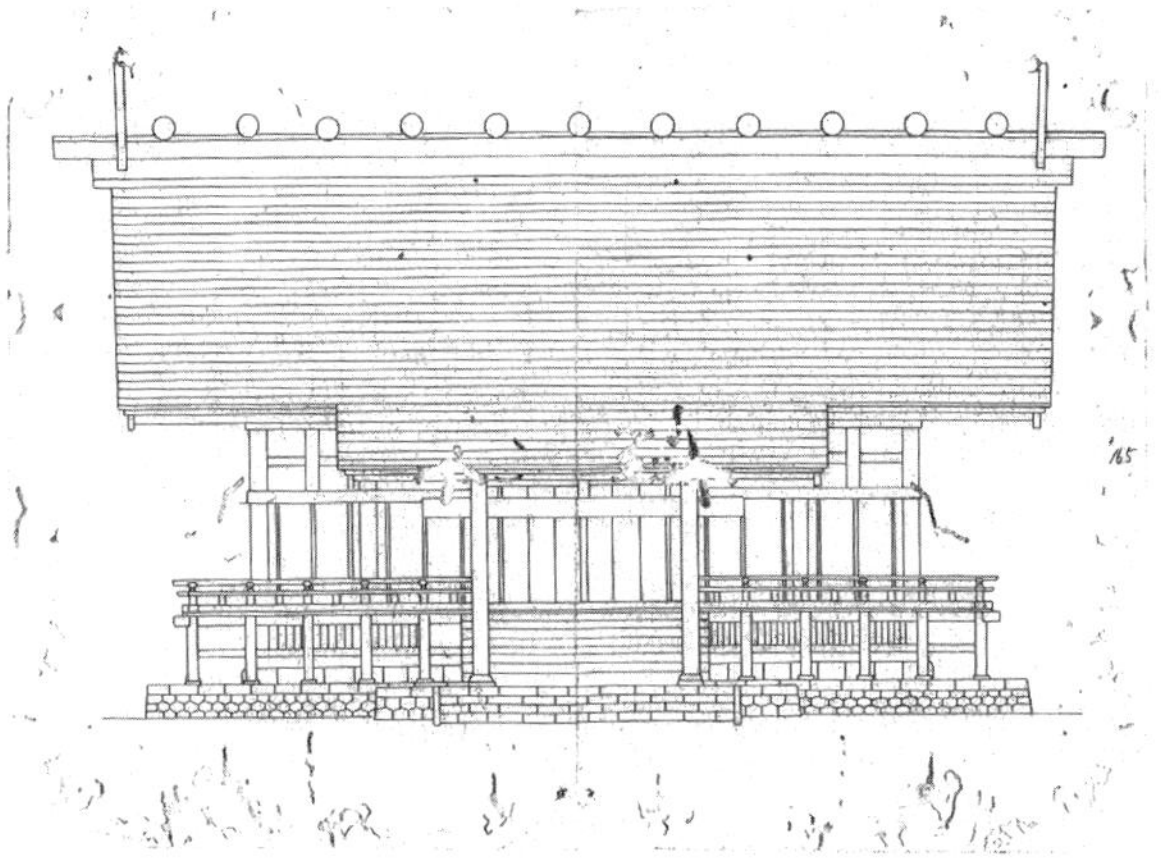

東京皇大神宮遥拝殿拝殿（正面図）
「講社取結・教院設置・邸内社堂」明治九年（東京都公文書館所蔵）

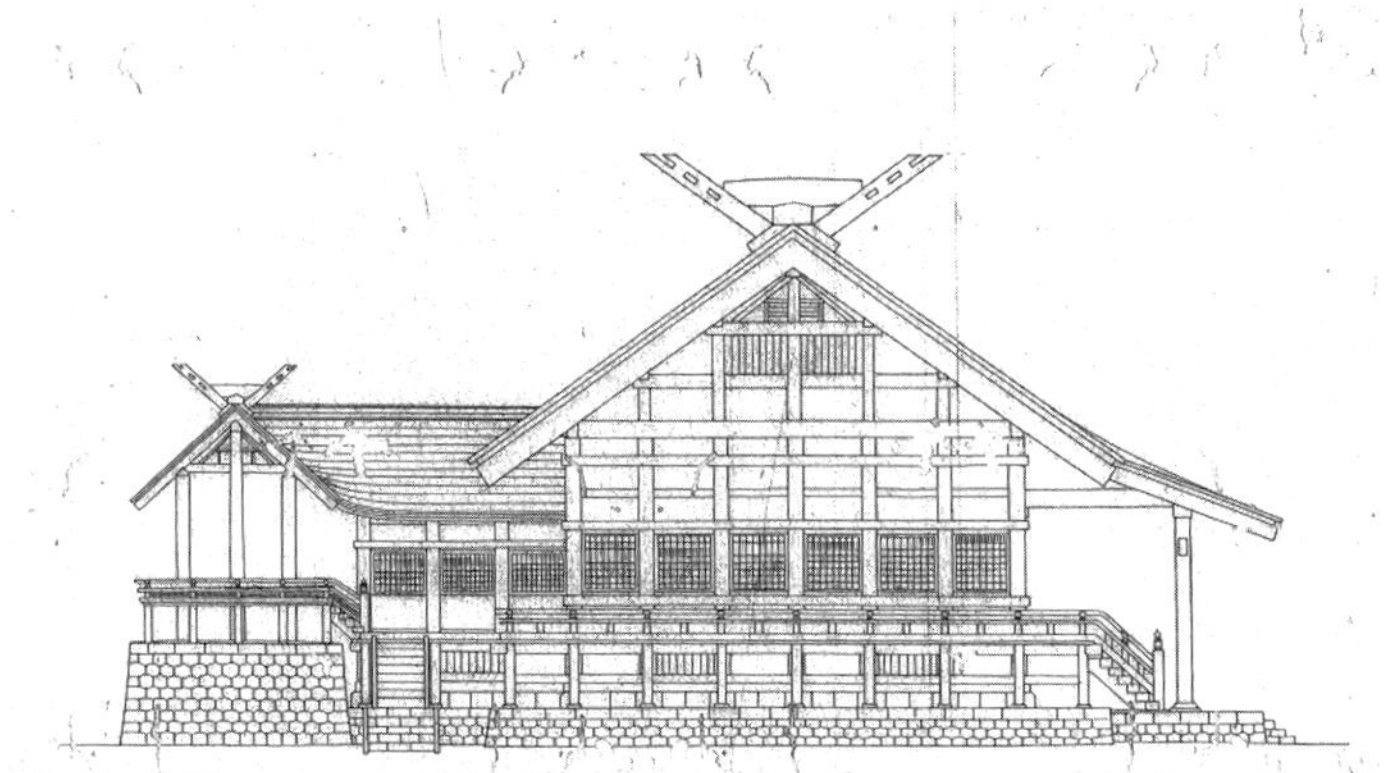

東京皇大神宮遥拝殿本殿拝殿の図（側面図）
「講社取結・教院設置・邸内社堂」明治九年（東京都公文書館所蔵）

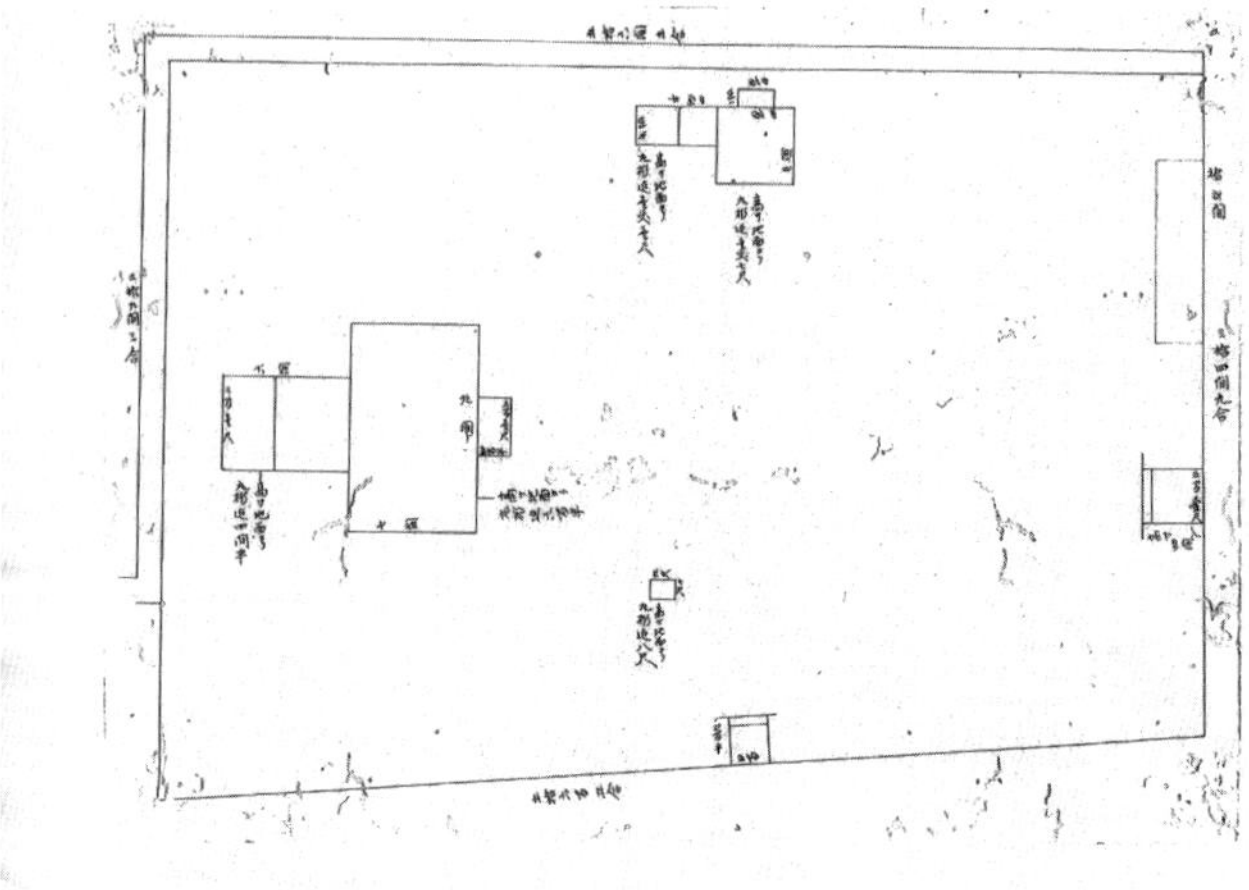

東京府に届け出た際の東京皇大神宮遥拝殿の社殿配置図
「講社取結・教院設置・邸内社堂」明治九年（東京都公文書館所蔵）

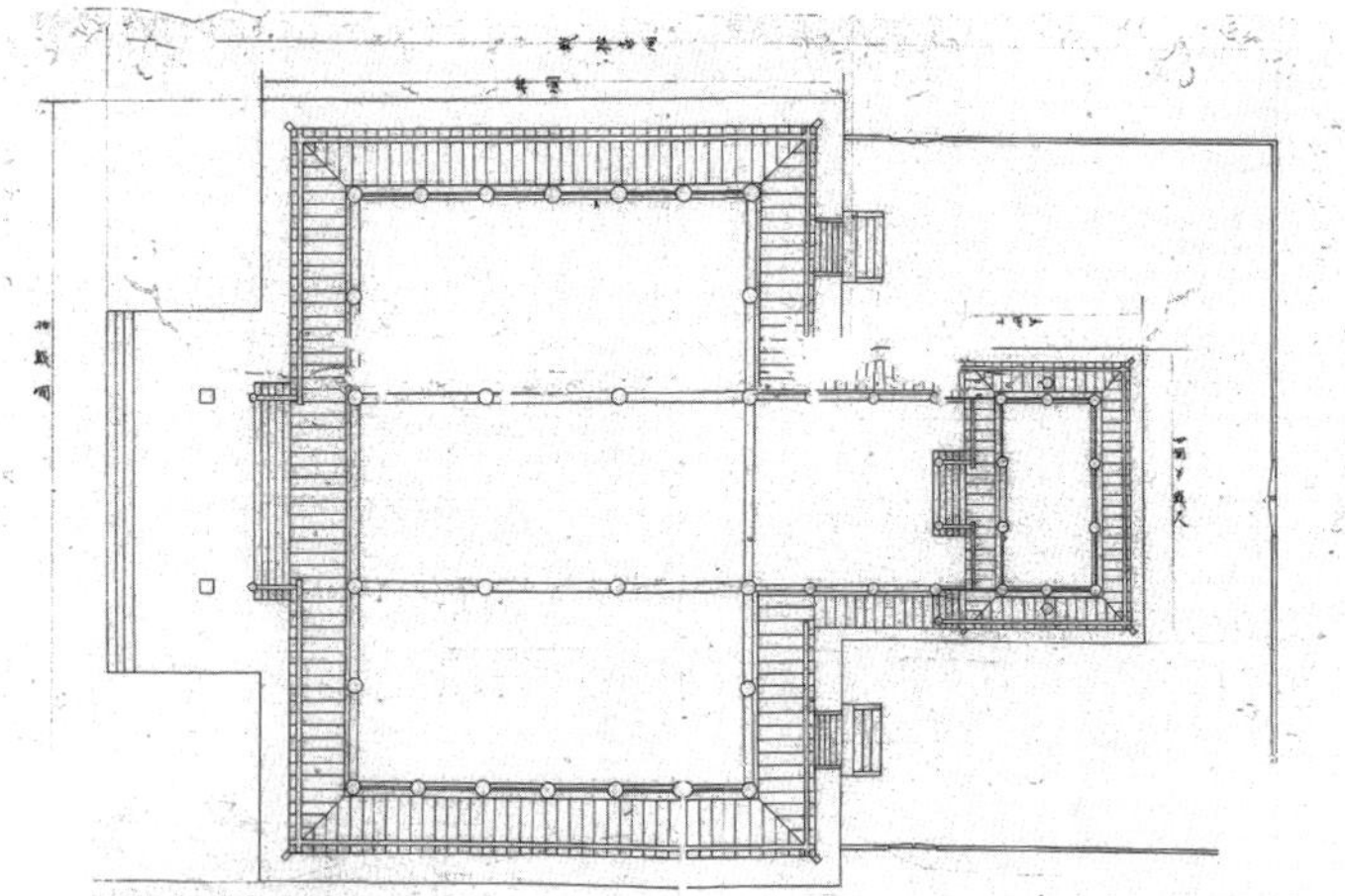

東京皇大神宮遥拝殿の平面図
「講社取結・教院設置・邸内社堂」明治九年（東京都公文書館所蔵）

かることとなった（『講社取結、教院設置説教所等、私祭社堂建廃、葬儀〈社寺掛〉』明治八年、東京都公文書館所蔵）。また、この折に田中大宮司宛に建設の遥拝殿は神殿を南面させたいが、南には旧江戸城外堀があり、それでは参詣者が西側の入り口から構内東北隅の神殿まで回り込んで参詣しなければならないため、甚だ不便であり、元山下門側へ出張所構内から神殿に直面する形で外堀に橋梁を架橋したいという申請を東京府へと出したが、東京府は許可を一旦出したものの、隣接する陸軍練兵場を管理する陸軍省にも伺いを出したところ、六月十三日付で山縣有朋陸軍卿より、「伺之趣差支筋有之候条難聞届候事」という返答があり、この申請は、六月十九日に不許可となっている（「神宮司庁出張所より新架橋出願に付陸軍省へ照会按」「陸軍省へ山下門内堀へ新架橋の件に付神宮司庁より稟議并指令」『院省往復録・第1部〈土木〈掛〉〉』明治九年、東京都公文書館所蔵）。

その後、すでに神宮司庁東京出張所構内に併置する形で設けられていた神道事務局においても自らの神殿を新たに建設することとなった皇大神宮遥拝殿へと合併して欲しいという希望を神宮司庁へと申し出て、その承認を得た上で、七月十四日に教部省へ伺書を提出し、七月二十日付けで教部省より「聞置候事」と許可の指令が出されており、新たにできあがる遥拝殿に神道事務局の神殿奉祀の神（大教院神殿以来の造化三神と天照大神）を併せ祀ることとなった。さらに明治九年八月八日には、次のように東京府へも神道事務局の神殿を遥拝殿へと合併奉斎する「神殿新築之件東京府江願案」を願い出ている（『神宮公文類纂　教導篇』明治十年「東京遥拝殿設立始末」神宮文庫所蔵）。

神殿新築之件東京府江願案

御府下壱大区三小区有楽町三丁目二番地神宮司庁出張所構内へ皇大神宮遥拝殿建築之儀、昨明治八年該庁ヨリ教部省江相伺、正院ニ於テ御許可ニ相成候旨、御指令有之候ニ付、尚神道事務局神殿合併設立致度旨、同年教部省江相伺候処、聞置相成候間、右神殿新築仕度候条、至急御許可有之度、別紙絵図面並ニ設立出費永続之見込書相添此段相願候也

明治九年八月八日

権少教正　青柳　高鞆
少教正　芳村　正秉
権中教正　岡本　経春
権大教正　平山　省斎
権大教正　鴻　雪爪
大教正　稲葉　正邦

東京府権知事　楠本正隆　殿

この願い出は、九年九月十八日付けで聞き届けられ、神道事務局神殿の祭神も皇大神宮遥拝殿のうちに合併奉斎されることとなり、双方の御祭神が同じであったこともあって合霊の手続きと相成っている。また、別紙の「神殿設立出費並ニ永続見込」とは、

一、神殿建築入費ハ神宮以下官国幣社神道教導職集金ヲ以テ営立候事

一、永続之儀ハ神宮以下官国幣社全国神道教導職ニテ永続致候事

というもので、官国幣社神道教導職からの集金とともに先に遥拝殿設立のところで述べた「遥拝殿建築入費ハ神風講社中積金ヲ以テ出費可致候事」「永続之儀ハ神宮社入金ヲ以取賄、且神風講社積金等ニテ永続方法相立可申事」という府下の神風講社の積立金および神宮の社入金も用いることが記されており、遥拝殿（神殿）永続のためには、伊勢の神宮の資金力に頼らざるを得なかったものと考えられている（『講社取結・教院設置・邸内社堂・乙〈社寺科〉』東京都公文書館所蔵）。また、右神殿とは、神宮司庁東京出張所構内の東北空地に建設する東京皇大神宮遥拝殿のことである。明治十年六月十八日には、神宮司庁東京出張所詰皇大神宮禰宜芳村正秉は、この合併設置にあたり東京府知事楠本正隆宛に次のような届書を出している（『神宮公文類纂　教導篇』明治十年「東京遥拝殿設立始末」神宮文庫所蔵）。

東京府武蔵国有楽町三丁目弐番地

皇大神宮遥拝殿
神道事務局神殿
神宮司庁出張所
神道事務局
神道大教院
神宮教会所

右合併設置

東京府下神風講社

明治七年二月十三日、於旧教部省允許

この届出から当時、神宮司庁東京出張所構内に設置・併設されていた機関すべての名称を窺い知ることができる。

その後、諸々の造営工事が開始されたのが明治十一年六月三日のことである。前日の二日には造営大祭が斎行され、酒二十五樽と赤飯三千人前が振舞われたという（『読売新聞』明治十一年五月二十九日朝刊）。工事費は八万円の見込みとされ、のちに明治宮殿や旧宮内省庁舎の建築設計にも携わり、工部省や大蔵省の技師として銀座煉瓦街計画などにも携わった立川小兵衛（知方）が大工棟梁を務めて手斧始がなされたと報じられている（『読売新聞』明治十一年五月三十一日朝刊）。工事が開始された六月十七日には、吉原の芸妓や茶屋の亭主ら千人余が総出にて参詣し、人力車で集う芸妓や娼妓らの見物人が大勢で賑わったとされる。この工事中の十一年、十二年六月にかけて、吉原、新吉原、根津などの芸妓らが相次いで参詣して見物人で境内が大いに賑わいを見せたが、これらはいずれも神宮教会の神風講社の講中であった。

皇大神宮遥拝殿の落成は、明治十三年一月のことである。落成した遥拝殿は、東京出張所構内の東北に位置しており、新たに表門のところに大鳥居を新設して外観が整備された。一月六日には、東京出張所から伊勢の神宮司庁に宛てて、遥拝殿落成に際して殿内の調度御装束については神宮の体裁に倣いたいと絵図面の図示を乞い、これを受けて四月十六～十七日にかけて遷座式が行われた。十六日

日比谷大神宮拝殿本殿（中津大神宮所蔵写真）

は祓式、十七日には、神宮司庁東京出張所の神殿に奉斎されていた四柱の主神を祀った御霊代と神道事務局大教院の神殿に奉斎していた四柱の大神の御霊代を遥拝殿に鎮祭する正遷宮式（遷座の儀）が斎行された（常世長胤『神教組織物語』下巻、國學院大學所蔵、『読売新聞』明治十三年四月八日朝刊および広告など）。ついで翌十八日には奉祝大祭が行われた。

こうした経緯ゆえ、大神宮では、現在、神宮司庁東京出張所が最初に麴町へと設けられた際、同所内の神殿に御霊代が奉遷された日が本来の創立日であって、これに遡るべきであると考えているものの、その年月日を確定しえないことから、明治十三年四月十七日を以て創建日であると考えており、これを皇大神宮遥拝殿の後身である東京大神宮の創立の日とし（登記簿上の宗教法人としての設立日とは異なる）、昭和二十二年十月一日に神社規

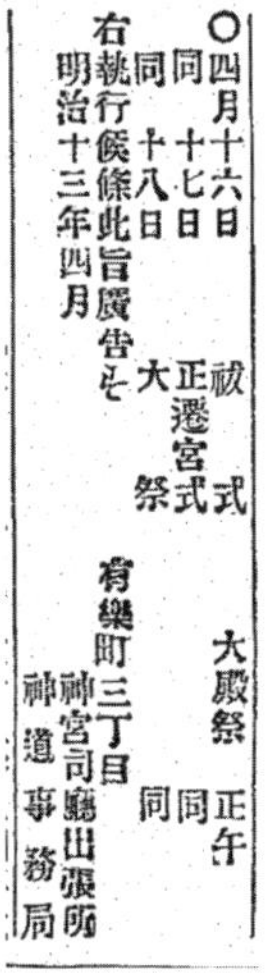
○四月十六日　祓式　大殿祭　正午
同　十七日　正遷宮式　同
同　十八日　大祭　同
右執行候條此旨廣告ス　有樂町三丁目
神宮司廳出張所
明治十三年四月　神道事務局

明治13年4月8日『読売新聞』朝刊に掲載された東京皇大神宮遥拝殿の遷座式の広告

則を変更して以降は、この日を例祭日としている。なお、当時の書籍などでは、大神宮の創始は、神宮司庁東京出張所が設けられた明治五年であったとする記述もある（田山宗堯『東京府名勝図絵』大正元年〈第三版〉、なお表紙のタイトルは『東京名勝図絵』となっている）。

なお、四月十八日の奉祝祭の日は、夥しい数の男女の参詣者で境内は溢れかえり、神風講社の丸山講中が列をなして参詣、神宮司庁東京出張所の広間では、能狂言が催されて境内は大いに賑わいを見せたと伝えられている（『読売新聞』明治十三年四月二十日朝刊）。

## 皇大神宮遥拝殿の意義

明治初年頃から企図された神宮東京遷座論が頓挫し、伊勢の神宮の東京御動座がなされなかったという事実のもとに、あらためて神宮司庁東京出張所皇大神宮遥拝殿が創建されたことを、神々の鎮まる「場」としての意味において考えると、帝都東京における中心、中枢部である皇居や政府官庁から至近の地において公式に神宮が創建した殿舎にて神宮を拝することができる神殿の存在は、伊勢の神宮の教化宣布を考える上でも重要かつ、帝都での神宮信仰上の中心拠点ともいえる。さらには、京都、大阪はいずれも神宮教会に神宮遥拝殿の建設が許可されるのは、神宮の崇敬者や神風講社の講社員からの要望によるものである一方、東京の遥拝殿は神宮司庁の主導の形によって設置されたという点で大きな差異がある。加えて、神宮祭主久邇宮朝彦親王も同年七月二十二日に金三百円を御寄附あそばされたことを聞き及んだ明治天皇から御聖慮があり、遥拝殿設立に対して宮内省から次のような達が出された。

神宮司庁
神道事務局

今般
皇大神宮遥拝殿
四柱大神神殿東京府へ建設之趣被聞食
金千円下賜候事
明治十年九月廿一日　　宮内省

この御聖慮によって宮内省から明治十年九月二十一日に遥拝殿創建のために金千円（銀座の煉瓦街計画の折に下賜された施金の約半分にあたる金額）が下賜され、翌十一年六月十二日には、在東京の有栖川宮家のほか、伏見宮、閑院宮、山階宮、華頂宮、北白川宮、小松宮（この当時は東伏見宮を称していた）の七各家からも金百円、京都在住の桂宮および梨本宮家からも金三十円の寄附を受けている（『東京曙新聞』明治十三年三月二十二日）。天皇の御下賜および当時設立されていたすべての宮家からの寄附を受

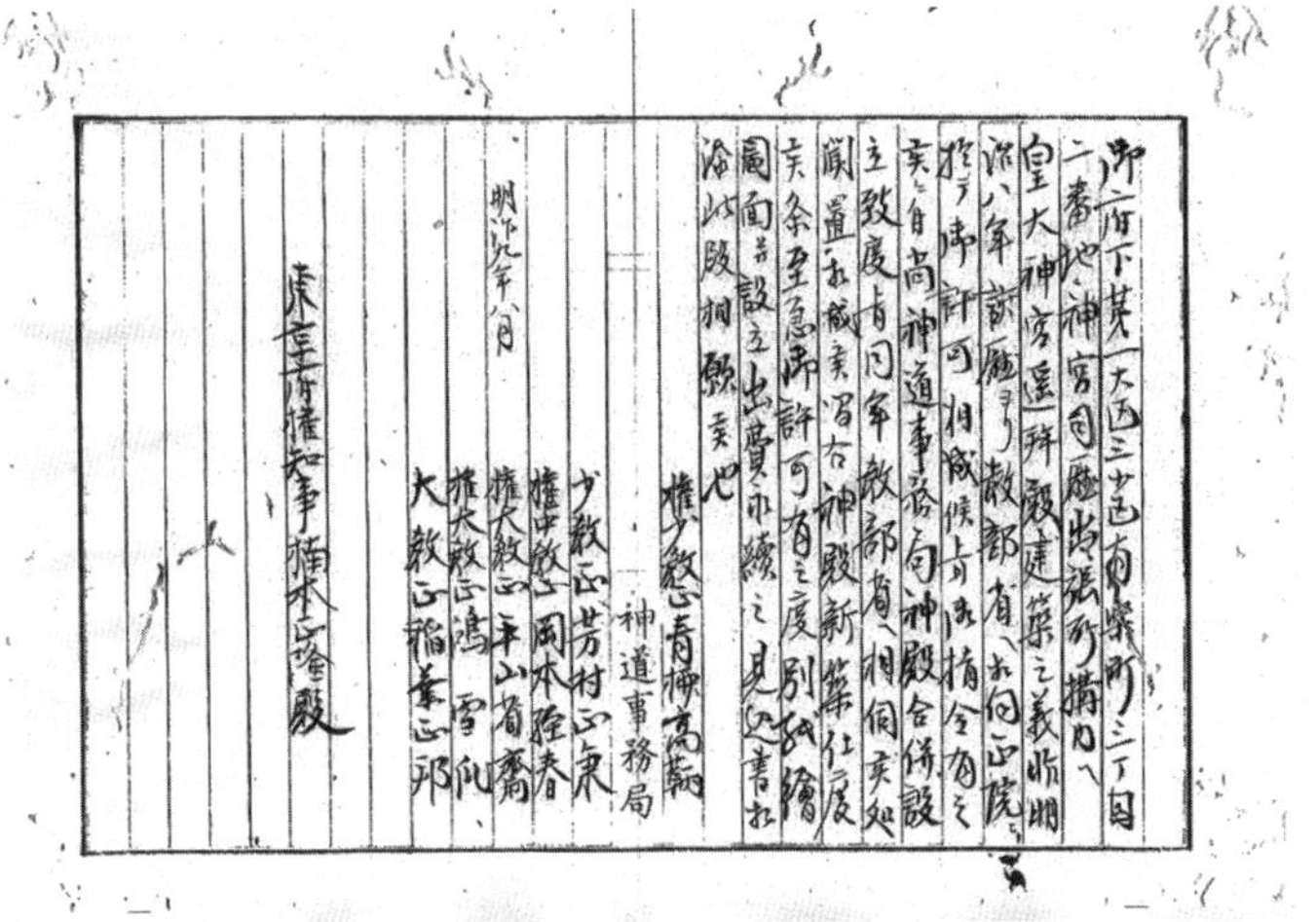

御府下第一大区三小区有楽町三丁目
二番地ニ神宮司庁出張所構内ヘ
皇大神宮遥拝殿建築之義昨明
治八年該庁ヨリ教部省ヘ相伺正院ニ
於テ御許可相成候旨御指令有之
候ニ付尚神道事務局神殿合併建設
致度旨同年教部省ヘ相伺候処
取置ニ相成候ニ付右神殿新築仕度
候条至急御許可有之度別紙絵
図面并設立出費ノ手続ニ見込書相
添此段相願候也

権少教正 青柳高鞆

神道事務局
少教正 芳村正秉
権中教正 岡本経春
権大教正 平山省斎
権大教正 鴻雪爪
大教正 稲葉正邦

明治九年八月

東京府権知事楠本正隆殿

神道事務局の罫紙に記された皇大神宮遥拝殿の設立について「正院に於て御許可相成候」の文字　「講社取結・教院設置・邸内社堂」明治九年（東京都公文書館所所蔵）

けて遥拝殿（大神宮）が創建されたという点でも大きな意義があるといえよう。

## 正院許可の意義

明治九年八月八日に神道事務局が遥拝殿に合併した神殿を建設したい旨を提出した「神殿建築ニ付東京府江願案」においても、「皇大神宮遥拝殿建築之儀、昨明治八年該庁ヨリ教部省江相伺、正院ニ於テ御許可ニ相成候旨、御指令有之候ニ付」とあるように教部省のみならず、正院からも許可が下りていることは重要な意味をもっているものと考えられる。この点については、既に岡田米夫、阪本是丸が指摘しているように（岡田「大神宮崇敬の地方的発展」、阪本『東京大神宮百年の歩み』）、正院は国家的な重要問題について、天皇御親臨の下で、太政大臣以下左右

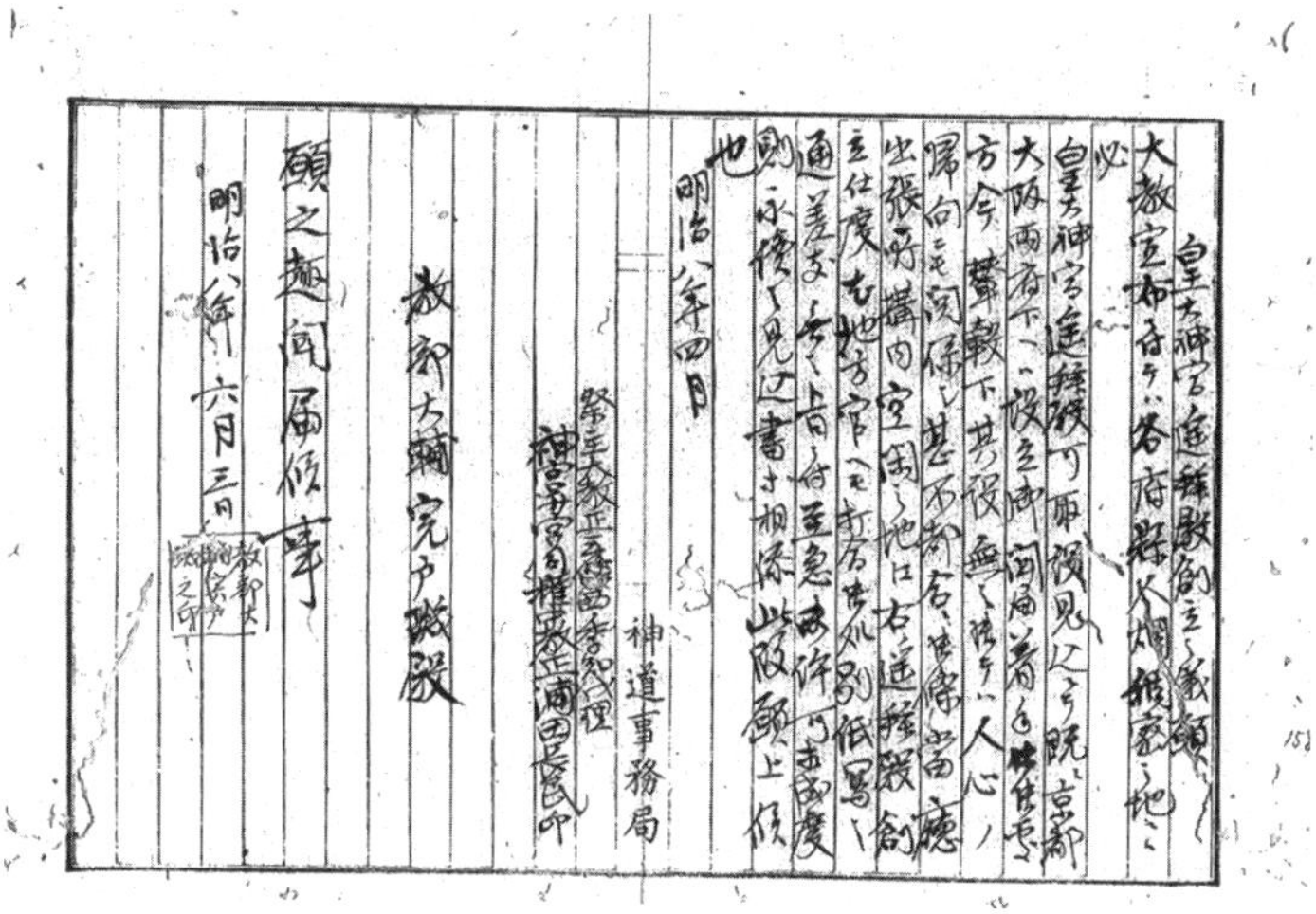
皇大神宮遥拝殿創立之義願

明治八年四月

神道事務局

教部大輔宍戸璣殿

願之趣聞届候事

明治八年六月三日

皇大神宮遥拝殿創立の儀願（神道事務局罫紙のもの・東京府社寺掛に残された写し）
「講社取結・教院設置・邸内社堂」明治九年（東京都公文書館所所蔵）

大臣、参議ら政府高官が補弼し、天皇が親裁される政府の最高意思決定機関である。つまり、正院で皇大神宮遥拝殿の問題が取り上げられて、天皇の親裁をもってして建設が許可されたということでもあり、教部省からの「聞届」というのは形式上のもので、実際は、恐れ多くも天聴に達したものと考えられる。大神宮設立の意義はまさに明治天皇の深い御聖慮があったと拝せられるものであり、大神宮建設のことは国家にとって極めて重要な問題として審議されたということを示すものでもある。

この正院で許可されたという以外にも、帝都における皇大神宮遥拝殿の創建というものが、開港地などの大神宮の創建や他の地方での神宮教会の遥拝殿・神殿の建立、近代以降の神明社の勧請等とは異なり、天照大御神、造化三神を奉斎して、帝都の中心ともいうべき地で神宮を

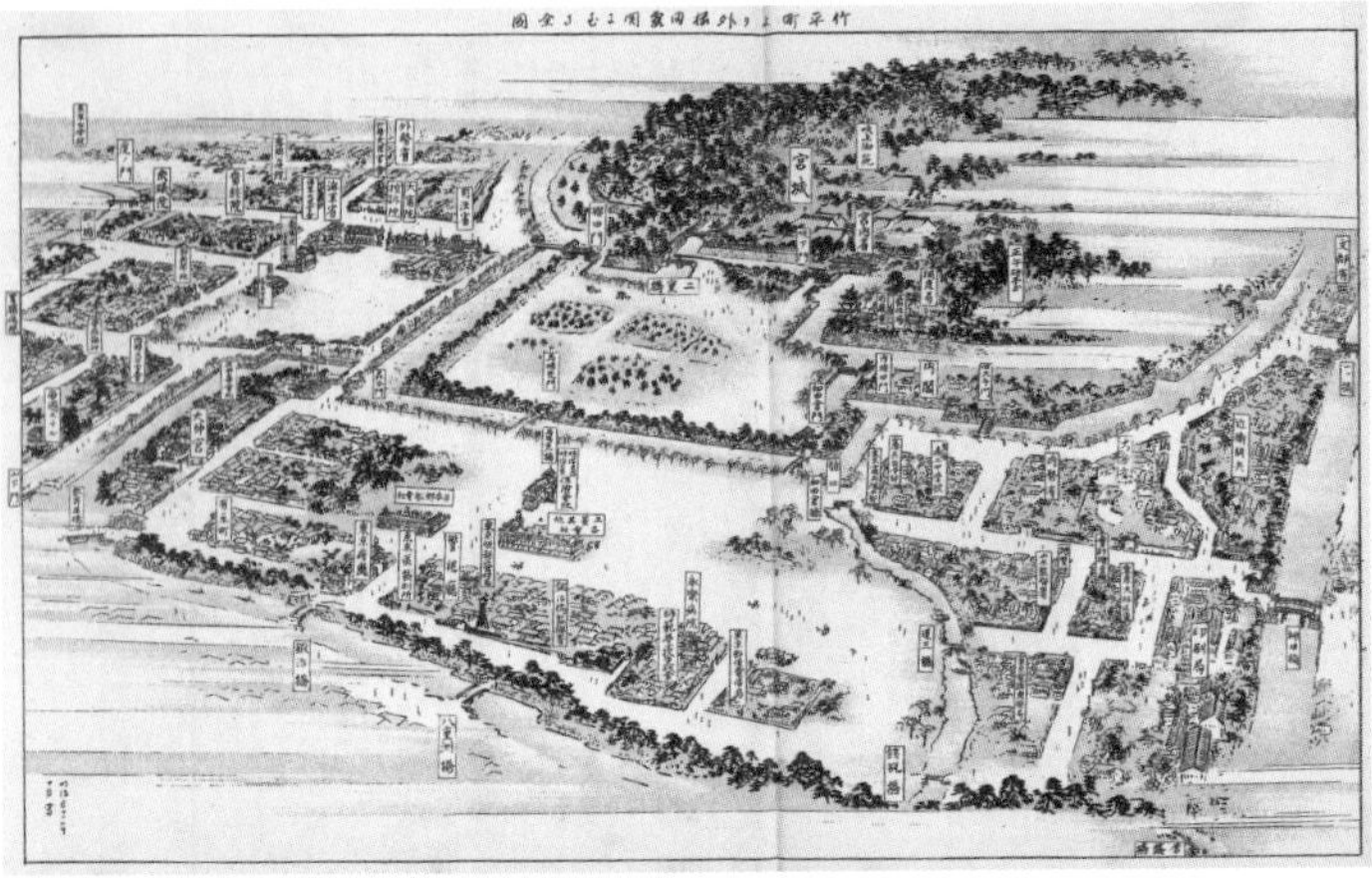

『風俗画報』175号臨時増刊に掲載された皇居前の絵図（明治31年10月）
左隅に大神宮が記されている

遥拝する施設であるという点でも大きな意味があるといえよう。

## 分社か遥宮か遥拝殿か

次に名称についてである。「神宮司庁東京出張所皇大神宮遥拝殿」という名称についても「遥拝殿」という名称が決するまでに種々の検討がなされていたことが知られる。西川順士も指摘する通り、浦田長民少宮司が教部大輔宛に「遥拝殿之儀ニ付伺」（明治九年三月十九日）が提出されていることにも明らかであるが、単なる神明社や神明宮と異なって神宮の分霊が鎮祭されている東京の遥拝殿は、とくに「神宮遥宮」あるいは、「皇大神宮分社」を呼称として申請し、瀧原宮や伊雑宮のように、神宮の別宮と同格の社として扱うことを企図していた。神宮司庁としても当時、明治九年三月十二日の教部省達第八号の神社の分社、遥拝所の性質を区分する達に基づき、その典拠を調査・研究した上で、新築する遥拝殿については、其の名称を「皇大神宮遥宮」としたい旨を教部省に願い出ており（九年三月十九日願い出）、その後「遥宮」とする案が許可されないことが判明すると、「皇大神宮遥殿」（四月十二日）、あるいは「皇大神宮分社」（五月五日願い出）という名称にしたいと願い出るが、これらもすべて教部省から不許可とされた。そのため、結果的には、

兼テ御府下へ建設可致　但大阪府へ可ノ字ヲ除ク　皇大神宮遥拝殿之儀、分社ト改称候様教部省へ及上申候段、当五月五日及御通知置候処、改称之儀難聞届旨御指令有之候条、是迄之通皇大神宮遥拝殿ト称シ候間、此段再応及御通知候也

明治九年六月廿二日

祭主久邇三品宮代理　神宮少宮司　浦田　長民

府知事宛

と従前通り「皇大神宮遥拝殿」の名称にすることを通知している（『神宮公文類纂　教導篇』明治十年「東京遥拝殿設立始末」神宮文庫所蔵）。

その後、神宮司庁と神宮教院が分離された神宮教の時代には「大神宮祠」と称している。しかしながら、阪本是丸が説くように、実際には鎮座当初から「皇大神宮遥拝殿」という呼称ではなく、「日比谷大神宮」という呼称で府民からも呼ばれていたことからも、伊勢の神宮の事実上の分社的な役割として府民からも崇敬され、受け止められていたと考えられる。この点は、遥拝殿の創建を伝える明

治十三年四月十九日の『東京日日新聞』の記事にも奉祝、大祭の様子とともに「日比谷大神宮」という名称で紹介されていることからも窺い知ることができる。まさに、神宮司庁東京出張所皇大神宮遥拝殿が、帝都東京における皇大神宮の公式な分社、別宮的な役割、東京における「伊勢神宮」としての意義を持っていたということを示す事実でもある。

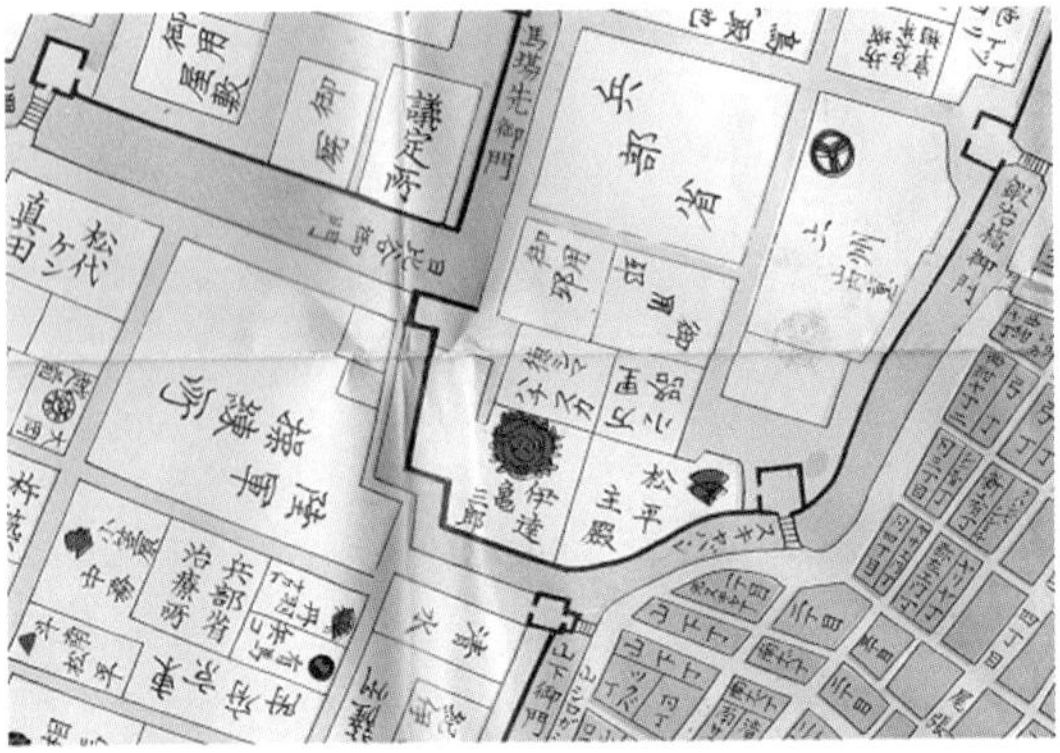

「明治四年未年改正東京大絵図全」(『東京市史稿』市街篇第五十二附図)に記された日比谷御門付近

## 鎮座地の「場」としての意義

次にこの皇大神宮遥拝殿が設けられた地および有楽町旧三丁目、二丁目周辺、つまり現在でいう有楽町と日比谷・丸の内を含めた皇居外苑周辺が幕末・近代以後、どのような地であったかを少し考えてみたい。本書では歴史的・地理的な側面のみを述べるに留めるが、当該地の維新期の東京の都市計画上の問題との兼ね合いについては、筆者は都市計画や建築を専門とするものではないため、詳しく知りたい方は、近年発刊された松山恵『都市空間の明治維新』もしくは『江戸・東京の都市史』をぜひご覧戴ければと思う。

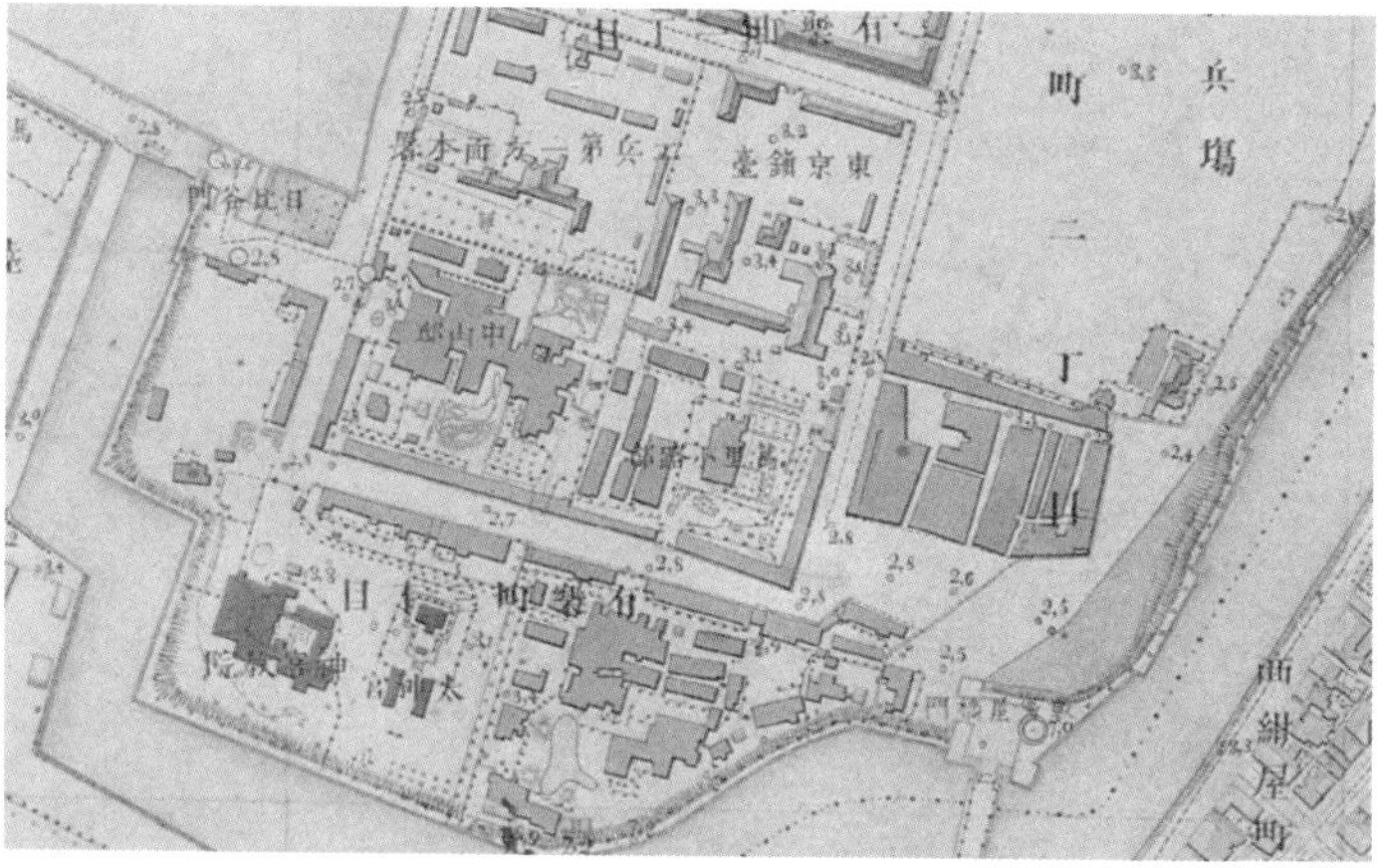

参謀本部陸軍部測量局「東京府武蔵国麹町区八重洲町近傍」（五千分一東京図測量原図）明治16年　国際日本文化研究センター所蔵

神宮教院も神宮司庁東京出張所も設置される以前の明治二年、皇居馬場先門の内側、現在の皇居前広場にあたる地には、神祇官が設置されており、大蔵省が隣接していた。四年頃には維新期の重臣でもある岩倉具視邸が隣接していたが、明治四年八月に神祇官が神祇省と改組され、皇居外苑から神祇に関わる役所が姿を消していた。

明治八年になり、芝の大教院を拠点として国民教化のために実施されていた神仏合同布教が差し止められたことから、神宮司庁東京出張所は、かつて神祇官があった地にほど近い、有楽町三丁目二番地（明治以前は、元常陸笠間藩牧野越中守貞直邸、元肥前島原藩主松平主殿頭忠精邸が隣接、牧野貞直邸は、貞直が家督を譲り隠居したため牧野貞寧邸、その後、明治に入り、旧宇和島藩八代藩主の伊達亀三郎〈のちの伊達宗城のこと〉邸となり、その後、明治四年に大隈重信邸、松平主殿頭邸は松平忠和邸へと所有者が変わっ

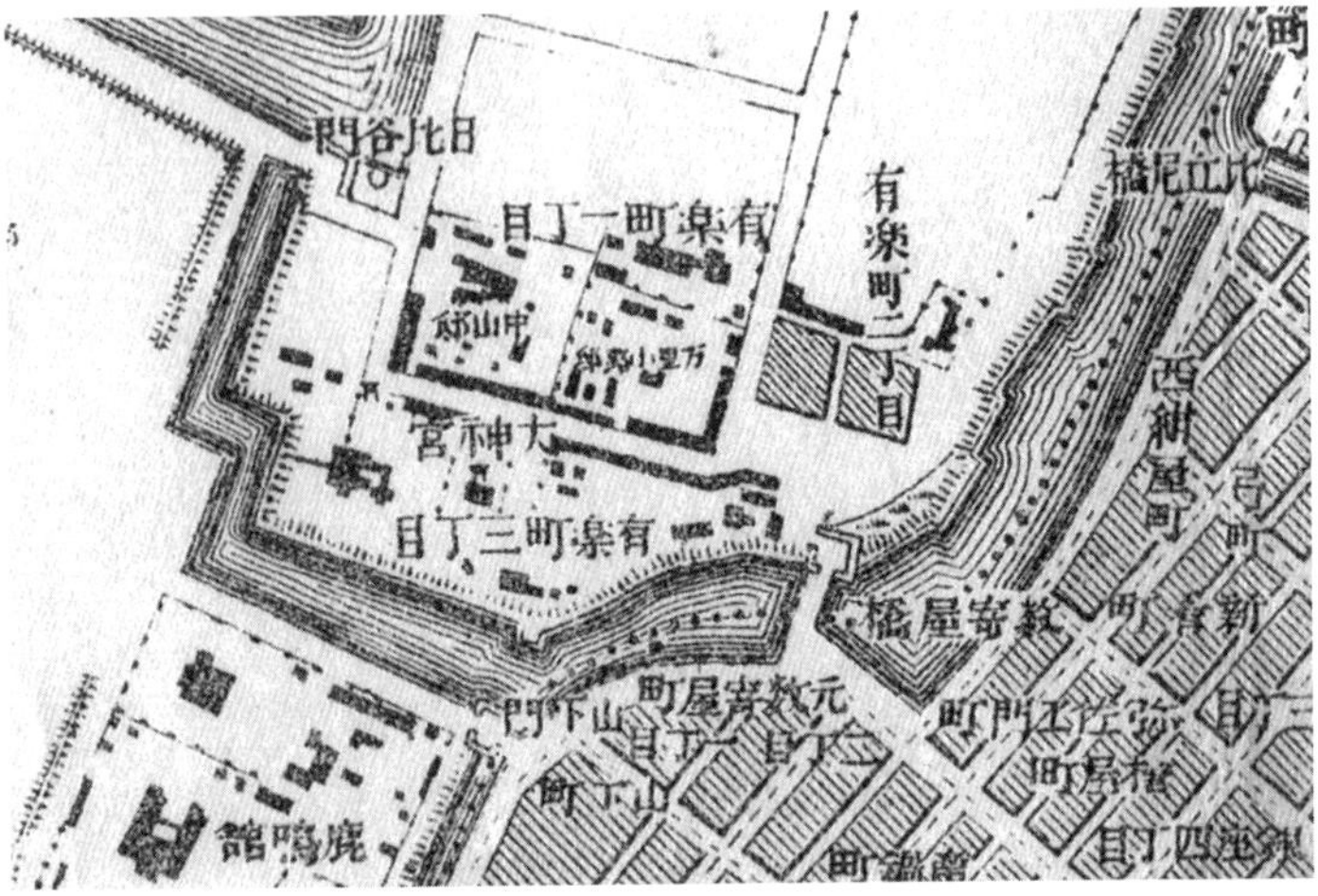


『東京近傍第六号（麹町区）』明治30年　陸地測量部にみえる大神宮の建物配置

ていた）へ移転することとなった。

移転地となる有楽町三丁目二番地（現在は有楽町一丁目）は、現在のＪＲ有楽町駅の北西側、地下鉄日比谷駅の地上、高層ビルの東京ミッドタウン日比谷、日比谷シャンテが建つ地あたりであると考えられる。明治四年当時には、既に東京府庁舎も北・南両町奉行所の地から現在の内幸町にあたる大和郡山柳沢藩邸に移転しており、その横には、内務省博物館（内山下町博物館、もとの博覧会事務局博物館）があった。また神宮司庁と神宮教院が分離した後の明治二十年に作成された『東京五千分之壹実測図』（内務省地理局）、『東京近傍第六号（麹町区）』（陸地測量部）では、大神宮と神宮教院とが個々に独立した建物として建設されていることがわかる。もとより、神道事務局の神殿を合併して建設する際に出された願い出案である「神殿建築ニ付東京府江願案」でも神宮司庁東京出張所構内

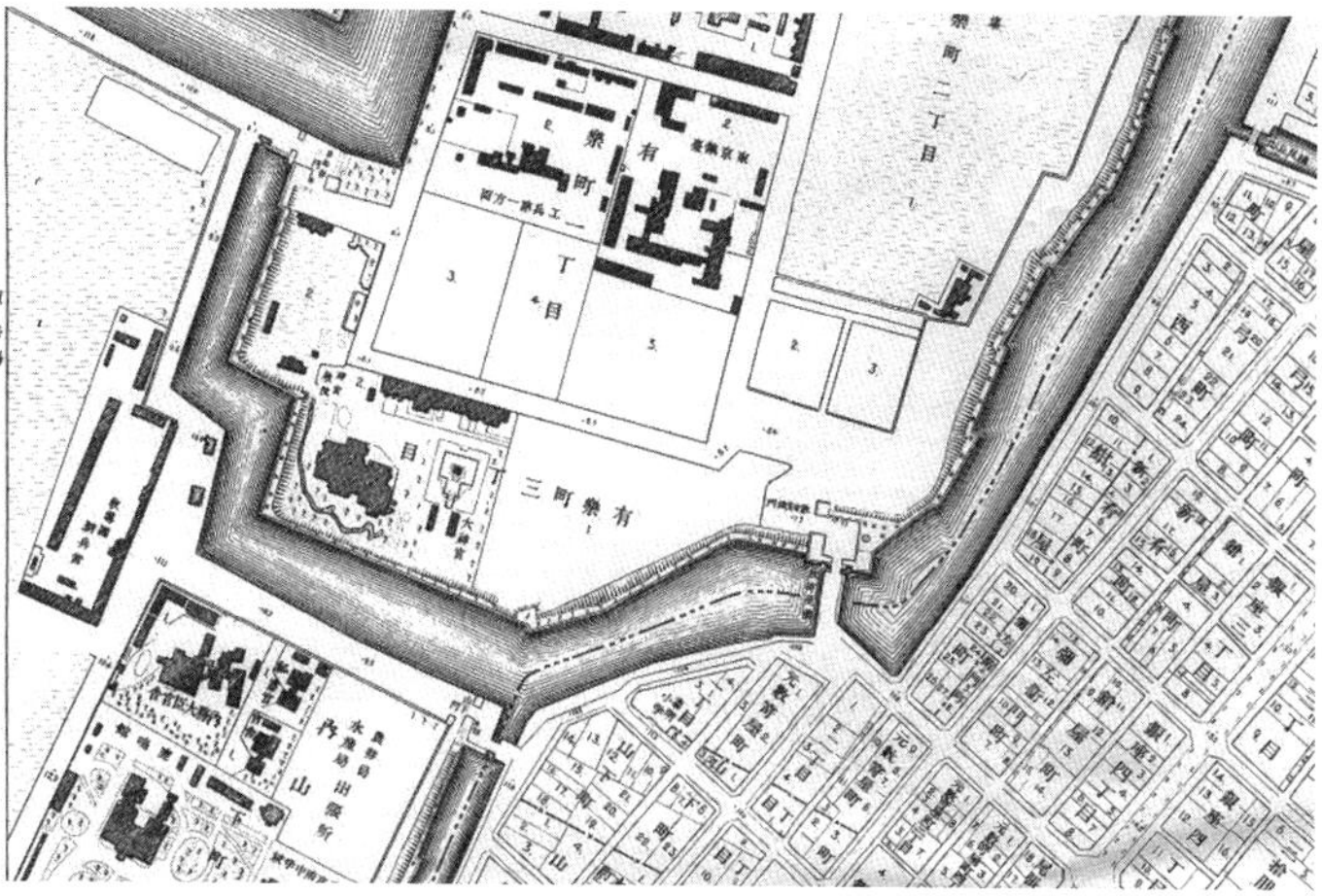

『東京五千分之壹実測図』内務省地理局（明治20年）にみえる大神宮の建物配置

東北空地に建設することとされており、建設時より同図によれば、裏手には、宮内大輔を務めていた萬里小路邸と明治天皇の祖父で外戚にあたる中山忠能邸、東京鎮台や陸軍教導団があり、その奥には司法省、東京裁判所、大審院と警視庁があった。なお、斜め奥にはかつては岩倉具視邸のほか、元老院、近衛騎兵営などがあり、日比谷の堀向かいに内務省博物館があった農産陳列場、同博物館跡地に建てられた鹿鳴館があり、府庁脇には府立第一中学校、東京府師範学校が設けられていたことがわかる。

その後、東京府庁は現在のＪＲ有楽町駅前へと移転する。同三十一年十月に作成された竹平町より桜田門霞が関方面を描いた絵図（『風俗画報』一七五号臨時増刊）や明治三十八年に改訂作成された「東京一目瞭然新図」では、日比谷大神宮の描かれている脇に三井集会所や日本倶楽部、大神宮の

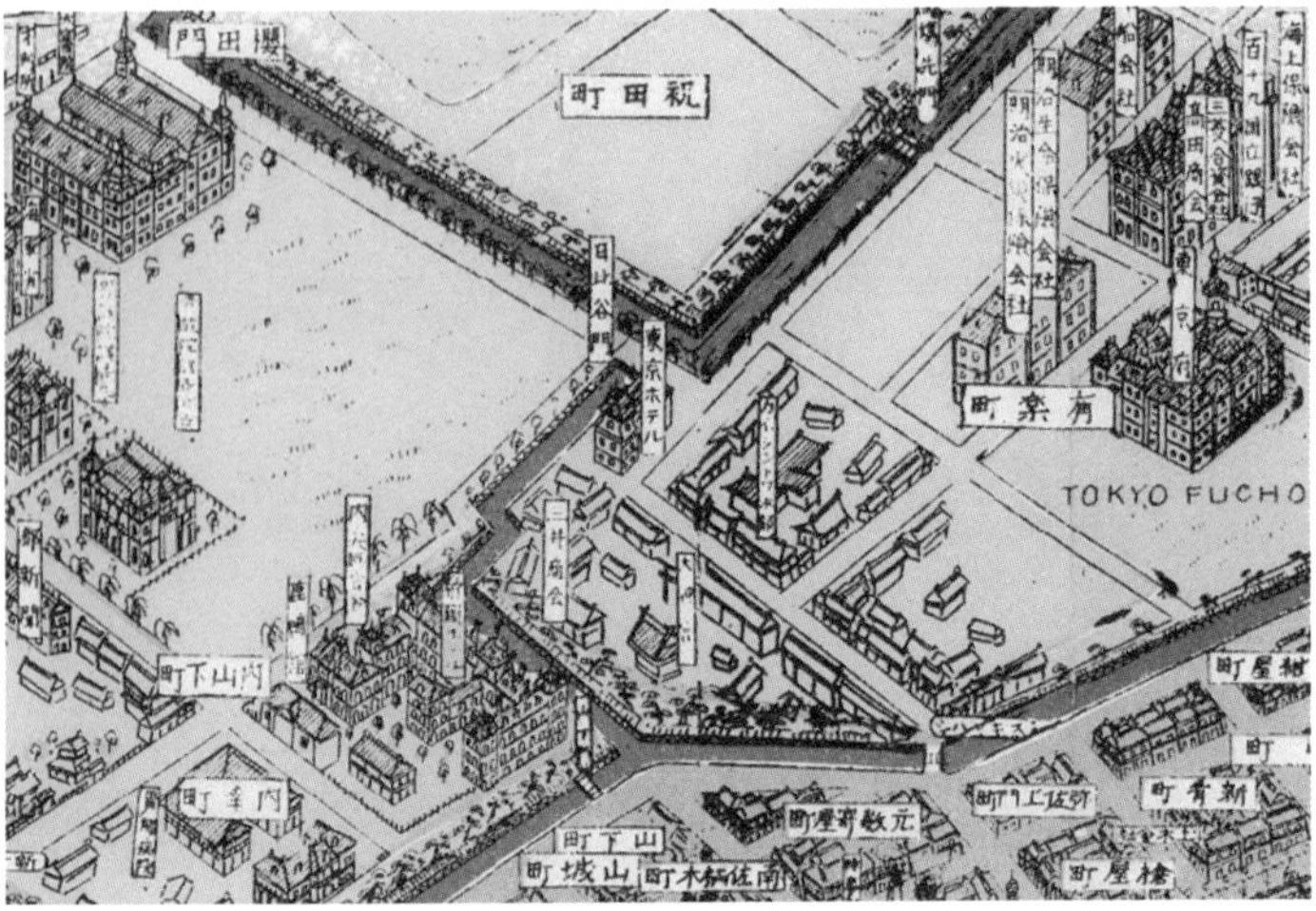


「東京一目瞭然新図」（明治 38 年修正版）にみられる大神宮

手前に内務大臣官舎と帝国ホテル、大神宮裏に改進党本部が描かれている。また、明治四十年の「東京市十五区番地界入地図（麹町区）」（東京郵便局・東京逓信管理局編纂）、大正十二年の「一万分之一地形図東京近傍七号日本橋」（陸地測量部）では、かつて岩倉邸などがあった地が皇居前広場となり、楠公銅像なども建立されているなど、いわゆる皇居外苑および皇居前広場が完成している。また、東京電燈株式会社と東京鉄道株式会社がオフィスを構えている。なお、日比谷堀向かいの西日比谷は、明治二十五年までは、陸軍日比谷練兵場であり、その後、練兵場の移転を受けて日本最初の洋式公園たる日比谷公園が明治三十六年に開園した。こうした点からも官庁街など首都である東京の中枢部における神祇信仰の中心地たる「場」としては、まさにふさわしい地所に皇大神宮を遥拝する神殿が設けられていたとも考えられよう。

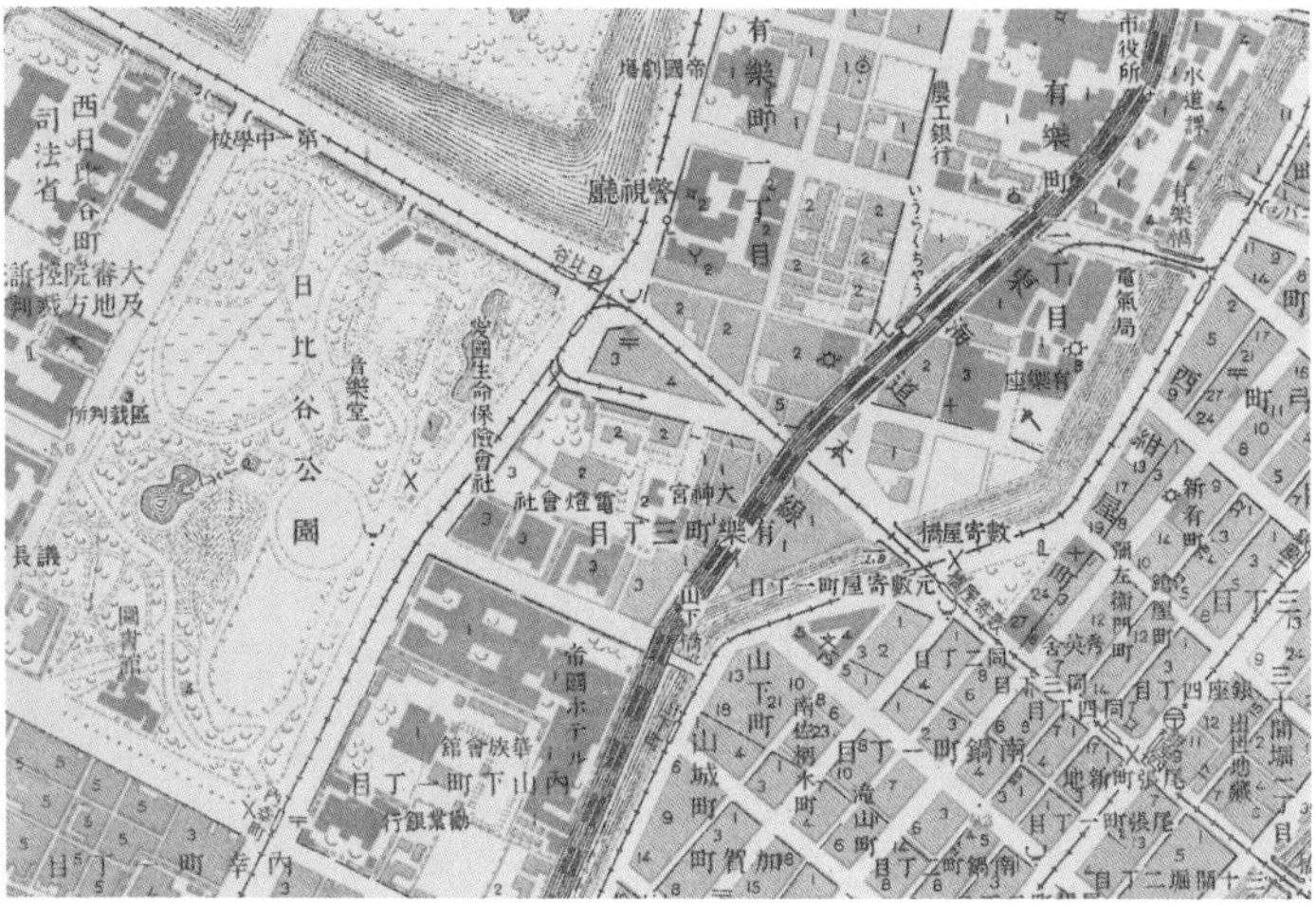

「一万分之一地形図東京近傍七号日本橋」（大正12年、陸地測量部）に記された大神宮

## 日比谷大神宮の所在地「有楽町」について

日比谷大神宮の所在地であった「有楽町」という町名についても述べておきたい。有楽町の町名が誕生したのは明治五年四月のことであるが、その名称の由来としては、そもそも織田有楽斎長益の屋敷があったため、あるいは三代将軍徳川家光の頃に「有楽ヶ原」であったことに因むなど諸説あり一定していない。神宮司庁東京出張所皇大神宮遥拝殿が設けられた有楽町三丁目は、幕末期は笠間藩の牧野越中守、島原藩の松平主殿頭など幕府重臣の屋敷があった地所であった。丸の内から有楽町の旧二丁目、三丁目の地は、維新後、江戸城の外郭にあった親藩・譜代大名など有力大名屋敷が立ち並び、「大名小路」とも呼ばれるような地であったが、維新後は、薩長以外の屋敷地は大きく荒廃し、不平分子の反乱を心配した維新政府

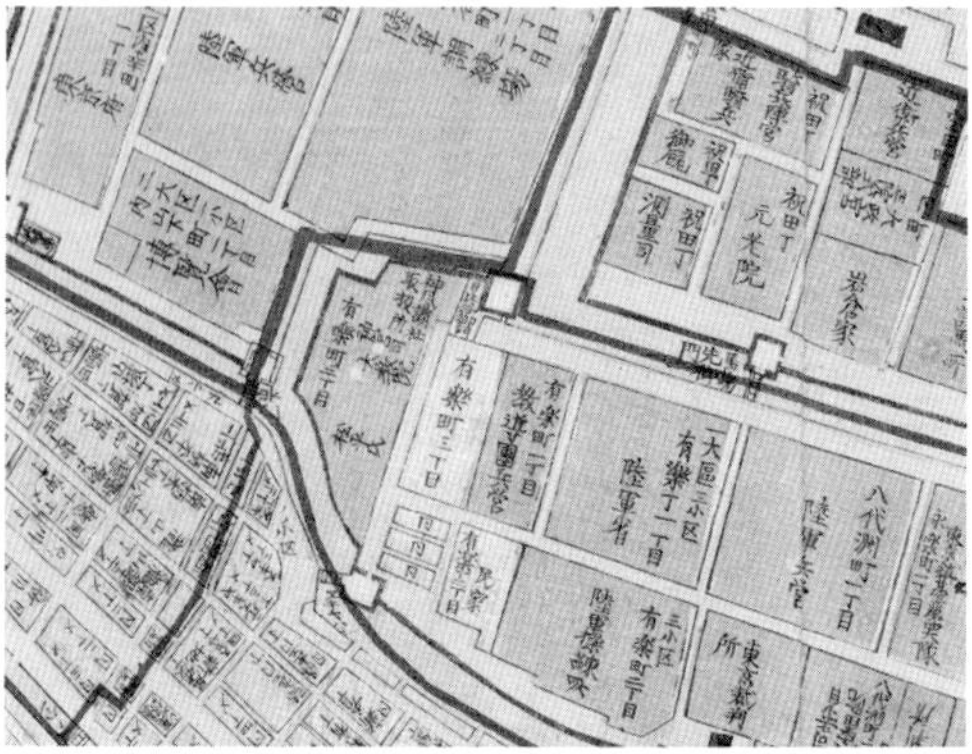


「東京明細図 新撰区分」（明治９年　国際日本文化研究センター所蔵）

が収公して軍用地としていた。そのため、丸の内、日比谷には多くの兵営が設けられ、先に述べたように西日比谷には陸軍の日比谷練兵場があった。また、かつて永楽町と呼ばれた丸の内、八重洲一丁目周辺にも同じく陸軍関係施設や練兵場があったが、時代が下るに連れ、演習の騒音や軍馬などの粉塵など周囲への影響から陸軍施設を移転することとなり、その費用を捻出するため、政府が明治二十三年、三菱の岩崎弥之助に軍関連施設等、丸の内一帯を買い取らせて英国のロンバート街をもとにしたオフィス街を計画したことから、その後、三菱関連会社のビルが立ち並ぶこととなった。こうした経緯ゆえ、丸の内、日比谷、有楽町が、国内最高峰のビジネス街として知られることとなったのである。

なお、遥拝殿のあった有楽町三丁目二番地の敷地は、幕末までは元々笠間藩の大名屋敷であったこともあって当初六千九百三十六坪五合三勺という広大な敷地であり、のちに一部を神宮教の運営のために財産処分したため、約千六百坪にまで縮減し、当初に比べるとかなり狭隘な敷地となってしまうが、遥拝殿建設前は、大隈重信（当時参議・大蔵卿のち首相）が明治五年十二月から明治七年八月に神田錦町に移転するまで居住していた邸宅のあった地所であったことが明治六年の「第一大区沽券地図」などで確認することができる。建設にあたっては、大隈重信より敷地を明治八年三月八日に神宮司庁が金二万二千五百円で購入している（『神宮公文類纂　教導篇』）。

## 神宮司庁と神宮教院との分離

明治十四年二月二十三日、明治天皇の勅裁によって皇大神宮遥拝殿（神道事務局神殿）に祀る祭神は、以後「宮中ニ被斎祭所之神霊遥拝奉仕可致事」と定められた。この勅裁によって宮中に奉斎されている賢所・天神地祇、歴代皇霊を奉斎せしめることとなったのである。そのため、以後はその中心として賢所の天照大御神を主とされることとなり、この時を機に遥拝殿の祭神は、皇大神宮遥拝殿の名にふさわしいように天照大御神一柱を表記するようになった。つまり、四柱が奉祀されていた皇大神宮遥拝殿の祭神は、以後、天照大御神一柱のみを表記することとし、造化三神はその中に含まれるという解釈にて取り扱うこととなったのである。その後、豊受大神を祭神として二柱が表記されるようになったのは明治三十一年のことである。ただし、後述するように、明治十五年一月に神宮司庁と神宮教院が分離した際に、遥拝殿の名称も大神宮祠となり、その御祭神についても天照大御神一柱のみを表記名の祭神名とするが、実際には、従前の天之御中主神、高皇産霊神、神皇産霊神の三柱を配祀していた。

その後、先に述べたように、明治十四年に伊勢派・出雲派の間で大論争となった祭神論争を契機として、神社は明治四年五月の太政官布告に基づき、「国家の宗祀」であって惟神の大道として宗教以外の枠に立つものとして考えてゆくか、宗教として宣布、布教活動するものとして考えてゆくかの論議が政府でも大問題となり、その結果、翌十五年一月二十四日に内務省達丁第一号にて神官と教導職とは分離すべき旨が示達された。この内務省達に従って神宮司庁と神宮教院とは分離されることとなり、同年二月七日、神宮大宮司田中頼庸は、神宮と神宮教院とを分離するための条件を立てて、これを内務卿山田顕義に願い出た。

この願い出に対して、同月十日、内務省から分離条件を聞き届ける旨の指令があり、左の条件によって分離されることとなった（『神宮公文類纂　教導篇』）。

神宮司庁教院分離ニ付処分件

一、宇治教院ノ地所・建物・品物等ハ悉皆教院へ可属事
一、東京日比谷地所・建物・品物等ハ悉皆教院へ可属事
一、各本部地所・建物・品物等ハ総テ其本部教会所可為所有事
一、頒布大麻ハ製造並頒布方ヲ教院へ可委托事
一、頒布大麻初穂金十三年分已前ノ未納金ヲ以、教院ノ負債ヲ償却ノ訳ニシテ悉皆教院へ可属事
一、頒布大麻初穂金十四年未納ハ規約通リ各本部ヨリ司庁へ相納メ、十五年分収納金ハ悉皆教院へ属シ、十五年分製造費並運搬費ハ教院ヨリ司庁へ可弁償事
一、暦代ハ悉皆教院へ取集メ可支弁事

一、授与大麻製造方ヲ教院へ可委托事

右之通リ

この条件に従って二月二十一日に東京市麹町区有楽町三丁目二番地の神宮司庁東京出張所の宅地六千九百三十六坪五合三勺（地価金額四千三百七十円一銭四厘）は、神宮教院の代表として田中頼庸の個人名義に書換えることを申請するに至った。同五月三日には、神宮司庁は各府県に対して、各府県の神宮教院本部に係る宣布・布教事務について神宮司庁は今後一切関係しない旨を通知するとともに、東京、大阪の他、神宮司庁の各出張所の名称を廃止する旨をも併せて通知した。

さらに同年六月一日には、神宮司庁と神宮教院との代表者によって取り決められた「神宮司庁教院区分処分条約」に基づいて、従前の「神宮司庁教院分離ニ付処分件」における不備の点を補正して、双方の代表者が署名・捺印を行って正式に分離契約の文書を取交した（『神宮公文類纂　教導篇』）。なお、神宮司庁と神宮教院とで交わされた条約については左の通りである。

神宮司庁教院区分処分条約

第一条　神宮教院並神宮司庁東京出張所建物々品共悉皆教院へ引渡スヘキ事

第二条　皇大神宮域内時雍館ハ神宮司庁へ可属事

第三条　林崎文庫地所建物並書籍共神宮司庁へ可属事

第四条　各本部地所建物々品ハ総テ其本部可為所有事

第五条　各本部へ渡置タル御神宝類ハ神宮司庁へ返納可致事

第六条　大麻頒布ハ宇治神宮教院ヘ委托スヘキ事
第七条　前条二付神宮司庁資金ノ都合ヲ以テ製造ヲ同院ヘ委托スヘキ事
但製造委托スル上ハ其費用ノ如キ初穂金ニテ仕払、過不及ハ神宮司庁ニ於テ一切関係セザル事
第八条　大麻修祓ハ神宮司庁官員ニテ執行スヘキ事
第九条　十二年末以前ノ頒布大麻初穂金ハ教院負債償却ノ為メ悉皆教院ヘ可渡事
第十条　十三年末頒布大麻初穂料金及該大麻製造費、運搬費、暦代金等未納金壱万七千百八拾四円九拾四銭三厘ハ本年十二月、明治十六年六月、同十二月、明治十七年六月、同十二月ノ五ヶ度ニ割合セ、各本部ヨリ教院ヘ取纏メ、教院ヨリ司庁ヘ返納可致事
但長崎本部ハ昨十四年云々ノ件モ有之ニ付、五ヶ年ニ割合セ、本年十二月ヨリ本文ノ手続キヲ以テ教院ヨリ司庁ヘ返納可致事
第十一条　十四年末頒布大麻製造運搬費共ニ本年九月三十日限リ神宮司庁ヘ可弁償事
第十二条　暦代ハ悉皆神宮教院ヘ取纒メ頒暦商社ヘ直ニ相渡スヘキ事
第十三条　東京司庁出張所地所建物教院ヘ引渡スニ付、同所ニ係ル稲葉家ヨリ負債残金三千九百弐拾三円八拾銭ハ、来明治十六年十二月迄ニ教院ヨリ司庁ヘ弁償可致事
第十四条　神宮司庁ヨリ神宮教院及各本部教会所ヘ仮渡シ有之金三千九百五拾三円拾六銭六厘ハ、神宮司庁ヨリ事務引続之際本渡ニスヘキ事
第十五条　大麻頒布用書目録両部ノ内、其乙部ハ司庁ニテ出納参考ニ充備シ、甲部ノミ教院ヘ引

渡スヘキ事但入用ノ時ハ其時々庁院互ニ交貸弁用スル者トス
第十六条　大麻局ハ別紙図面朱引之分、祈禱所授与大麻製造場等ヲ除クノ外、器械ニ至マデ悉皆頒布大麻製造委托中、無税ニテ教院ヘ貸付スヘキ事
第十七条　前条大麻局教院ヘ貸与ニ係ル地所建物器械共、修理営繕ノ諸費、同院ニテ悉皆支弁スヘキ事
但建物在形ノ変更ニ係ル営繕ハ予テ神宮司庁ヘ稟議スヘシ
第十八条　同局官納ニ係ル諸費及租税ハ渾テ司庁ニテ支弁スヘキ事
第十九条　頒布大麻祈禱ニ係ル神饌其他ノ入費ハ毎月神宮教院ヨリ神宮司庁ヘ弁納スヘキ事
第二十条　頒布大麻種類ハ是迄製造シタル種類ニ限ルヘキ事
但実際止ヲ得サル事故アリテ若シ形状ヲ変更シ、種類ヲ増減セント欲セハ、予テ神宮司庁ヘ稟議スルモノトス
第二十一条　頒布大麻ハ全国頒布ノ外ハ、縦人民請求スルモ授与スマシキ事
第二十二条　神宮宇治教院及第壱本部教会所ハ勿論、其他両宮接近ノ地ニ於テ人民請願アリト雖、神楽ヲ施行スヘカラサル事
第二十三条　前条款中若シ実施セサル事アラハ、悉皆無功ノ者トシ取消ス事ヲ得ヘキ事
右約条致候ニ付本書壱通正写壱通ヲ製シ、本書司庁ニ留置シ、写ハ教院ニ留置モノ也
明治十五年六月一日

祭主二品朝彦親王代理
神宮権宮司　藤　岡　好　古
神宮御用係　木　本　氏　好
神宮教院教長
大教正　田　中　頼　庸
神宮教院幹事
少教正　落　合　直　澄
権少教正　内　藤　存　守
会計総理
従五位　桜　井　能　監

この条約によって伊勢の神宮教院と東京の神宮司庁東京出張所の地所・建物・品物等は、全て東京の神宮教院の所有となり、各地方本部の地所・建物・品物は、各地方本部教会所の所有となった。各地方本部へ渡し置かれた御神宝類は、全て神宮司庁へと返納することとなり、神宮大麻・暦の製造頒布は、神宮が東京の神宮教院へと委託する形となった。この分離条約に伴って神宮司庁東京出張所皇大神宮遥拝殿と神宮司庁東京出張所は神宮司庁の手を離れることとなり、神宮教院の所有となったのであるが、一方で、『神宮公文類纂　教導篇』によれば、遥拝殿等東京の神宮教院の施設の性質は、「神宮教院地所建物品物等ニ於ケル、信徒ノ醵金等ヲ以テ建設セシモノニ非ス、御省伺済ノ上、正シク司庁ヨリ附属セラレタル物ナレハ、此原質ヲ変換セス、維持致スヘキハ部内教職ノ本務ニ之レアリ」とあり、分離当時、神宮教院に奉職する者たちにとってその施設は単に一教院だけのものではないとする考え方であったことを窺い知ることができる。

また、この分離に併せて、皇大神宮遥拝殿の名称も「大神宮祠」という名称に改められたと伝えられている（常世長胤『神教組織物語』下巻、國學院大學所蔵）。併せて神宮教院の信徒の霊祭、葬儀等の祭儀についても以後、神宮教院において執行することとなった。

なお、皇大神宮遥拝殿の創建時から神宮司庁東京出張所の構内に同居して、遥拝殿にも御霊代を併置していた神道事務局は、この神宮司庁と神宮教院との分離という変革に際して、神宮教院から分離することとなり、稲葉正邦を管長として別個独立することとなった。そのため皇大神宮遥拝殿内に併置されていた神道事務局神殿の御霊代も分離されることとなった。

## 神宮教の立教とその活動

神宮司庁と神宮教院とが分離し、神宮をはじめ全国各神社は宗教の外に立ち「国家の宗祀」として専ら祭祀を行う国または地方公共団体の営造物法人として取り扱われることとなり、神宮から分離した神宮教院は、宗教活動を行う「神道」の一派として神宮のご神徳、信仰を宣布するための教導団体として新たな歩みを始めることとなった。それゆえ、明治十五年五月十日の内務省達によって神宮教院は、「神道神宮派（神宮教会）」、一般には神宮教と改称することが認められ、神宮教の副総裁には、薩摩の海江田信義が就任した。神宮と神宮教院との分離の際に神宮大宮司を辞職した田中頼庸大教正が神宮教の管長となり、同じく神宮禰宜であった落合直澄少教正が幹事、権少教正内藤存守も同じく幹事に就任した。管長の下に院宰、幹事、監理、事務取扱、弁理が置かれ、地方には神宮教院時代と同様、地方本部が置かれた。また従前からの大教正や中講義など教導職の職名もそのまま存置して、職員は教導職の職名を付して布教にあたった。

その後、明治十五年十二月一日には、神宮祭主の久邇宮朝彦親王の篤志により、総裁に厳麿王（のちの賀陽宮邦憲王）が推戴された。十七年八月十一日には、太政官布達第十九号によって神仏教導職が全廃されることとなり、神宮教は他の教派神道と同様、民間の宗教団体の一つとなり、独自の布教宣布活動を行うこととなった。

こうした措置を受けて、神宮教管長の田中頼庸は、左のような「惟神旨」三章を示して宗教としての神宮教の立教の大意を示した。

惟　神　旨

一、天祖天之御中主神、大元の初に天地日月を鎔造し、神人万物を化育し給ひし其産霊霊の神徳を講明す

一、皇祖高産霊神、天照大御神の皇孫に神器を授けて、天宗一系の基を開き給ひ、斯民を治め給ひし本教の原由を詳急す

一、人をして大倫を修めしむるに惟神の大道を以てし、幽顕の神理を究窮して、其安神を遂げしむ

是その大旨なり

というもので、この三章を体して宗教教化活動を行うものとされた。実際には、神宮教の主たる活動は、神宮司庁と神宮教院とが分離した際に協約した神宮大麻・暦の頒布機関としての活動であって、信徒の祖霊祭や神葬祭などを通じて教旨の宣布活動にあたったのである。

神宮大麻・暦の頒布に関しては、別項に詳細を記述しているが、明治二十三年三月十五日に山縣有朋内務大臣が、神宮司庁に対して、神宮暦の編纂は帝国大学（現在の東京大学）が担当するため、その編纂手数料年間三千円を年二回に分割して納入するように訓令を発した（内務省訓令第一七五号）。これを受けて神宮司庁は同月、頒布権者で事務担当者でもある神宮教々院に対してこの訓令を依牒し、神宮司庁（神宮権宮司福原公亮、神宮主典今井清彦）と神宮教（管長田中頼庸、教院弁理小山田嘉平）との間で契約書を交わしている。これに伴い、年二回、千五百円を毎年、前年の四月八日と七月八日を期限として神宮教が神宮司庁へ支払うこととなったのである。

次いで明治二十八年になり、神宮教と神宮司庁との間で神宮大麻・暦の頒布金についての契約条項を改正することとなり、同年二月二十七日に左の通りの「年賦金改正締約書」を締結した。

明治二十年六月神宮司庁ト神宮教教院トノ間ニ締約シタル条目中、第十一条ニ規定セシ教院ヨリ司庁へ返納スヘキ年賦金、明治二十七年十二月皆納期限ノ処、司庁ヨリ内務省社寺局長へ稟議済

ノ上、延期ノ承諾ヲ得、今般更ニ左ノ通改正締約ス
一、明治二十年六月締約書条目第十一条ノ年賦残金参万六千八百七拾六円六拾壱銭六厘ニ対シ、明治二十八年一月ヨリ明治三十年十二月マテ満三箇年間ハ、一ヶ月金百弐拾五円宛、明治三十一年一月ヨリ明治五十七年十二月マテ満二十七年間ハ、一ヶ月金百円宛、月賦ヲ以毎月廿八日限必ス返納スヘキ事
但明治五十七年十月ハ端数金七拾六円六拾壱銭六厘返納皆済スヘキ事
右ノ通爾後確守致スヘク、依テ本書ヲ製シ、左ニ署名捺印ス
明治廿八年二月廿七日

神宮教事務取扱
大教正　藤岡　好古
大教正　篠田時化雄

神宮宮司　鹿島　則文　殿

この他、明治二十九年二月二十八日には、内務省の委託により神職養成と資格付与を担う皇典講究所および同所が経営する國學院が、財務上の問題から経営が逼迫する状況となっていたため、神宮教は通常会員にこのことを諮問した上で資金面で援助することとなった。具体的には、飯田町の校地および建物を神宮教院が期限付きで契約の上買い取り、明治二十六年十月に開設していた学寮を國學院に併置する形で神宮教院の教校とし、國學院別科と称する三年制の共有の学生養成機関として開設、

加えて神宮教の重職者を皇典講究所に参事として派遣して皇典講究所、國學院の事務および財務に賛助し種々の財務整理を行うことで、神職養成機関の維持と経営の健全化に尽力した。その結果、財団法人皇典講究所と同所を母体とする國學院の経営状況は改善し、以後は順調に発展することとなり、明治三十六年三月三十日には協議の上で契約の解除が成立、同三十一日に改めて契約し直すこととなった（三十八年に契約終了）。なお、明治二十六年の十月の段階で当初設置されていた神宮教教校は、本科のほか、図書専門科、説教科があり、校長に藤井稜威、教授陣に本居豊穎、久米幹文、飯田武郷、平田盛胤らが就任していた（『教林』第三号、明治二十六年九月）。教校の存在は、神宮教が教育にも力を注いでいた事実の一つである。

生徒募集廣告
今般本校に於て本科生五十名國書専門科生百名説教科生若干名を募集す志願の者は來二十五日迄に申込ある可し規則書望の者二錢郵券を送る可し
國書専門科課目及ひ用書左の如し
歴史○古事記○日本紀○神皇正統記◉文語○万葉集○祝詞式○古今集○音義○語格◉作文◉和歌◉來ル十月一日開校
東京日比谷　神宮教々校

神宮教々校広告（『教林』第３号掲載　明治26年）

## 境内敷地をめぐる紛争

先に述べたように、明治十五年十月の神官教導職分離に伴い、大神宮（神宮教院本院）は「神宮司庁神宮教院区分条約」に伴って神宮司庁から新たに立教された神道神宮派（神宮教）に引き継がれ、神宮教管長の田中頼庸を代表として土地建物等を神宮教が所有することとなった。これに先だって藤岡好古神宮権宮司（祭主宮代理）から神宮教管長の田中頼庸（元神宮大宮司）を代表者として神宮から四千三百七十円にて買い受けていた。当時は、明治三十一年に施行された現行の民法が制定される以前でもあり、今よりも土地建物等不動産にかかる法的な権利義務関係が曖昧で、教院の土地や建物が名義上、神宮教管長である田中頼庸ではなく、田中頼庸個人が登記して所有する私有地という扱いとなっていた。

その後、神宮教の財務運営上の関係にて明治二十年十二月には田中らが境内敷地のうち、五千三百三十六坪余を売却し、残りの千六百余坪が神宮教（のち神宮奉斎会）の祠宇、事務所境内となっている状態であった。この土地の売却をめぐっては、塚田菅彦ら神宮教地方本部の代表ほか神宮関係者らによる紛議が起こり、東京裁判所へ提訴、控訴され東京控訴院から大審院へと上告され、その後、宮城控訴院へ廻送となっている。結果的には明治二十二年十月五日に宮城控訴院にて判決が下され、田中管長による土地処分は正当であったとの判決が出されている（『読売新聞』明治二十年十二月二十五日朝刊、二十二年十月十六日朝刊）。

この土地処分をめぐっての裁判等の紛争は、神宮教としてスタートした大神宮の歩みにおいては、ある意味停滞期ともいえる時代であり、神宮大麻・暦の頒布や神宮の教化宣布事業という神宮教の主たる目的や使命遂行の上でも大きなブレーキがかかった時期でもあった。この土地問題をめぐる紛争については、先に紹介した『都築馨六文書』所収の「神宮教改革ニ付具申書」、岡田米夫編『東京大神宮沿革史』や阪本是丸『東京大神宮百年の歩み』等に原告、被告らの主張の詳細が記されているが、本書では深く述べず、前出の都築馨六文書、岡田・阪本両書に詳細を譲るものとする。

その後、有楽町の境内地については、明治二十六年五月二十二日に田中頼庸の個人名義から、神宮教管長田中頼庸の名義に変更され、あらためて登記し直されることとなった。また、同時期に明治二十五年以前の会計上処理にかかる不始末及び明治十七年九月の田中管長選任に関して不完全とする疑義と質問書が内務省社寺局から出され、解義書を作成して返答したほか、会計上の事後処理については、神宮教弁理藤岡好古を臨時教務・庶務課長とし、同じく弁理篠田時化雄を臨時会計課長に任命して、職員等の処分を行い、会計事務の整理と健全化を行った。次いで田中管長についても明治二十六年七月十三日に病気を事由に管長の辞職願が出され、十七日に内務大臣の認可があり、後任として同日付で内務省訓令第十二号にて大教正藤岡好古と篠田時化雄が神宮教管長事務取扱に選任され、一連の土地をめぐる問題はようやく収束することとなり、その後、藤岡好古が管長に選出され、明治三十二年の神宮教解散時まで管長を務めた。

なお、同じ二十六年には、神道管長である稲葉正邦が、神宮教管長田中頼庸、扶桑教管長事務取扱田中頼庸、大成教管長磯部最信、実行教管長柴田礼一、大社教管長千家尊愛、神習教管長芳村正秉を相手どり、別派として独立した時の契約に基づき、年金を納付せられたいと裁判所に訴えた。この裁判では、旧神道事務局は神道各教導職の会合するところであって、単なる教務上の団結にすぎず、それ自身が教派ではなく、また稲葉の神道教は一教派であり、同教と神道事務局と全く同一のものではないと裁判所は判断、稲葉の訴えには理由がなく、年金の請求権はなく、年金を収める必要がないとして、原告の稲葉の訴えを棄却するとの判決が下された（『読売新聞』明治二十六年七月二十四日朝刊）。

なお、明治三十二年に神宮教を解散する際に申請した書類に添付されていた各教区地方本部、各教会、出張所説教所および教院職員の経歴、人員などの数は左の表の通りである（『東京大神宮沿革史』）。明治二十七年春の本部長会議に出された現況によれば、全国の地方本部は二十九、教会が四十五、分教会が百十八、附属教会が十九、講社事務所が三百十五、出張所が二十四、説教所が三十四、大教正以下教師九千六百四十二名、葬祭を託された教徒十六万二千四十三名、信徒百六十八万六千余名という教勢であった（『篠田小笹之屋大人物語』）。明治三十年当時と比較すると神宮教の教勢解散前まで教師や教会の活動が拡大していたと考えられよう。

**明治三十二年当時の神宮教の教勢**

| | | | | | |
|---|---|---|---|---|---|
| 教区 | 三十一教区 | 分教会 | 百六十ヶ所 | 教会出張所 | 二十四ヶ所 |
| 本部 | 三十一ヶ所 | 所属教会 | 十ヶ所 | 説教所 | 三十四ヶ所 |
| 教会 | 四十六ヶ所 | 講社事務所 | 三百十五ヶ所 | 講社員 | 一百七十一万九千九百七十五人 |
| 宣教使（明治二年）以来在職の者 | | | | | 五名 |
| 教部省（明治五年）並びに内務省（明治十年）以来在職の者 | | | | | 三千七十九名 |
| 神宮を辞して教導職専任となりし者 | | | | | 十名 |
| 管長一、神宮教院へ大麻頒布委任以来就職の者 | | | | | 六千三百五十九名 |

## 神宮奉斎会の設立

明治三十年に至ると、神宮教では、民間の一宗教という束縛から脱して独自の立場で神宮の御神徳の宣揚に努めるべきという主張が教内から高まった。この論を主張していたのは、神宮教管長の藤岡好古大教正（岡山・鳥取本部長）をはじめ、大教正神田息胤（静岡本部長）、大教正松本正泰（鶴岡本部長）、大教正篠田時化雄（京都本部長）、大教正村田清昌（東京・宇都宮本部長）、大教正山内豊章（高知本部長）ら神宮教の主要幹部らであった。神宮教幹部ともいえる面々からの主張は、その後、いよいよ高まりを見せるようになり、神宮教の改組並びに神宮奉斎会の設立が三十年三月に教徒・信徒の総意に諮られることとなった。結果、満場一致で改組が承認され、あらたに宗教の域から脱した団体として立ち、明治二十九年に公布、三十一年から施行されることとなった民法三十四条に基づく財団法人を設立して、宗教団体ではない新たな法人組織に改編することが決定した。その理由については、左の通りである。

会の設立と神宮教解散の理由

神宮教院は、明治十五年一月神官教導職分離に至り、神宮司庁を離れて独立し、内務省指令に依り神宮教と称し、初めて宗教部に編入せられ、他の宗旨宗派と同様の取扱を受くるに至れり。是或は時勢の不得已より出る政府の措置なるべしと存候へ共、元来教院は明治五年神宮司庁の創立せしものにして、国体を講明し、神宮の尊厳を欽仰するを以て主たる目的とし、各地方に教会所を設け、講社を結収し、大麻及暦本の頒布に従事せしも、依然神宮崇敬の団体に外ならず。然るに若し今日の儘に荏苒往返し、外人雑居の暁、万国諸教と共に宗教制の下に支配せらるるに至らば、上神宮に対し、下は民に対し、頗る妥当の処置に無之と存候。依て此の際宗教以外に立ち、財団法人と為すの必要を見るに至る。今左に来歴の概要を記す。

一、神宮教院の創立（略）

二、各本部教会講社（略）

三、神宮司庁教院の分離并に現在職員の経歴（略）

四、大麻及暦頒布の権（略）

この趣意書のもとに神宮教を改組して新たに神宮奉斎会を法人として設立することとなったが、この時期には、民法が明治二十九年に公布、三十一年に施行されることになったこともあり、同法に基づく財団法人設立のためには、内務大臣の許可が必要となるため、財団法人設立の事務手続きの準備を進めることとし、明治三十二年四月六日に内務大臣宛に左の財団法人設立の願書を提出した。

甲三十五号

神宮教組織更生ニ付テハ、去ル明治三十年三月通常会ニ於テ満場一致ヲ以テ、決議候ニ付其後規制相添へ、御省へ出願仕置候処、今般宗教以外ニ立チ、神宮崇敬ノ団体ト致度、就テハ右団体ノ成立及ヒ法人資格御認可有之、尚ホ御認可ト同時ニ神宮教を解散セラレ度、最モ全国教師・教

徒・信徒等異議者無之候条、別紙理由書竝民法第二章第三十四条ニ依リ、別冊寄附行為相添、此段願上候也

明治三十二年四月六日

神宮教教師教徒信徒代表人

神宮教管長　藤岡好古　㊞

内務大臣　侯爵西郷従道　殿

追テ本教解散後残務ノ範囲内ニ於テハ其ノ職務ノ結了ニ至ルマデ尚存続シ其ノ残務取扱別紙人名管長選定ノ例ニ依リ通常会ニ於テ選挙仕候間右併セテ御認可被成下度候也

本会設立ノ趣旨ヲ要言スルニ、明治五年神宮司庁ニ於テ大教ヲ宣布シ、国典ヲ講明シ神宮ノ尊厳ヲ欽仰セシムル為メ、神宮教院ヲ創立シ、全国ニ教区ヲ置キ、本部教会ヲ設ケ、講社ヲ結成セリ。明治十五年神官教導職分離ノ際独立ヲナシ、内務省ノ指令ニ依リ神宮教ト称ス。明治十七年教導職廃止ノ時宗教部に編入セラレタリト雖モ、天照皇大神・豊受大神ヲ祭祀シ、皇祖ノ懿訓、皇上ノ聖勅ヲ奉戴シ、国典ヲ攻究シ、彜倫ヲ講明シ、国礼ヲ修行シ、神宮大麻及暦頒布ノ事ニ従フヲ目的トセリ。依テ今茲明治三十一年民法施行ニ際シ、宗教以外ニ立タムコトヲ期シ、即チ神宮崇敬ノ団体ノ成立、及ビ法人資格ノ認可ヲ得、之ト同時ニ神宮教ヲ解散セラルルヲ企図シ、従来神

宮教ニ属スル財産ヲ挙ゲテ前記ノ目的ヲ有スル財団法人トナシ、左ノ寄附行為ヲ設ク

という趣旨のもとに財団法人神宮奉斎会を設立したいという願い出であり、設立申請時の寄附行為の示した第一条、および具体的事業を記した第二条、式服を規定した第三条には、

第一条　本会の目的は神宮の尊厳を欽仰し皇祖の懿訓、皇上の聖勅を奉戴し、国典を攻究し、国体を講明し国礼（宗教に亘る儀式を含まず以下同じ）修行、神宮大麻及暦の事に従ふにあり

第二条　本会は前条の目的を達する為、左の各部を設く

一、神宮奉斎所を設け評議員・賛成員、神宮竝に奉拝の為めに祭儀を行ふ所とす

二、国典攻究部を設け、国典を攻究す

三、国典編輯部を設け、国典儀式に関する書類を編輯す

四、講師又は講書を発遣し、国典及び彝倫の道を講演せしむ

五、国礼（宗教に亘る儀式を含まず）修行部を設け、祭典儀式を練習す

六、主礼又は礼部を派遣し、国礼を教習せしめ、評議員及賛成員其の他有志者に係る国礼を介助せしむ

七、大麻及暦頒布部を設け、頒布の事を執行す

第三条　本会の式服は斎衣、浄衣、直垂と為し、祭典儀式執行の際之を用ゐる

とあり、第四条に財団法人の名称を記し、第五条にて主たる事務所を東京市麴町区有楽町に置き、之を本院と称するほか、伊勢国度会郡宇治山田町（現三重県伊勢市宇治浦田町）に特別におく事務所を大本

部と称し、又地方に置く事務所を其の地名本部または地名支部とするものであった。第五条では、奉斎会の資産は寄附行為に基づき解散される神宮教より贈与された財産であることが規定されていた。

また、第八条で奉斎会の総裁は、皇族を推戴することとなっていたが、昭和二十年の解散時まで未定のまま推戴されることはなかった。また、神宮奉斎会では、民法に基づく財団法人であるため、布教に関する事項は一切排除され、教区制、本部教会、分教会の解散、教師の大教正以下十五階級の職制もことごとく廃止されるに至った。議決機関についても、それまでの神宮教教規に基づく通常会、諮詢会ではなく、財団法人であるため、評議員会、理事会の名称に変更され、諸々の制度が財団法人の組織のあり方へと寄附行為以下内部規程を含めて大きく変更されるに至った。

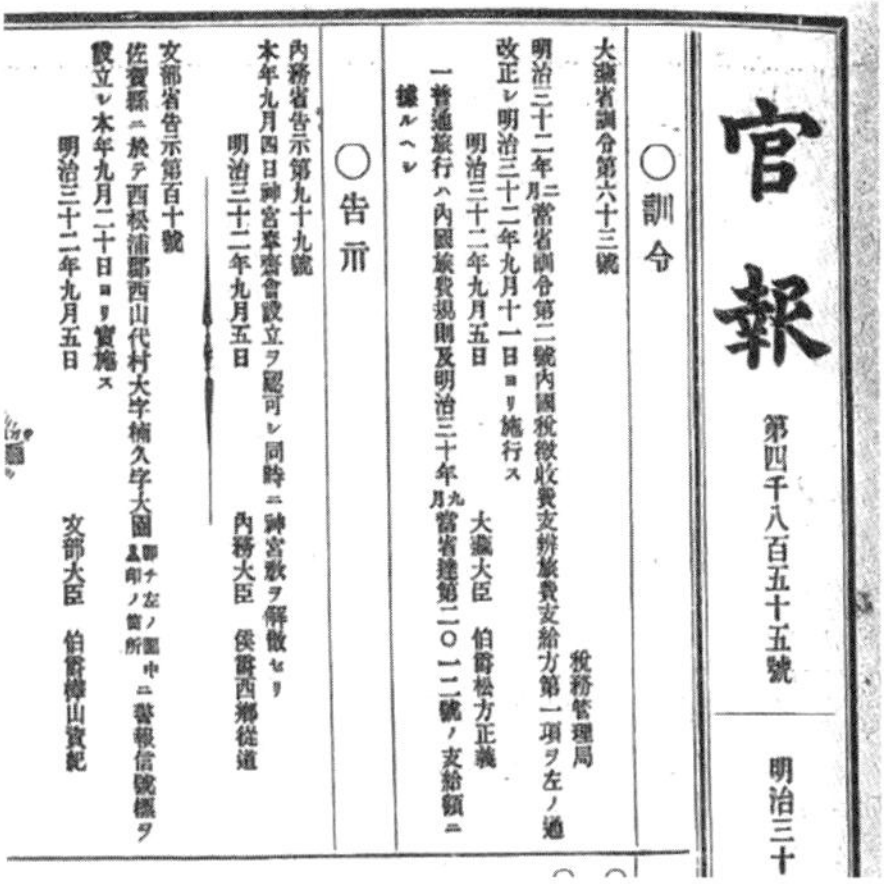
官報
第四千八百五十五號　明治三十

○訓令
大藏省訓令第六十三號　税務管理局
明治三十二年二月當省訓令第二號内國税徴收費支辨旅費支給方第一項ヲ左ノ通改正シ明治三十二年九月十一日ヨリ施行ス
明治三十二年九月五日　大藏大臣　伯爵松方正義
一普通旅行ハ内國旅費規則及明治三十年九月當省達第二〇一二號ノ支給額ニ據ルヘシ

○告示
内務省告示第九十九號
本年九月四日神宮奉齋會設立ヲ認可シ同時ニ神宮教ヲ解散セリ
明治三十二年九月五日　内務大臣　侯爵西郷従道

文部省告示第百十號
佐賀縣ニ於テ西松浦郡西山代村大字楠久字大園（即チ左ノ圖中ニ示ノ箇所）ニ警報信號標ヲ設立シ本年九月二十日ヨリ實施ス
明治三十二年九月五日　文部大臣　伯爵樺山資紀

『官報』に掲載された神宮教の解散と神宮奉斎会の認可の内務省告示

この財団法人の願出書には、主眼及び追而書が添付され、宗教以外に立って神宮崇敬の団体と為すことや、神宮教を同時解散すること、また願出書自体が、神宮教管長藤岡好古一個人の意思にて為したものではなく、全国の神宮教教師、教徒、信徒ら約二百万人の意思にて行うものでそのことに対して唯一人の異議もないことと、財団法人の設立許可後、完全に職務が整理されるまで神宮教を存続し、管長選定の例に依らず、通常会に選挙することなどが付加された。

また、寄附行為にある奉斎所については、神宮奉斎会の本院、大本部、地方本部支部の現在の建物を以てこれに充てるものとし、祠宇はすべて奉斎所と改めること、国典とは『古事記』、『日本書紀』をはじめとする六国史、『万葉集』、律令格式その他、明治祭式、神社祭式の類全てと古今の歴史、祭典儀式に関する書籍を指すこと、国礼とは古今公私の祭儀一切の儀式を国典に準拠して行うものを指すこととした。また地方本部の所在地など十四ヶ条が認可に際して主務官庁である内務省から説明を求められ、その内容について設立者幹部会が内務省へ答申を行った。

明治三十年三月の神宮教通常会で満場一致にて可決された神宮教（神宮教院）の改組案である財団法人神宮奉斎会の企画は、主務官庁である内務省での申請手続きを無事終え、明治三十二年九月四日に設立の許可を得て、財団法人神宮奉斎会が設立、併せて神宮教の解散が命ぜられた。神宮奉斎会では、九月九日に本部、支部ともに設立奉告祭を斎行する旨を達し、同十四日には、藤岡好古会長、篠田時化雄大本部長、塚田菅彦理事を伊勢神宮へと参向せしめて、神宮の大前にて財団法人神宮奉斎会の設立を奏告した。また、九月十六、十七日は伊勢大本部の祭日であったため、藤岡会長らは奉告を兼ねて大祭を執行し、参会の約二千人を前に神宮奉斎会の設立の趣旨を詳細に説明した。その後、別項にて詳細を述べているが、十月一日には、日比谷の神宮奉斎会本院で法人設立の祝賀会が催され、併せて神殿でも祝賀式が斎行された。

## 神宮奉斎会の事業

神宮奉斎会の事業は、大きく五部に分かれていた。①神宮奉斎所（祭儀を行う）、②国典攻究部、③国典編輯部、④国礼修行部（宗教に渉る儀式は含まない）、⑤神宮大麻及暦頒布部（寄附行為第一章総則第二条）というもので、評議員は、国典・国礼に通暁し、かつ毎年金百円以上を寄附する者について理事会の議を経てこれを定め、その人数は二十名以上、三十名以下とされ、本院及び大本部の幹事以下の職員は、評議員たることを得ないが兼務はこれを認めていた。九月八日に最初に任命され、十五日に内務大臣に認可された理事は、篠田時化雄、神田息胤、松本正泰、山内豊章、川浪真正、塚田菅彦であり、この折に併せて三十一ある地方本部の本部長も内務大臣より認可されている。同じく評議員についても明治三十三年六月二十三日に、清原博見、土岐速雄、宮原正、宮川宗保、当山亮道、今泉定助、坂常三郎が任命され、七月十五日に船曳衛、山田大路元安、吉村春樹を任命している。

また、事業の中には、奉斎殿での祭儀・式典も行うことが記されているため、奉仕する際の式服を定めることとなった。祭儀・式典の折に着用する式服は、主礼（大主礼含む）、礼部、礼部補の職名ごとに分かれており、斎衣、浄衣、直垂の三種とし、祭典儀式執行の際には必ずこれを用いることとなった。さらに服制の詳細を職員服制に於いて定め、正服、略服の二種類を定めて明治三十三年一月からこの服制を施行した。

正服は、①朝拝参賀、賢所参拝、②貴顕御参拝及御饌奉奠、③大祭祝日祭式、④本院、大本部、（地方）本部の大祭中祭及び臨時祭、⑤支部の大祭、臨時祭に着用するものとし、本院の小祭でも正・副斎主に限り、正服を着用できることとした。

略服は、①解除式、②日拝常奠御饌、③本院大本部月次小祭、④支部中小祭に着用することとし、時宜によって大祭の他、正服に換用することができた。なお、奉斎会設立当初の服制は、左表の通りであった。

**神宮奉斎会の服制**

| | 種類 | 主礼 | 礼部 | 礼部補 |
|---|---|---|---|---|
| 正服 | 平冠 | 黒羅 | 同上 | 同上 |
| | 掛緒 | 紙捻 | 同上 | 同上 |
| | 斎服 | 白地無紋精好 | 同上 | 白地平絹 |
| | 単 | 白絹 | 同上 | 同上 |
| | 袴（差袴） | 白地無紋精好 | 同上 | 同上 |
| | 笏 | 木製 | 同上 | 同上 |
| | 履 | 浅沓（但朝拝参賀は烏皮等を用いる） | 同上 | 浅沓 |
| 略服 | 烏帽子 | 沙無紋 | 同上 | 同上 |
| | 浄衣 | 白地無紋精好 | 同上 | 同上 |
| | 単 | 赤地無紋平絹 | 同上 | 同上 |
| | 袴差袴 | 白地無紋平絹 | 同上 | 同上 |
| | 笏 | 正服に同じ | 同上 | 同上 |
| | 履 | 浅沓 | 同上 | 同上 |

## 日比谷公園の出現と大神宮の公園内への移転話

### 芝公園へ移転？

明治二十（一八八七）年九月二十日の『読売新聞』朝刊によれば、日比谷大神宮を芝公園二十号地内に移転させようという話が報じられている。この芝公園二十号地とは、公園内にあった紅葉館が所在していた地である。紅葉館は、明治十四年二月に建設された高級料亭のことで、現在でいえば、ちょうど東京タワーが聳える場所にあたる。当時は隣接して芝能楽堂が設けられていた。同館は、明治二十三年以降、日比谷にあった鹿鳴館の閉鎖に伴って条約改正のための外国人接待や至近の水交社より海軍関係者が利用していたことでも知られていた。新聞報道では、この紅葉館の東北にある杉林を伐採して、大神宮の移転先とするもので、その後、杉林の伐採に不都合があるとして、二十号地に隣接する東京府官舎の付属地を模様替して移転させようという話が持ち上がったとも記されている。

この移転記事は、実際には日比谷大神宮の敷地のうち、大神宮を運営する神宮教院の事務所建物のある敷地についての報道であり、大神宮祠宇そのものの移転ではなかったが、当時の大神宮を運営する神宮教の財務・資金繰りはかなり苦しかったようで、実際には、約七千坪あった有楽町の境内土地・建物の一部を分割売却して、資金を調達した上で、芝公園六十一号の東京府集会所を東京府から

大參宮會事務係

來る一月より伊勢大參宮會員加入者手續の儀屢々報告に及び置候通り會員票全國本部に就き請求せらるべきハ勿論の處東京府下教院直轄の有志信徒者加入せらるゝ面々ハ當院に於て會員直接相渡すべく筈に付倘は爲心得及廣告候也

明治廿二年十二月

東京芝公園地第六十一號
神宮教院事務所

明治22年12月24日『読売新聞』朝刊4面に掲載された広告

払い下げてもらうよう出願し、府からの売却を受けて建物の模様替を行い、大神宮祠の境内建物を除いて、神宮教院東京本院の事務所を移転している。つまり、神宮教院の事務所移転後は、有楽町の敷地内には大神宮祠のみが残っている状態であった。しかしながら、大神宮の社殿のある有楽町と、大神宮を運営する神宮教院の事務所とが直線距離で二キロ以上に離れているというのは、現代のような電話やＦＡＸ、電子メールもない時代にあって、事務効率があまりにも悪く不便であったため、明治二十八（一八九五）年六月八日に有楽町の大神宮祠の境内敷地内に再び事務所を新築することを決定した。二十九年九月十日に改めて事務所建物が落成し、大神宮祠と神宮教院本院との分離状態は解消されるに至った。明治二十二年十二月の新聞に掲載された伊勢神宮の参宮会員加入を募集する神宮教院の広告の記載をみると、当時、教院の事務所が芝にあったことを窺うことができるが、これは神宮教の事務所と大神宮祠宇が別々の場所にあった状況を指し示すものでもある。

なお、この有楽町の境内土地の売却による財務体質の改善行為をめぐっては、神宮教の地方本部の幹部らからは独善的であると不評を買う行為であったようで（「神宮教改革ニ付意見書（内務大臣井上馨宛）」「神宮教院地所建物売却ニ付紛議顚末概略」国立国会図書館所蔵『都筑馨六文書』所収）、明治二十年十二月二日に神宮教教師・信徒総代の塚田菅彦権大講義（のち少教正、鳥取岡山本部長など歴任）ら十五名より田中頼庸管長ら三名を相手取り裁判が提訴され、明治二十年十二月二十三日に東京始審裁判所で売却行為は正当な手続きを経たものとして判決が下された。その後、原告側が控訴していたが、二十二年九月三十日に宮城控訴院より神宮教本院の行為は正当であり、始審裁判所の判決を取り消す必要はないとの判決が言い渡され、土地売却に関する紛争問題は解決に至った。

## 日比谷公園の登場と再度の移転話

この明治期の日比谷大神宮の移転話には、実は続きがある。芝公園への移転が立ち消えてからわずか六年後、近代的な都市公園の魁として建設され、現在、都心のオアシスともなっている日比谷公園が建設されるにあたり、公園に隣接していた日比谷大神宮を移転させようという話が持ち上がったからである。これは、陸軍の演習に使用されていた日比谷練兵場が、明治二十一年に兵営の郊外移住に伴って廃止され、青山練兵場に移ったことで、練兵場跡地が明治二十六（一八九三）年十二月に東京市へと移管されることとなった際に実際に持ち上がった計画話の一つである。

大神宮を新規公園として整備される練兵場跡地へ移転しようとする理由としては、当時の公園と社寺との関係にある。明治初期に設立された公園地といえば、上野寛永寺と上野公園、日枝神社の麴町公園、王子神社と飛鳥山公園、富岡八幡宮の深川公園などのように、江戸の景勝地を引き継ぐ形で設けられており、当時は名勝・景勝地＝公園。つまり、わが国の近代以降の公園地の形成そのものに社寺の境内地が使用されてきたという経緯がある（藤本頼生『神道と社会事業の近代史』、河村忠伸『近現代の神道の法制的研究』）。そこで陸軍の練兵場の青山への移転を機に新たに建設されることとなった日比谷公園にも神社が必要ではないかとの議論をもとに、日比谷大神宮の移転話が企図されたのである。つまり、公園内に神社があれば、その体裁も整い、公園の区画も固まり整備しやすいという観点から、公園建設予定地である旧日比谷練兵場に隣接している日比谷大神宮を公園内に移転すれば良いのではないかとの話が官民問わず巻き起こることとなったのである。

## 帝国ホテルの登場

日比谷公園内への移転論は、のちの飯田橋への大神宮の移転にもつながる問題の一つでもあるが、もう一つの大きな事由として、前節でも述べたように日比谷大神宮の境内が創建当時に比べて、種々の事情で年々狭隘となっていたことや、明治二十六年当時はまだ埋め立てられていなかった旧江戸城の堀を隔てて明治二十三年十一月に落成、同月七日から開業していた帝国ホテルの存在が挙げられる。鹿鳴館の閉鎖後、当時は紅葉館とともに外国人の接遇所の一つとなっていた帝国ホテルに宿泊する多くの外国人が、大神宮の存在を不思議に思ったようで、極端な例では、高層階から長椅子に座して両足を伸ばして隣接する大神宮の境内を望遠鏡などで眺める者などがおり、これを不敬だと大いに憤慨して新聞に投稿する者も出て議論となっていたからである（『読売新聞』明治二十六年十二月二十四日朝刊）。実際に当時の新聞報道では、帝国ホテルや東京ホテルに宿泊していた外国人には、神社やそれに関係する御神楽などは、とくに奇異に映ったようで、明治二十七年三月十一日の『読売新聞』朝刊には、日比谷大神宮および隣接する東京ホテル、中山侯爵邸で行われるはずであった里神楽が降雨にて急遽ホテル玄関で行われたが、その模様に、東京ホテルで宿泊する外国人が驚愕して、呆気に取られている様子が報じられている。

そもそも日比谷公園は、陸軍練兵場が廃止となった後は、東京府が官庁用地として整備の予定であったが、同地が約三百年余前に徳川家康の江戸入府に伴って日比谷入江を埋め立てた場所にあたり、地盤が悪く官庁舎建設には不適とされたために公園地に決定したという経緯もあり、その後、大神宮の日比谷公園への移転話も立ち消えとなった。結果、日比谷公園はそれまでの江戸の景勝地や社寺とは全く関係のない形でかつ、近代様式を取り入れた最新の都市公園として設計・建設され、明治三十六年に開園した。もしも芝公園や日比谷公園内に大神宮が移転していたとするならば、関東大震災での被災を免れていたとしても、東京大空襲など第二次世界大戦による戦災にて境内の建物は焼失していたであろう。また、現在では、日比谷公園の野外音楽堂で催されるコンサートなども多く、騒音をめぐって参詣者から大神宮へとクレームが付けられていたかも知れない。歴史に「もしも」は、禁物であるが、そのように考えると何度となく繰り返された日比谷大神宮の移転話は、日比谷時代・飯田橋時代を含め、大神宮の所在地、立地の有為さが際立つ逸話の一つでもあるといえよう。

## 境内に残されていた江戸城の痕跡

### 江戸城の一部（郭内）であった境内地

日比谷大神宮は、前述したように、江戸城郭内、かつての江戸城の郭の一部にあたる区域を境内地としていた。創建当初の境内域は、ちょうど明治六（一八七三）年十一月に取り壊された日比谷門（現在の日比谷交差点あたり）と山下門、数寄屋橋門とを結んだ区域にあたり、南から西にかけての大半を江戸城外堀の一部である日比谷濠（日比谷堀）に囲まれており、現在でいえば、日比谷交差点から東京ミッドタウン日比谷、ミッドタウンから帝国ホテルとの間の道路にあたる鍵状の部分が、かつての江戸城の外堀で大神宮の境内地を囲んでいた。このような地勢状況もあったため、創建当時から大正期にかけて、大神宮の場所を語る際には、大神宮自身も含め、『新撰東京実地案内』など書籍に「日比谷御門内」もしくは「日比谷門の内」とも称しており、また、山下門は、江戸城三十六見附の中で一番小さな門としても知られていたが、明治維新後、次々にかつての江戸城内にあった門や櫓などの建物が取り壊される中で、江戸城を囲む多くの堀も埋め立てられることとなり、維新から約三十年後の明治三十三（一九〇〇）年には、日比谷御門から山下門にかけての外堀も埋め立てられることとなった。これに際し、同じ日比谷御門内に所在する日比谷大神宮と三井倶楽部とが、かつての江戸城の痕跡で

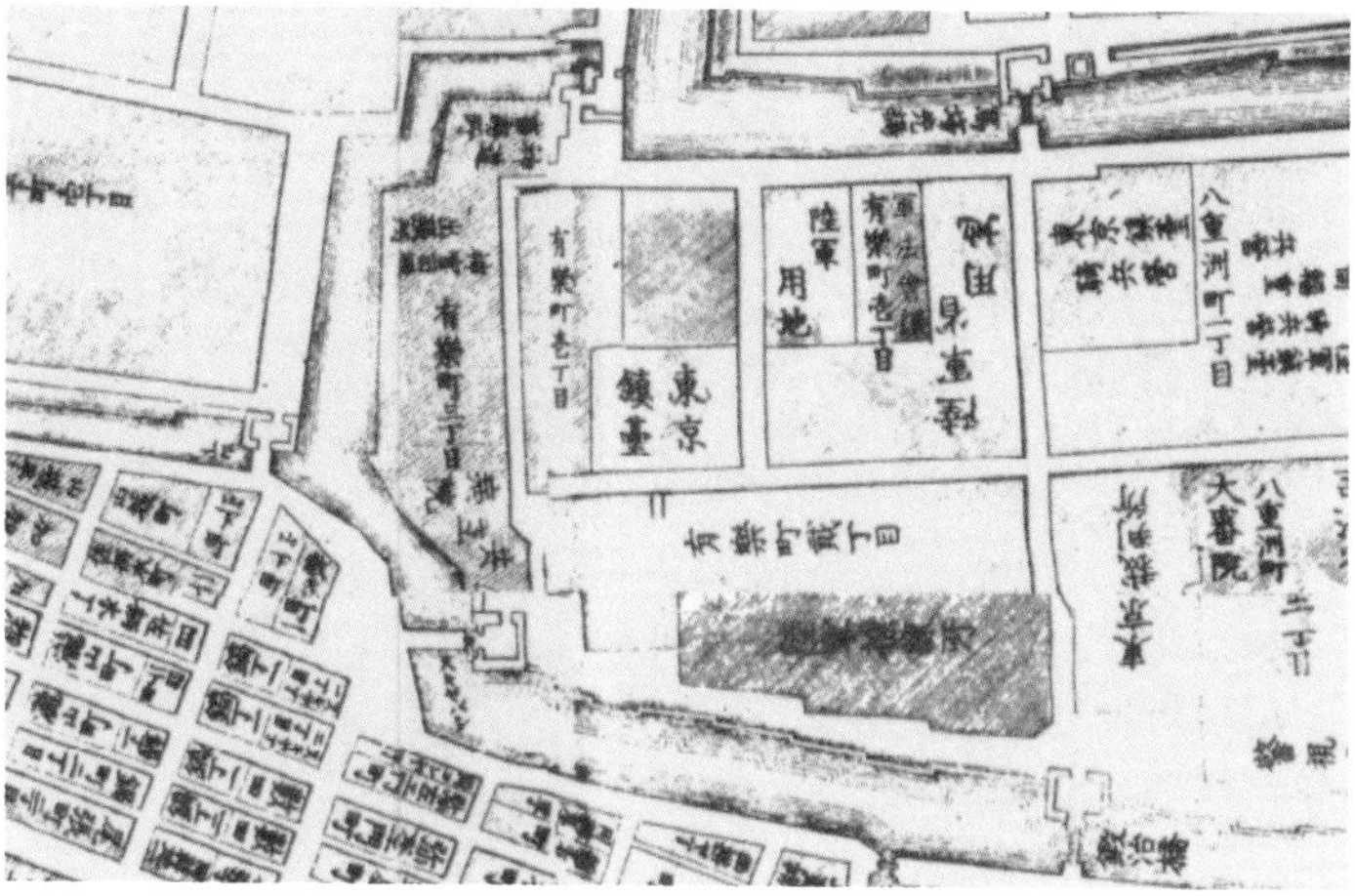


東京全図（国際日本文化研究センター所蔵）明治12年

ある石垣の一部を保存しようと石垣の払い下げの請願をなしたものの、一坪平均百円という金額を当局から提示され、この金額以下での払い下げは許可しないとの回答から、あえなく石垣の保存を断念している。日比谷大神宮境内は、都内有数の桜の名所であっただけに、もし石垣が残っていれば、移転後も何らかの形で大神宮の境内を偲ぶ痕跡、史跡の一部として残存していたかもしれない。

## 日比谷の外堀が大神宮への参詣を阻む？

なお、日比谷御門から山下門までの外堀は帝国ホテル側が前述したように明治三十二年から翌三十三年にかけて埋め立てられて道路となったものの、山下門から数寄屋橋門（現在の有楽町マリオン辺り）に向けての外堀、いわゆる呉服橋方面までの外濠川と呼ばれる堀の部分については、現在の帝国ホテルのタワーの裏側にあたる東海道本線はじめ、ＪＲの各線の線路で埋め尽くされている部分を越えた辺り、つまり銀座コリドー街や銀座インズの上にある東京高速道路（KK線）がある箇所が、戦後、高速道路の建設に至るまで長い期間埋め立てられずに存置されていた。

明治三十三年までは、日比谷御門から山下門までの南西方面からの庶民の大神宮の参拝には、どうしても鍵状に廻らされていた外堀を隔てているため、アプローチの手段がなく日比谷門側に回り込んで行くか、数寄屋橋側へと同じく回り道して参詣する方法しかなかったこともあり、人々が参拝のために移動するには、やや不便であったようである。加えて大神宮では北方の道路側（中山邸や万里小路邸側）に開門する敷地条件にもかかわらず、進入路を延長して大神宮の神殿を南の市街地側へ向けて建設していた。それゆえ日比谷大神宮創建以前、神宮司庁東京出張所の設置当初からこの点は問題となっており、神宮司庁の実質上のトップでもある神宮大宮司の田中頼庸が、明治八（一八七五）年四月二十九日に「諸人参拝」のため、山下門方面への外堀への架橋を楠本正隆東京府権知事に申請したが、六月十九日にあえなく却下されている。その理由としては前述した通り、東京府は許可を一旦出したものの、隣接する陸軍練兵場を管理する陸軍省にも伺いを出したところ、六月十三日付で山縣有朋陸軍卿より、「伺之趣差支筋有之候条難聞届候事」という返答がなされたことである（「神宮司庁出張所より新架橋出願に付陸軍省へ照会按」「陸軍省へ山下門内堀へ新架橋の件に付神宮司庁より稟議并指令」『院省往復録・第1部〈土木（掛）〉』明治九年、東京都公文書館所蔵）。

その後、日比谷大神宮として人々の参詣を受け入れている時代の明治二十一年一月十五日の『読売

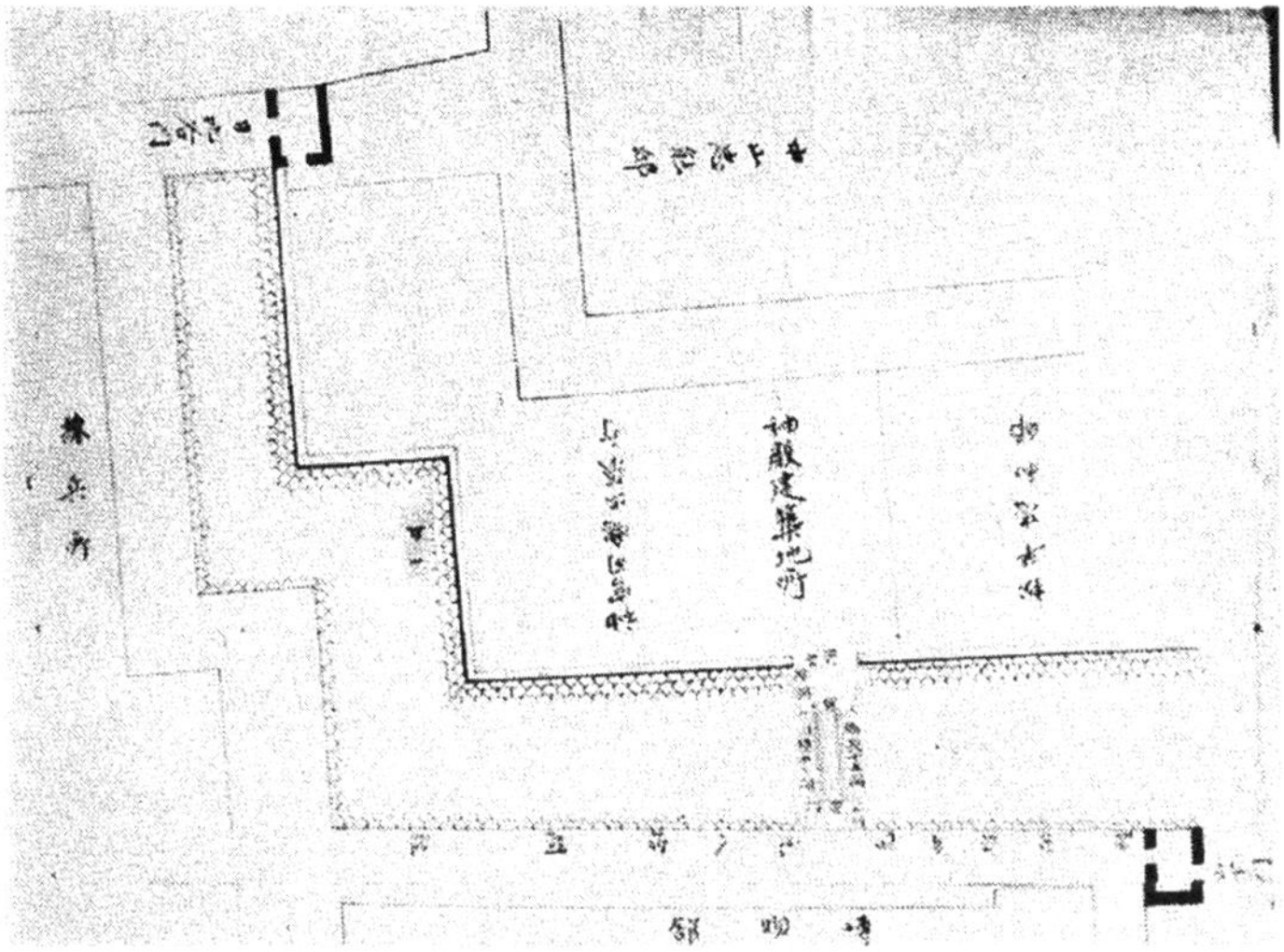


明治８年４月29日　田中頼庸神宮大宮司から楠本東京府権知事宛に出された江戸城堀への架橋願いに付された図（『院省往復録・第１部〈土木（掛）〉』東京都公文書館所蔵）

新聞』朝刊の報道によれば、日比谷大神宮が東京府へ敷地南方から旧江戸城の外堀を越える橋を架橋したいとの請願を再び申請したところ、一月十二日に架橋の許可が下りて翌月から架橋工事が始まるという報道が一旦なされているが、実際には架橋された形跡はない。これを裏付けるものの一つとしては、明治二十八年発行の「改正東京全図」、明治三十年発行の「麴町区地図（二万分の一、陸地測量部）」にも大神宮南西から架橋されている形跡は一切見られないことが挙げられる。のちにこの日比谷御門からの鍵状の外堀は、明治三十二年から三十三年にかけて埋め立てられるが、実際には四方を堀に囲まれた島型の境内地ではなく、日比谷門と山下門までの三方が堀であり、山下門のところに山下橋があった。架橋を不許可とした一番の理由は、明治二十年代まで日比谷、有楽町、丸の内方面には、この当時、陸軍省関連の施設や土地、軍の兵営および陸軍練兵場等が付近に集中しており、堀に架橋することによる軍事的な影響を考えた陸軍側の意向が強かったものと推測される。加えて、神宮教院自体も経済的事由により芝公園に事務所機能を移転させており、のちに芝から有楽町へと事務所を再移転したこともあり、工事経費の工面の関係など何らかの別の事由も生じていたために、架橋工事の着手ができず断念したとも考えられる。当時の東京府の公文書などの史料に「諸人参詣ニ甚タ不便」(「陸軍省へ山下門内堀へ新架橋の件に付神宮司庁より稟議并指令」『院省往復録・第1部〈土木(掛)〉』明治九年、東京都公文書館所蔵)とある以外にどの程度、大神宮の意向として山下門側の堀への架橋を至急で行う必要があったのかどうかは、史料調査から判断する限り明らかではない。

こうした架橋にかかる問題のみならず、そもそも松山恵が指摘するように、当時の皇居を中心に旧江戸城郭内に政府の官庁街を集中させる都市計画や煉瓦街構想に伴う道路整備計画など、維新後からの首都改造の計画もあり、そうした皇居周辺の都市計画に大神宮の境内敷地の元地主で、政府首脳の一人でもあった大蔵卿の大隈重信の影響、意図が強く反映されたものと考えられている(松山『都市空間の明治維新』)。それゆえ、もともと自身が居宅としていた地所である江戸城外郭内にあたる有楽町三丁目二番地という旧大名小路の内側にある大神宮の立地環境がその計画に巻き込まれることはある種、必然でもあったといえよう。

こうした大隈の意図・影響は、大正期に記された自身の回顧談で「今、正直に、白状すると、最初は一つやつてみやうと思ふたんである。大神宮を中心として皇祖皇宗の神霊を祀り、学校も夫れを中心に教育して、一朝事ある際には、大神宮の信仰に依て民心を統一——今の政府辺りの言葉を借りて云へば——しやう等と考へて居たんである」（松枝保二編『大隈侯昔日譚』）と述べていることにも窺い知ることができるが、このような考え方はそもそも創建前に神宮少宮司であった浦田長民の建議等でも同様のことが述べられており、首都改造計画の一環としての東京皇大神宮遥拝殿の創建が明治新政府の基盤確立、維新後の新体制の存続を目指す上でも具体的な手段の一つとして検討されていたことを指し示したものであるといえよう。

# 関東大震災の罹災と大神宮

## 日比谷時代の二度の近隣火災

日比谷大神宮時代は、後述する関東大震災以外に二度の火災の難に遭っている。幸いにしていずれも近隣までで消火され大神宮境内の社殿建物までの類焼には至らなかったが、一つ目は、明治四十三（一九一〇）年十二月十二日の早朝の火災である。ちょうど有楽町一丁目、大神宮の向かいの旧中山侯爵邸が移転後、跡地が道路改正によって十数軒の新築住宅に生まれ変わったばかりの頃、その新築住宅の一軒であった高橋邸で起きた火災が、日比谷堀の堀端からの風で隣接する蕎麦屋、天ぷら屋など周辺の商店建物へと次々に延焼。新築建物が多かったこともあり、消火活動を行うも次々と燃え広がって警視庁日比谷分署までも一部類焼、拘置者の緊急移送や署の書類を大神宮へと移送するまでに至った。この火災では鎮火後、翌日の十三日に神宮奉斎会本院と藤岡好古会長の名前で火事見舞いの新聞広告を出すに至っている。

もう一つは、大正四（一九一五）年一月十六日の深夜一時、有楽町三丁目の八百屋と魚屋との間で発生した火災である。近隣には、日比谷大神宮、境内の大松閣、三井倶楽部、帝国ホテルなどの建物をはじめとして新橋に至るまで櫛比の如く飲食店が立ち並んでおり、火災発生後、瞬く間に八軒もの建物に燃え広がったことから、火災の類焼を防ぐために新橋の芸妓らまでも避難するに至り、全半焼十五戸の被害があったと伝えられている。この二度の火災で大神宮は難を逃れたが、今も昔も地震や火災の被害は恐ろしいものである。

## 東京市中に大きな被害を残した関東大震災とその一年前の地震

日比谷大神宮のあった地は、かつては江戸城の日比谷門東周辺、当時の住所では有楽町三丁目二番地である。別項でも述べているが、この日比谷門から山下門、新橋方面に向けての土地は、徳川家康が江戸入府する以前、日比谷入江と呼ばれており東京湾の入江であった。これを家康の入府後、一大土木工事を行って、入江を埋め立てて江戸城の廓や堀を築いたこともあって、日比谷大神宮時代の境内地周辺は、震災にはあまり強い地盤の上にあるとは言い難い地勢にあった。

そうした経緯もあり、大正十一（一九二二）年四月二十八日の『朝日新聞』朝刊には、前日起こった強い地震にて横浜や東京市内に建物を中心とした被害があり、警視庁日比谷署の震災被害踏査によって、三菱丸の内ビルディングや日本郵船、鉄道省、日比谷大神宮の東祭場、日比谷ビルディング、東京会館などの建物被害の報告が次々と挙げられていた。当局では今後、地震の発生によるビル等大規模建築物の被害を危惧しており、都市建築物法による早期の改修措置が必要だと技師らが調査の上警告にあたると報じている。

そのような経緯のもと、先に述べた地震より約一年四ヶ月後の、大正十二（一九二三）年九月一日の午前十一時五十八分、神奈川県相模湾北西沖八〇㎞を震源とするM七・九、震度七の大地震が首都東京を襲った。我が国最大級の地震の一つとして知られる関東大震災である。震源に近い神奈川県・東京府を中心に、武蔵野の地は玩具の如く揺れ、関東甲信一府九県で死者数十万五千三百六十五人、倒壊焼失家屋は十三万五千戸、火災による死者は九万一千余人、総被災者数は約百九十万人にのぼった。この我が国史上最大級の巨大災害は、東京市の十五区内だけでも全壊四千二百二十二戸、半壊六千三百三十六戸にのぼり、とくに震災発生時が昼食時で火を使用する時間帯であったことに加え、現在と比較しても木造家屋が極めて多かったことや強風が府下を吹き降ろしていた影響もあり、三十万一千余戸が全半焼、東京市中の約六割の家屋が被災した。

この大震災の発生によって東京や横浜の神社も難を逃れることはできず、東京府下の罹災した社寺は六百四十四を数え、焼失した神社は神田神社や芝神明宮、富岡八幡宮などをはじめとして府社三、

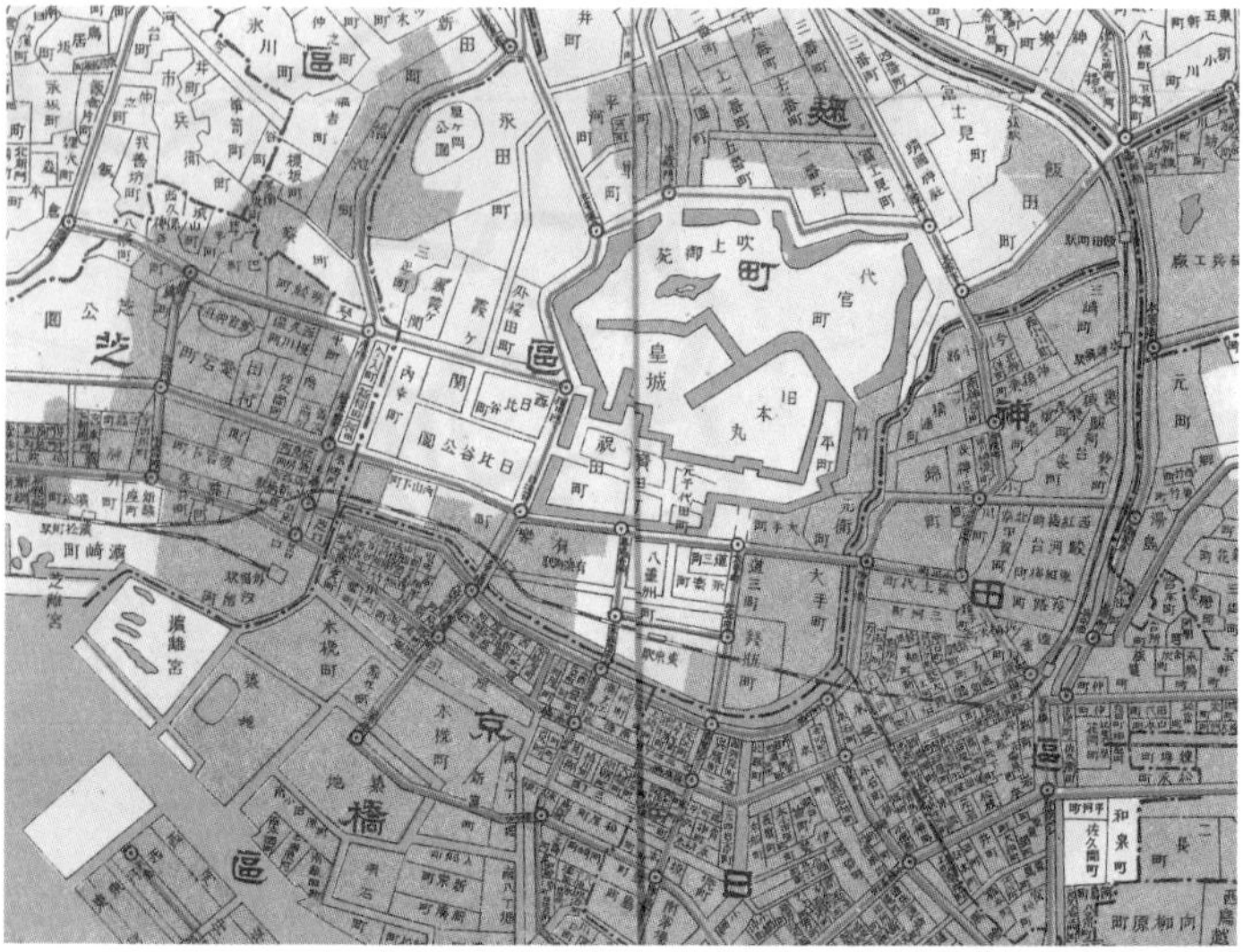


『震災焼失区域明細東京市全図』(大正12年)　赤い色の部分は焼失域である

郷社六、村社三十一、無格社四十六であり、罹災神職四十八名(うち死者一名)であった(「東京府下炎上神社罹災神職員数調」『東京府神職会公報』一三六号)。

先に述べたように、大正十一年の地震でも被害が報告されていた日比谷大神宮もこの関東大震災で罹災、甚大な被害を受けた。九月一日は神宮奉斎会会長の今泉定助は不在であり、月次祭が斎行された後、藤岡好春理事が当番の挙式を済ませて今泉会長の宅へ用事のため外出、篠田時化雄理事以下職員が在駐していた。

篠田や藤岡の回顧談によれば(「大震災」『篠田小笹之屋大人物語』、「いろいろの思い出」『東京大神宮沿革史』所収)、午前十一時五十八分に震災が発生、地震の揺れにより、職員の着替え室、奏楽の楽員の控室、台所などの古い建

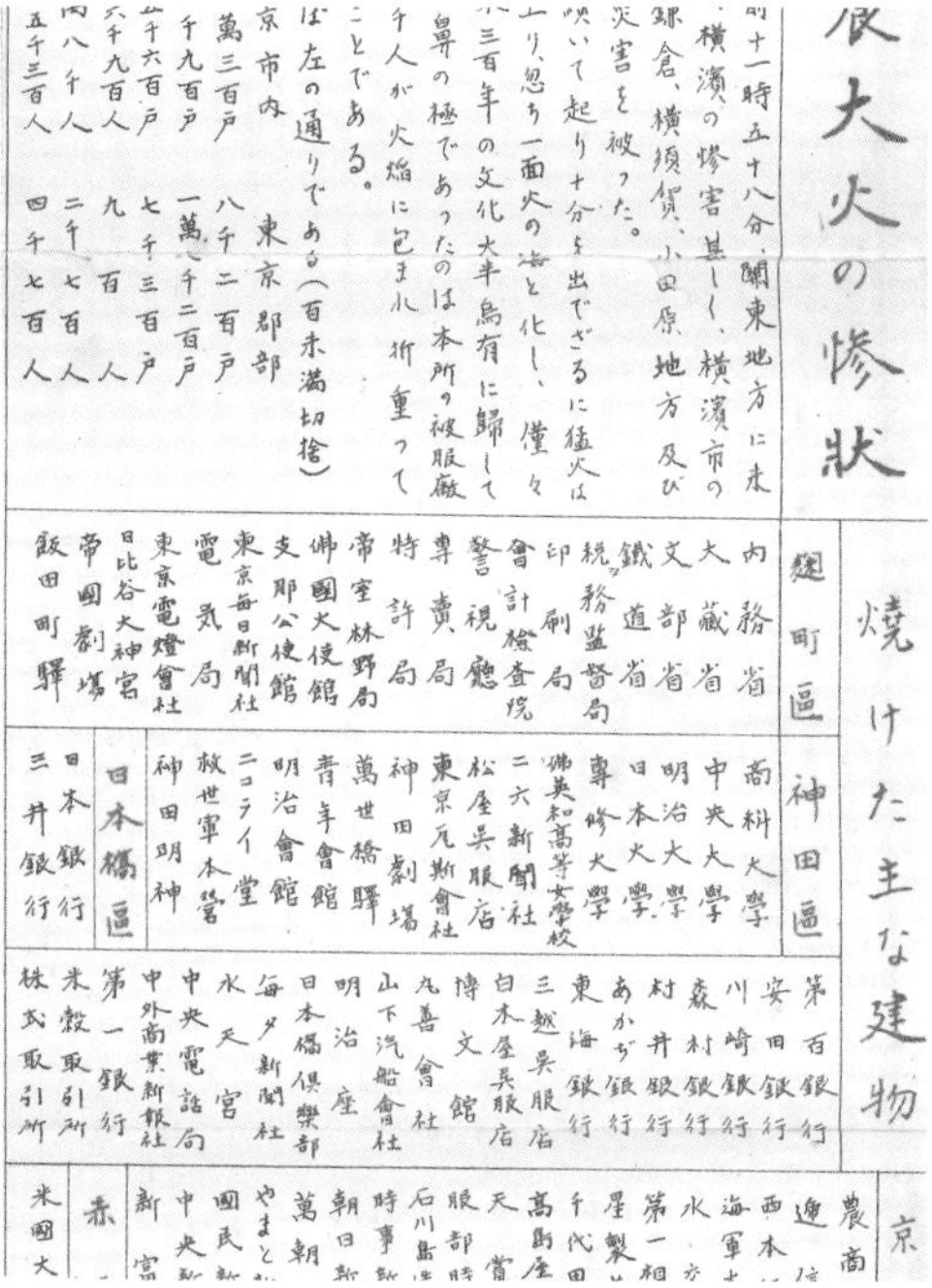

『震災焼失区域明細東京市全図』（大正 12 年）焼けた建物のところに日比谷大神宮の文字がみえる

物は倒壊、本院の建物内は通行不能なほどに倒壊、客殿も二階への階段が崩壊、本殿、拝殿、事務所なども倒壊してはいなかったが土台から社殿が浮く状態で、曲斜が酷い状態であった。一方、余震も酷く、震災直後から東京市中至る所で火災が発生、烈風の中、火災は迫り有楽町の地までも火に包まれ、激しい東南の風に煽られる形で火の手が間もなく大神宮へも襲ってくるような状況にあった。篠田時化雄理事の咄嗟の機転にて、その火の手を逃れるように御霊代を皇居へと奉遷できたものの、その後、火災は大神宮にまで及ぶこととなり社殿等はことごとく灰燼に帰した。

篠田の回顧によれば、地震直後、御神体をお守りしようと本殿へと進んだが、本殿は地震の揺れによる曲斜にて本殿御扉の閂《かんぬき》は全く動かず、途方に呉れる状態であった。迫りくる火災を受けて、開かぬ御扉に篠田は焼死も覚悟し、大床の前で命もろとも御霊代をお守りするという悲壮な覚悟であったが、それはまた神宮奉斎会の前途の暗黒を示すもので、人々の信を失うことにもなると考えて、その場にいた職員を全て呼び出し、総出で御扉を引いたところ金具も抜け落ち、御神体を唐櫃に入れて、とりあえずその場で御警護することとなった。しかし、境内に隣接する大松閣がすでに炎上、西隣に接する東京電燈会社も炎上している状況に境内へと唐櫃を出して舁がせ、猛火の中を二重橋前広場松林の間まで運び、一時避難、篠田が皇居坂下門の皇宮警察官に大神宮の御霊代であると懇願、警官からは非常時であるから避難民救助のため北方に一路を開くのでその方へ避難せよという指示を受けた。しかし、篠田は別途避難の場所を設けて欲しいと警察官に交渉、その後、篠田は宮内省の皇宮警察部長に面会して事情を諒承してもらい、御霊代を坂下門内の皇宮警察本部の二階の奥床へと緊急避難させるに至った。その後、震災当日は、随行した職員三名とともに夜を徹して皇宮警察内で御霊代を警護申し上げたと伝えられている。

翌朝、藤岡理事が大神宮に参着し、職員らから事情を聴いた後、御霊代を境内に隣接する三井家に動座してはどうかと説く今泉会長の案も提示されたものの、藤岡理事が、前日、宮司ら神職が必死の消火活動を行って社殿を被災から守った赤坂の日枝神社を来訪。仮殿ができるまで、日枝神社にて日供なども日枝神社と同様に神職に奉仕させると宮西惟助宮司に快諾戴くに至った。結果、篠田理事と本橋教守の奉仕によって日枝神社へと御霊代を奉遷。十月十五日までの一ヶ月半、同社に遷座することとなった。

なお、篠田は、万一、大神宮本殿の大床の御扉が開かなければ、大床で御扉にしがみつき焼死する他なかったと回顧しているが、不思議にも神助により御扉が開いたと述べている（『篠田小笹之屋大人物語』）。結果、震災当時、本院にいた篠田ら理事・職員の決死の覚悟によって大神宮の御霊代をお守りすることができ、皆九死に一生を得たことは幸いであった。

## 震災後の遷座式

大神宮では、復興の第一歩として焦土と化した境内に応急のバラック社殿を建築する。これは、震災当時理事であった藤岡好春の回顧によれば、境内に火事で焼け残った半分焦げた社殿の檜材を伐採して仮本殿を建設したもので、文字通りの黒木御殿であった（藤岡「いろいろの思い出」『東京大神宮沿革史』所収）。仮社殿は、十月の神宮の神嘗祭に間に合わせるべく竣工し、事務所の建物は、配給の木材で間に合わせたが、拝殿の資材がなかなか手に入らず難渋、暫くの間、天幕の周囲を竹矢来で囲み、鯨幕を張った中で神前結婚式を斎行したという。震災から一ヶ月半後の十月十五日午後八時、奉遷先の官幣大社日枝神社から御神霊を大神宮へと遷座して、ようやく本格的な復興作業へと歩むこととなった。遷座祭の後の十六、十七日の神嘗祭では、質素に祭典を斎行したが、奉斎会では、罹災市民激励のため、日比谷のバラック民や参詣者へ清祓を行い、赤飯を配布した。また、復興策の一つとして全国神職会でも配布されていた「震災後の国民の覚悟」というパンフレットを急遽印刷して無料配布したほか、今泉会長が各所で講演会を開催して、震災による民心の悪化を憂いて盛んに国民精神の作興を訴えた。

## 震災後の様子と神前結婚式の変化

震災から一ヶ月半後には、仮の社殿で祭儀を開始した大神宮であるが、実は関東大震災当日の九月一日には、四組の神前結婚式が斎行される予定であった。ちょうど婚儀を斎行しようとする数分前に震災が発生、新郎新婦は急遽本殿の方へ避難して幸いに負傷者はなかったものの、その後の市中の大火で晴れ着のまま逃げ出すような状況であった。大神宮では、仮社殿が完成して遷座祭を終えた十月十八日から、神前結婚式を受け付けている。震災の罹災にて困窮する市民への社会奉仕として、挙式料を引き下げたことは話題となり（「仮普請で結婚引き受け　日比谷大神宮大急ぎで社会奉仕で値段もお安い」『朝日新聞』大正十二年十月八日夕刊）、先に述べたように、鯨幕を張った中での神前結婚式はすぐに評判になり、申し込みが増加したという藤岡好春の回顧談もある。

一方でこの大神宮の罹災は、それまでの神前結婚式に大きな影響を与えた。それまで神前結婚式を一手に引き受けていた大神宮をはじめ、神田神社、芝大神宮などの社殿も罹災焼失。難を逃れた麻布材木町の出雲大社の分教会も震災後の人々の救済活動で手が回らず、十月十五、十六日の受付を遠慮するような状況で、大神宮も神前結婚式の書き入れ時である十月後半から十一月にかけて挙式に向けて準備を進めているという状況にあった。こうした震災後の混乱した状況で起こったのが、神前結婚式の創始以降、定番となっていた、結婚式（神社）と披露宴会場（ホテルや会館）の分離から、結婚式と披露宴会場を同一会場で実施するというブライダル形式への変化である。明治後期以降、挙式は日比谷大神宮で行い、帝国ホテルで披露宴というのが、結婚式の定番であり、一つのステータスとなっていたとされる。しかしながら、関東大震災で日比谷大神宮以下市内の多くの神社が罹災、結婚式もままならない状況にある一方で、帝国ホテルは、ライト館（旧本館）が落成したばかりで、震災被害が軽微であったこともあり、ホテルで挙式も披露宴もしてはどうかと発案。ホテル内に多賀大社を祀る神殿を設けて、美容室・写真館を設置して着付けやヘアメークを含めて結婚式から披露宴までを同一会場にて一連の流れとして斎行する「ホテル結婚式」の原型を作り上げることで、震災で被害を受けた神社に代わる結婚式の需要に対応したのである。その後、東京会館でも同様に神殿が設けられて神前結婚式が開始され、大正末から昭和初期にかけて各地でホテルでの常設神前結婚式場が設置されることとなった。

かたや大神宮では、震災から一ヶ月後の十月にすでに二十組の結婚式の受付があったが、遷座祭が十六日に斎行されたばかりで、被害のあった境内の復興や神前結婚式再開のための諸々の準備のために奉斎会本院の職員が奔走する状態であり、再開に漕ぎ付けたのは、十一月に入ってからであった。

府内の神社についても日枝神社は、決死の消火活動の結果、被災をぎりぎり免れたものの、社殿が罹災した神田神社や芝神明宮も復興作業に手一杯であり、この時期に大きく伸長したのが、略式の出張方式の挙式を奨励していた麻布飯倉の結納品調達商であった永島藤三郎の永島婚礼会であった。震災後、同時期に永島婚礼会では、大神宮の倍の四十組の申し込みがあったとされ（『読売新聞』大正十二年十月二十日朝刊、婦人欄）、高島田よりも束ね髪という質素な形での移動式の神前結婚式を考案した永島式の略式結婚式が挙式の数を大幅に伸ばしたことで、震災後、神社での神前結婚式とは異なり、神主や巫女とともに儀式に必要な道具一式を運び込んで、自宅や会館等で式を挙げるという永島式の結婚式が都市部の中間層へと広く一般に普及することとなった（石井研士『結婚式――幸せを創る儀式』、山田慎也「結婚式場の成立と永島婚礼会」『国立歴史民俗博物館研究報告』一八三集）。

## 神前結婚式を忌避された九月一日

なお、大震災のあった九月一日は、震災後少なくとも数年間は結婚式を挙げることが新郎新婦に忌避される傾向にあったようである。震災から三年目を迎えた大正十四年の九月一日は、通常は空いている時期でも一件ないし二件は必ずあるはずの結婚式が、日比谷大神宮、帝国ホテル、日枝神社、麻布の永島婚礼会、四谷の高砂社、市内の主だった結婚仲介所など、いずれも全く申し込みがなく、翌九月二日から少しずつ結婚式の予約が入る状況であると報じている（「九月一日には結婚式が一つも無い」『読売新聞』大正十四年八月三十日朝刊）。このエピソードは、大神宮と神前結婚式の歴史からみても東京市中の人々にとって関東大震災がいかに甚大な被害をもたらしていたのかということを窺わせる事実の一つである。

# 大神宮のお引越し——有楽町から飯田橋への移転経緯——

## 帝都復興計画の発表と大神宮

関東大震災後、神宮奉斎会では、焼失した本院（日比谷大神宮）の復興に向け、当面の間は仮殿と本院事務所を建築して対処していた。しかしながら、震災後も結婚式といえば、日比谷大神宮と連想されるほどに縁結びの神として人々に親しまれていたことにはいささかも変わりがなく、震災後、神前結婚式の挙式数も年間千二百〜千三百組、大正天皇の諒闇が明けて以降もおおよそ一日数十組という状況で、社殿がいよいよ手狭となり、いつまでも罹災後の応急措置のままのバラックの仮宮という訳にはいかない状況にあった。その状況を鑑み、神宮奉斎会では、大正十二年十一月六日に臨時評議員会を召集して、本院復興寄附金募集の件を議事として諮ることとなった。議事では今後の本院事務所、神殿等の復興処理についての具体的方針について協議することとなり、ついては全国の奉斎会の地方本部、会員から多大なる寄附を募ることで、財源の捻出と復興事業計画の推進を図ることに決した。この段階では復興資金は本部交付金の六ヶ年分を拠出してこれに充当することとし（後にこの拠出は中止）、本院は基本財産から復興財源に充てるために有価証券七万六百円、現金八千八百六円三十八銭を繰り替えることとした。また、本院の所有土地を担保に復興資金を捻出することとしたが、この間に全国の各本部、支部をはじめ信徒からの義捐金が寄せられ、神宮奉斎会役員らの復興へと向けた士気がいよいよ高まることとなった。

### 帝都復興計画の発表と大神宮の移転計画

しかし、翌年に入り、東京市復興局が帝都復興にかかる新計画を策定、大震災の大火で灰燼に帰した日比谷や有楽町一帯も新たな都市計画のもと土地区画の整理がなされることが決定した。復興局の計画では、大神宮の約二千坪の境内敷地の一部を緑地公園地帯に割くこととし、旧来の境内地よりもさらに狭隘な境内地となることを余儀なくされた。また、境内の約六百五十坪を占め、借地として貸し出している大松閣の敷地建物をめぐって震災後に店主の小坂梅吉による転貸しの問題が起きて借地人と猛烈な争議となったことや（『朝日新聞』大正十四年九月十三日夕刊）、大正十四年には、北側の有楽町三丁目三番地は区画整理ですべて立ち退きを要請され、現在の境内地のすぐ北に六間道路と称される幅員の規模が大きい道路が通ることが決定し、道路工事が行われた結果、これまでよりも道路に近くなり、広くなった街路には今まで以上にトラックなど車の通過が増加して、トラックや都電の通過する騒音によって拝殿で奏上する祝詞が全く聞こえないといった有様となっていた（『朝日新聞』昭和二年八月十八日夕刊）。当時理事であった藤岡好春によれば、有楽町は東京繁華街の中心地であり、此所に神宮奉斎会が本院を構えていることは、将来的にも頗る有利で、地勢的優位にあると考えていたが、既に帝国ホテルの宿泊客から境内や社殿を見下ろされて問題となっていたように、周囲にある高層建築物から境内を見下ろされる上に、そこに神々を祀る木造の社殿があるのは如何なものかという批判もあったという（「いろいろの思い出」『東京大神宮沿革史』所収）。加えて市当局が防火上の見地から、日比谷大神宮境内地域を一括して防火地区に設定したこともあり、現在地での木造の神殿の新築を不許可とした。現在では戦後、昭和三十一年に建てられた生國魂神社の本殿をはじめとして、耐震構造や建築基準法の問題などもあって鉄筋コンクリート建の本殿や社殿を持つ神社も珍しくないが、費用面も含めて当時はコンクリート建築での本殿などは到底考えられない時代でもあり、結果として神宮奉斎会本院を新築してそのまま有楽町三丁目二番地の現在地を境内敷地として活用することがほぼ困難となったため、厳粛な祭祀を行うための閑静な地を求めるべく、本院の移転が不可避の状態となったのである。

この移転にあたっては、まず大正十四年一月二日の神宮奉斎会理事会で本院所在地の変更ならびに土地の処分に関する件が審議され、その後、一月二十六、二十七日の評議員会にて可決、移転自体を行うことが決定した。移転には考査委員三名を選定して、これにあたることとなったが、三月七日の理事会では、新たに「本部共通積立金設置の件」が提案された。しかしながら、実際の移転には土地の売買や社殿の建設、引っ越し費用など種々の経費がかかる上、昭和二年三月からのいわゆる昭和金融恐慌もあり、深刻な不景気による失業者の増加で各地方本部からの寄附金募集を行うこともままならない状況にあった。加えて、大正十三年十一月二十六日の勅令第二百九十三号にて神宮神部署官制が改正を受けて神宮神部支署の整理が実施されることとなり、二十八あった神部支署および人員を半減することが決定、大正十五年には若槻礼次郎内閣の行政整理断行のために支署が全廃されることも決定して、神宮奉斎会地方本部の経営の大刷新が求められることになったため、むしろ本院の移転にかかる土地売却資金で地方本部の将来の活動発展のための資金に充てることとなったのである。よって大正十五年五月二十日には、土地処分にあたる考査委員会を廃することとなり、監事三名にて土地処分にあたることとしたが、その後、昭和二年四月四日に境内土地を担保に借入金を行い、新境内地の物色、選考を急ぐこととなった。その候補地としては、赤坂の山王下の幸楽があった地、或いは代々木、明治神宮の参道沿い、浅野長勲侯爵邸、麴町五番町などが候補地に挙がっていた。

しかしながら、神宮奉斎会自体が、それまで神前結婚式等での祈禱収入の大半を預金として預けていた神田区千代田町の第一共栄貯蓄銀行が昭和二年二月に社長および重役の背任事件を受け、同年四月二十日に破産宣告を受けたこと（『朝日新聞』昭和二年四月二十一日朝刊）、そしてその預金は和議により三年間で無利子かつ一割七分しか返金されなかった（『朝日新聞』昭和三年五月六日夕刊）。また、神宮奉斎会が境内地を売却するにあたっては、約千七百坪を百万円という値段としたため、買い手がなかなか現れず、境内地の一部を担保とせざるを得なかったこと（『朝日新聞』昭和二年八月十八日夕刊）、さらには先に述べたように神宮奉斎会の大きな財源であった神宮大麻および暦の頒布に関しては、その頒布権の消失（昭和二年から頒布の権限が全国神職会へと移管）があったことや、大正末年に神宮神部支署が廃止されたことなども相俟って、思うように移転の実務作業を進めることが困難となっていた。

結果、昭和二年五月に臨時評議員会で理事らに移転候補地を委任することとなり、元外務大臣でジュネーブの海軍軍縮条約の全権代表であった石井菊次郎子爵との仲介交渉もあったが、同年八月十二日の神宮奉斎会理事会にて、移転受け入れの住民熱意が強い麴町区の飯田町の高台、六丁目十七番地中野忠太郎氏所有の約千五百坪の敷地を確保することができた旨が報告され、秋には一般にも知られることとなった。いよいよ有楽町の地から飯田町への移転が正式に決定したのである。しかし、その後、諸種の事情にて移転から本院建設竣工までにおおよそ一年を要することがわかり、かねてからの移転の噂話はあったものの、当時の人々は日比谷の名物の一つであった「日比谷」の名称での大神宮の神前結婚式もあと一年で終わりかと名残惜しんでいたようである（『読売新聞』昭和二年十月二十一日朝刊）。

## 飯田町（飯田橋）の謂れ

大神宮の移転が決定した麴町区飯田町の名称の由来についても述べておきたい。飯田町の名の由来は、天正十八（一五九〇）年八月一日、豊臣秀吉の命令で徳川家康が江戸に入府することとなったことに遡る。家康が江戸城に入り、田安から牛込にかけた平川村一帯を巡視した折、付近の住民は家康らを恐れて姿を隠していたなかで、現地の住民で唯一道案内をして土地の事情を説明した飯田喜兵衛という人物がいた。この功により喜兵衛が家康から直接地元の名主となることが任命され、その支配地となった地の名が飯田村、のちの飯田町である。九段坂の拡幅で土地を削られた分を築地の海岸に南飯田町（現在の中央区築地六・七丁目）として補償されたものの、九段の地が元飯田町となり、明治になり、雉子橋から飯田橋間の道路を中心にした街並みが飯田町一〜六丁目となった。飯田町は、明治初期から中期にかけて都心におけるターミナル駅である甲武鉄道飯田町駅が建設されたこともあり、のちに国鉄となった中央線が万世橋駅、東京駅へと延伸されるまでは、都心の中核市街地の一つともなっていた。また、内務省から神職の資格付与と養成、古典の研究を委託されていた財団法人皇典講究所と國學院大學も当初この地に設置され、大正十二年に渋谷に移転するまでは、明治末に建てられた木造三階建ての擬洋風の本館が、日比谷や霞が関方面からも見える巨大建造物として聳えていたとされ、内務省主催の地方改良講習会や感化事業講習会をはじめ全国的な会合の場としても用いられるなど、飯田町のランドマークとしても知られていた（藤本頼生「感化法成立前の児童自立支援事業——近代における民間社会事業と宗教との関わりから」『人文科学と画像資料研究』第3集）。現在でも地下鉄飯田橋駅A5出口前には、「皇典講究所発祥記念碑」「國學院大學開校の地」という石碑が立てられており、その点でも飯田町（飯田橋）は明治初期から神社関係者にとって由緒深い地の一つでもある。

現在、飯田橋駅はJR中央・総武線をはじめ、東京メトロ有楽町線・南北線・東西線、都営地下鉄大江戸線の四路線が乗り入れる都内主要駅の一つとなっており、同駅JR線西口からは徒歩五分、半蔵門線、都営新宿線が通る九段下駅からは徒歩約十分である。また、車の場合は交通量も多く都心の主要道路の一つである目白通りも境内前の大神宮通りと交差していることから、道筋がわかりやすく、立地の良さが挙げられる。有楽町と同じく千代田区内にある飯田橋は、東京駅や新宿駅、池袋駅といった主要ターミナル駅からの移動もしやすく、その点からみても地方からの旅行客でも安心して参詣できる立地にあるといえよう。

## 移転に積極的であった飯田町の住民

先に述べたような経緯が誘致運動を左右したかどうかは別としても飯田町では、町の住民らが大神宮の誘致に熱心であった。住民らが一致して大神宮の移転計画に賛成し、飯田町三丁目七番地山中顕三氏方に「第二地区区整同志会」を発足させて事務所を置き、尽力したことで、同町六丁目十七番地の中野忠太郎氏所在地および同二番地、二十一番地を移転候補地と決定、同氏地所を神宮奉斎会本院の敷地として譲渡するべく関係町民は左に掲げたように移転敷地の希望、誘致運動を開始した。

奉斎会大神宮敷地希望之件協議

一、神宮奉斎会日比谷大神宮御敷地ヲ飯田町六丁目十七番地へ移転希望ノ件ニ付キ、第二地区区整同志会ハ主唱シテ全町民一致ノ賛成ヲ望ミ、併セテ氏神築土神社ノ御遷座ニ付キ、各町氏子ノ同志ヲ求メ、互ニ誠意ヲ以テ協同運動シ其ノ実現ヲ期スル事

一、前項ノ主旨ニ基キ各町ヨリ実行委員ヲ選定ス

実行委員

飯田町一丁目杉山吉三郎外一名、同二丁目飯山清吉外四名、同三丁目山中顕三外八名、同四丁目吉井宗親外五名、同五丁目拝田長八外二名、同六丁目礪波仙太郎外十四名、飯田河岸吉川仁三郎外一名、富士見町五丁目安見与吉外八名

を決定した。実行委員長は六丁目の礪波仙太郎外二名、相談役に飯山清吉、運動事務の総括に高安亀次郎が就任、その実行の方法については、

神宮奉斎会幹部ト会見シ、各町一致賛成ノ意ヲ表示スル事
土地所有者中野氏ト面会シ、各町一致ノ意見ヲ述べ、厚意アル同情ヲ求ムル事
右之通リ協議仕リ候也
大正十五年十一月十一日

第二地区区整同志会
幹事長　高安　亀次郎
奉斎会大神宮移転希望実行委員
委員長　礪波　仙太郎
山本　専之助
息武　十郎

というものであった。このように旧飯田町の住民の希望と熱意は大なるものがあり、こうした切なる思いに対して神宮奉斎会の側もその熱意を汲み取る形で、土地所有者とも数次にわたる折衝を行い、飯田町への移転を決定するに至ることとなった。その後、先に述べた通り、昭和二年八月十二日の神宮奉斎会理事会にて、東京本院たる日比谷大神宮境内地の処分と新敷地の購入について次の通り、報第一号、報第二号として報告することとなったのである。

報第一号

本院旧敷地処分に関し報告

本院敷地処分に関しては、大正十四年一月臨時評議員会の議決に依り、理事会に委任せられ、爾後慎重考慮中の処、浅草区松葉町五十八番地大山斐瑳磨に譲渡契約成立、五月七日所有権移転登記を了し、其後代金九十五万七千四百三十二円也（坪当八百円坪数千九十六坪七号八勺）の内金五十二万円を収受し、これを以て安田信託株式会社に対する債務を完済し、譲渡未収金四十三万七千四百三十二円也は、来る昭和四年十二月末日迄に収受すべき契約を締結したり。

右報告す。

報第二号

本院移転敷地購入に関し報告

本院移転候補地は、昭和二年五月臨時評議員会の議決に依り、理事者に委任せられたるを以て、慎重考慮の上、麹町区飯田町六丁目二番地、十七番地、二十一番地に跨る所在地一千二百二十五坪を選定、所有者中野忠太郎氏と売買契約成立し、昭和二年七月三十一日、価格二十七万三千四百五十三円十銭也の中、内金として十九万一千四百円を支払ひ、余額八万二千五十三円十銭は土地所有権移転登記と同時に支払ふこととせり

右報告す。

これにより神宮奉斎会本院敷地は、飯田町六丁目の中野忠太郎邸と決定し、その建築計画の策定へと移ったのである。建築費予算総額は、金五十五万五千百三十一円三十銭であり、その内訳は、九万二千六百四十三円九十二銭が区画整理による補償金、精算金、四十五万二千九百円が安田信託株式会社よりの借入金、二千七百八十六円七十銭が本院復興指定資金からの支出、千八百円六十八銭が本院維持資金からの支出、五千円が本院移転による寄附金であった。また、左に掲げた報第七号のように、旧敷地は、復興局からの区画整理によって旧境内地の土地は五百七十三坪余が減少となり、精算金、補償金が交付されることとなった。

報第七号

本院敷地の一部区画整理に依り減少の件

本院旧敷地の一部、昭和二年四月区画整理の結果、五百七十三坪三合六勺を減少し、之に対する精算金額及補償金、左の通り交附せらる。

十万六千八百九十四円八十銭

精算金及補償金

内

九万二千六百四十三円九十三銭現金

一万四千二百五十円八十八銭公債（五分利附）

但時価換算額面一万六千四百七十五円也交付

右報告す。

これにより罹災後の本院の復興計画が具体化することとなった。なお、飯田町の本院神殿等の建築にあたっての経緯は、第三編の「現在の大神宮の建物について」の項で述べるため、その項での記載に譲るものとする。

### 賑やかだった移転式と遷座祭の様子

ようやく新本院の竣工となり、昭和三年十月十四日の午後八時から斎行された本院移転祭式と御遷座祭では、有楽町から飯田町まで人々で賑わい大騒ぎとなった。午後八時、日比谷の神宮奉斎会本院正門を出た遷御の列は、有楽町の有志の崇敬者が赤々と松明を焚き、高張提灯に太鼓、素袍姿の庭燎、会員に松明、切麻大麻の祭員と続き、真榊、祭員、五色旗、松明、警蹕の祭員、白丁姿十三人による神宝、伶人、祭員、松明、警蹕祭員、威儀物、前導の騎馬祭員に黄衣白丁姿の十二名余が御霊代を収めた御神輿を担ぎ、翳、会長、理事、祭員、奉斎会会員および有志と続いて高張提灯と百五十名余、二〇〇メートル余の長さの行列にて有楽町電車通り（現晴海通り）から西へ日比谷公園北側を堀端に沿い凱旋道路（現内堀通り）を北進、宮城前広場、堀端を進み、九段坂下から飯田町電車通り（現目白通り）を経て、飯田町三丁目電車停留場前から左折、約一時間をかけて新神宮奉斎会本院までを練り歩いた。新本院では御遷座を待ち受けた飯田町の地元町会会長や役員ら数百名の住民が奉迎した。こうした行列であったため、周辺住民らが見物人となり、賑わったとされる（『朝日新聞』昭和三年十月十五日朝刊）。

午後九時には新たな奉斎会の神殿に無事到着、即座に篠田時化雄理事を斎主に御遷座祭が斎行され、無事に御霊代が本院へと奉遷された。翌十五日には大御饌が斎行、十一月二十九日に朝野の名士千二百名を招待して移転改築竣成奉祝祭を斎行、翌三十日には、崇敬者、敬忠組（下谷区竹町、本所菊川町、南足立郡〈昭和七年に東京市に編入され、足立区となる〉等に組織された神宮崇敬を本旨とする団体）、世話人ら三百名を招待して新築移転祭の斎行と本院のお披露目を行い、日比谷から無事、飯田町への移転を全て終えたのである。これにより、それまでの通称であった日比谷大神宮から新たに飯田橋（飯田町）大神宮へとその通称も生まれ変わったのである。

## 移転後の日比谷大神宮跡では？——旧境内地のその後を探る——

### 旧境内地の意外な活用法？

日比谷大神宮が昭和三（一九二八）年十月に飯田橋（当時は飯田町）へと移転した後、その跡地はどうなったのであろうか。今では、東京ミッドタウン日比谷や日比谷シャンテが聳え立つ地が大神宮の旧境内地であるが、大神宮が移転後、空き地となった旧境内地には、すぐにビルが建設されたかと思いきや、数年間は少なくとも旧境内地の一部が空地、更地のままにされていたようである。『読売新聞』昭和七（一九三二）年一月十九日朝刊、『朝日新聞』同年一月十九日朝刊、同月二十一日夕刊にその跡地利用に関する興味深い記事があるので紹介しておこう。

両紙の記事によれば、昭和七年一月二十八日から五日間、日比谷大神宮跡地に仮設の土俵が設けられ、大日本新興力士団本部による第一回の大相撲選手権争奪戦が開催されることとなり、前売り切符が各席九十銭均一でプレイガイドや運動用具店等で販売されることになったと報じている。創建時は別としても移転前の段階では、やや狭隘さが参詣者から指摘され、境内に土俵のある靖國神社のような広大な境内地ではなかった日比谷大神宮の旧境内地になぜ、大相撲の土俵が築かれようとしたのであろうか。それは、当時、大相撲の幕内の人気力士であった天龍三郎らによるストライキ、紛争事件である「春秋園事件」の勃発が大いに関係している。

春秋園事件とは、昭和七年一月六日に発生した力士の地位向上を求めた相撲界の角界刷新運動に伴って出羽海部屋所属の一部の力士が中華料理店に立て籠った事件で、その後、大日本相撲協会に所属する多数の関取力士の脱退と新団体の設立、分裂、再合流へと発展し、数年間にわたり相撲協会の屋台骨を大きく揺るがすことになった一件である。そもそも日比谷大神宮跡地で新興力士団が相撲興行を行おうとしたきっかけは、元々、用具や設備のある靖國神社境内にて二十三日から実施しようとしたが、十三日に神社を管轄する陸軍省より拒絶され、再度の懇請も拒否、さらに神宮外苑など開催地を模索していたことによるものである。結局は、先に紹介した相撲興行は、帝国議会の開催中であることや、政治経済の中心に近い日比谷という立地であることを事由に大神宮跡地を用いての興行許可が警視庁より下りなかったため、日比谷大神宮跡地で開催されることはなかった。結果、新興力士団は、二月四日（実際には雨で五日）から開催許可の下りた下谷区中根岸の尾高邸跡で六日間の興行を行って成功を収め、五月三日には靖國神社でも革新力士団と十日間の興行を行ったことが知られているが、しばらく空き地となっていた日比谷大神宮の跡地が相撲場という形で意外な活用法がなされようとしていたことは、大神宮史の周縁として記しておきたい事実でもある。なお、偶然かも知れないが、天龍三郎の在籍していた出羽海部屋は、出羽海親方（元横綱常陸山）の存命中は、部屋の力士の大半が日比谷大神宮にて結婚式を挙げていたほか、当時各場所で東方が優勝すると出羽海親方が各力士を引き連れて優勝旗を先導に優勝の奉告参拝を行っていたことでも知られており、その点では大相撲ともゆかり深い社でもあった（三島勝三「御奉仕五十年を顧みて思い出のこと」『千代のさかづき』）。

## 旧境内地の現在

この日比谷大神宮の旧境内跡地の一部は、もともと隣接して有楽町三井集会所があったこともあり、震災復興の区画整理事業の実施に伴って三井合名会社と三井信託銀行によって昭和五（一九三〇）年に、長年にわたり日比谷のランドマーク的役割となっていた三信ビルが建設、昭和九年には、道路を挟んで向かい合う場所に日比谷映画劇場、翌十年に有楽座が建設された。その後、昭和三十五（一九六〇）年には、日比谷三井ビルディングが建設され、日比谷映画劇場が昭和六十二年に東宝日比谷ビル（日比谷シャンテ・ＴＯＨＯシネマズシャンテ・合歓の広場）に建て替えられた。三信ビルの一部と東宝日比谷ビルの区域の大半が大神宮旧境内地の中心域であり、これらのビル区域内がいわゆる旧境内地にあたるものと考えられる。日比谷シャンテは現在も健在であるが、三信ビルは、平成十九（二〇〇七）年、日比谷三井ビルディングは、平成二十三（二〇一一）年に取り壊され、平成三十（二〇一八）年三月には、三信ビル、日比谷三井ビルディングがあった区域が再開発によって新たに超高層ビルの東京ミッドタウン日比谷として大きく様変わりした。また、旧境内地の中心区域にあたる日比谷シャンテも、平成二十八（二〇一六）年からの大規模リニューアルによって同三十年より東京ミッドタウン日比谷に道路を挟んで隣接する日比谷シャンテ北端の合歓の広場が改称、「日比谷ゴジラスクエア」となり、現在は映画「シン・ゴジラ」に登場する高さ三メートルのゴジラのモニュメント像が設置されている。なお、当時の痕跡らしきものは全くないが、この日比谷シャンテと東京ミッドタウン日比谷の両ビルに挟まれた日比谷仲通りが当時の大神宮の参道の一部であると考えられている。

このような経緯もあり、残念ながら、かつての日比谷時代の大神宮の境内地には、桜に囲まれた往時の境内を偲ぶような周辺建物は、震災後の区画整理をはじめ、戦後、数度の再開発により存在していない。大神宮の旧境内地が、現在は超高層ビルとゴジラのモニュメント、映画館や商業オフィス、ショッピングモールへと転換したというのは、まさに時代の変化を感じる事象でもある。

## 有楽町から消えない大神宮？

昭和三年の飯田町への移転後も大神宮は有楽町にそのまま残っていたと言われると、「そんな馬鹿な？」と本書の読者の方々は少し驚くかも知れないが、それは地図上での話である。実は、当時発行

旧日比谷大神宮の境内跡地付近
（東京ミッドタウン日比谷と日比谷シャンテの間の日比谷仲通り）

されていた各種の地図には、日比谷大神宮は、移転後もしばらく削除されることなくそのまま掲載され印刷販売されていたのである。

関東大震災以降、東京市は復興事業のため、市内各区で焼失した地域にて大規模な区画整理がなされた。その区画整理の様子は地図に逐次反映されてゆくこととなるが、実際に有楽町三丁目二番地から大神宮の鳥居の地図記号や施設名の表示が完全に無くなり、飯田町六丁目に大神宮の文字と鳥居の記号が表示されるようになるのは、筆者の調査によれば、大半は昭和七年二月以降に販売された地図からである。つまり、昭和三年九月の飯田町移転以降、三年半余も地図上では日比谷大神宮がずっと残っていたことになる。当時販売されていた東京市の各地図を比較してみるとそのことは明らかであるが、昭和四年以降に作成された地図でも、地図上に日比谷大神宮が記載されている。神前結婚式で著名な有楽町の大神宮という人々への印象の強さと、新規印刷・発行の際に、移転先となった飯田町の情報が地図へとアップデートされるのが遅れたことによる結果であるといえるかもしれないが、東京名物の一つとも呼ばれていた日比谷大神宮があったというその歴史上の重みと存在を物語るエピソードの一つとしては、興味深いものがある。

## 神宮奉斎会の解散

飯田町に移転してからの財団法人神宮奉斎会は、今泉定助会長のもと、大正十三年十二月二十二日に臨時調査委員会を発足させて、十四年四月の理事会に提出した事業振興計画の決定に伴い、十四年十一月二日に第一回の斯道懇話会が行われた。以後同会は百回を重ねた思想、法律、欧米事情、神道、古典などの座談研究であった。加えて禊祓修行の実施、参宮団体の募集、講演会の開催と地方講演、会員の募集と内務省発行の「神ながらの道」の普及、結婚式作法講習会と結婚式を挙げた者との連絡など、積極的に事業を推進させたこともあって、昭和二年に神宮大麻頒布事業が全国神職会へと移管されて以降、やや会の勢力が衰退気味であった法人としての活力を徐々に取り戻すに至った。今泉会長の時代は二十年余に及んだこともあり、昭和前期の大神宮は、岡田米夫によれば「奉斎会今泉時代」と記すほどであった(『東京大神宮沿革史』)。

その一方で、大正六年に藤岡好古会長、十年に神田息胤会長が相次いで逝去した後、昭和に入ってからは昭和八年には重鎮幹部であった丹治経也を喪い、今泉会長の時代には一時期専務理事を務めており、神宮教院、神宮教の時代から神宮奉斎会に携わってきた元会長の篠田時化雄も昭和十一年四月に逝去し、田中頼庸神宮教管長の三本柱として田中以後の神宮教、神宮奉斎会を支えた藤岡、神田、篠田三氏の会長経験者が全て逝去した。翌十二年には当山春三、十五年には浅香千速、十八年に松井七夫ら重鎮幹部らの逝去があり、この時期、今泉会長を支えていた理事らの逝去が相次いだ。加えて昭和に入り、十分な活動がなされていない地方本部や支部も見られるようになり、奉斎会本院の方針に順応できず不振を極める本部支部もあったため、藤岡好春専務理事を中心に整理方針を定めて昭和十年六月二十一日の理事会において経営不振の本支部に対して、三ヶ年を期して更生発展を求める会長示達書を可決しこれを発したこともあり、廃止された本部・支部は数ヶ所にとどまった。またこの時期までに本院の分課や職員の俸給や日直など本院の執務規定も整備された。

その後、昭和十二年の支那事変の発生、十六年十二月からの大東亜戦争の戦況は悪化の一途を辿るなか、昭和十九年九月十一日に東北路の講演から帰京した今泉会長が逝去した。騒擾のなかで会の主軸を失うこととなった奉斎会では、十一月一日に専務理事の藤岡好春が会長に就任、蜂須賀正韶侯爵の辞任で大正十二年以来空席となっていた副総裁には、佐佐木行忠侯爵が推薦され就任、昭和二十年五月二十五日の通常評議員会で理事が決定し、藤岡好春、森津倫雄、宮川宗徳、太田真一、藤巻正之の五名の理事間で互選の結果、熊本本部長宮川宗保の継嗣で東京市議会議員や小石川区長などを歴任した宮川宗徳が専務理事に就任し、六月には本院の機構改革を図るなど、戦禍のなかで神宮奉斎会は新たなスタートを切ることとなった。

しかしながら、昭和二十年八月十四日にポツダム宣言の受諾、翌十五日の玉音放送により我が国は第二次世界大戦に敗戦、九月二日に米国軍艦ミズーリ号船上で行われた降伏文書に調印し、その後の国情は一変した。GHQ／SCAP（連合国軍最高司令官総司令部）による日本占領の開始と占領政策の実施である。占領統治が行われることに伴い、八月三十日には戦後混乱期の社会情勢に即応する形で地方本部へ整備要綱を通達し、本支部の強化を図ると共に戦災等で焼失した地方本部の統廃合を十一月までに実施した。地方本部支部からは異論も沸出したため、地方の実情に応じて府県単位へと一本部を存置し、さしあたり二十四本部を置いて統合された本部等については改称を行い、各支部は奉斎所として存続させることとした。しかしながら、二十年十二月十五日に発せられた、いわゆる神道指令（SCAPIN-448）（「国家神道、神社神道ニ対スル政府ノ保証、支援、保全、監督並ニ弘布ノ廃止ニ関スル件」）によって、全国の神宮および神社を国家の管理から分離して、民間の宗教団体に移行することを余儀なくされるほか、神宮奉斎会自体も国家主義的団体とみなされて抑圧される方針であることが、GHQ当局の動きなどから推察される状況となった。神宮奉斎会では、

①会自体を自然解散とする

②神宮奉斎会の歴史や伝統を継承しながら新たな組織への設立移行を図る

という二者択一を迫られることとなり、理事にて今後の組織の在り方を検討した結果、二十年十一月二十六日に奉斎会本院にて緊急の在京理事会を開催し、二十八・二十九日に緊急理事会、評議員会を開催して今後予想される神祇院官制の廃止ほか神社の国家管理制度の廃止に対処するため、奉斎会で

は、ともに神祇関係の民間三団体である財団法人皇典講究所と財団法人大日本神祇会と協議を重ね、新たな新団体を設立して、財団法人神宮奉斎会を解散することに妥当とする決議をなし、解散に伴う財産処分に関する事項は理事者に一任することが決議されたのである。

これにより、三月三日に解散を所轄庁である内務省に申請、昭和二十一年九月四日に財団法人解散の認可が内務省より出されたことにより、財団法人神宮奉斎会は解散することとなった。明治五年に神宮司庁東京出張所として東京に設置されて以来七十余年の歴史と奉斎会設立以降、五十年の歴史に終止符を打たざるを得なくなったのである。

## 東京大神宮の創建

昭和二十一年一月には、先に述べた皇典講究所、大日本神祇会、神宮奉斎会の民間神祇関係三団体が解散・合併する形にて新たに全国神社を包括する連合体組織として宗教法人神社本庁を設立することが三団体を中心とする神社関係者の会合によって決定された。二月二日には宗教法人令が改正され、神社の文言が条文中に含まれることとなったこともあり、全国神社関係者の総意のもと、宗教法人神社本庁が翌二月三日に設立されたのである。奉斎会の解散にあたっては、専務理事であった宮川宗徳が責任者たるべき清算人となり、以後の法人解散に伴う残務処理のため、藤岡好春会長とともに寝食を忘れるほどに善後処置のための事務に奔走したのである。佐佐木副総裁、藤岡会長、宮川専務理事の三者で神社規則を作成の上、昭和二十一年三月十八日に藤岡好春を設立者とする東京大神宮設立申請を行い、四月十七日に神社本庁より設立承認書が交付され、これにより神宮奉斎会本院奉斎殿をもとに宗教法人として登記・設立（登記事務としては六月三十日にすべて完了し、七月二十四日に旧奉斎会所有の建物、土地は大神宮に帰属、八月に手続き完了）した神社、宗教法人東京大神宮が設立された。その後、同日は例祭日となり、昭和二十六年四月三日に施行された宗教法人法に基づき、あらためて宗教法人の設立申請を行い、神社本庁の承認および、所轄庁である東京都の認証を受け、神社本庁包括下の宗教法人として登記されて現在に至っている。

昭和二十一年二月二十八日に初代神社本庁事務総長に選任された宮川専務理事は、飯田橋と渋谷を往来して多忙のなか、解散後にとるべき方針を各地方本部へ明示するとともに、関係団体の物故者慰霊祭の斎行、各地方本部、奉斎所に感謝状の贈呈、地方本部や奉斎所の神社としての設立と、奉斎会包括財産の整理処分、本院の東京大神宮としての宗教法人設立、地方本部や奉斎所において神社とならない箇所の廃止処分と伊勢神宮講社の設立などを実施した。なお解散時の残余財産の処分や各地方本部も含めた整理状況と、神社本庁の設立については、『東京大神宮沿革史』、『神社本庁十年史』等にも記されており、本書ではその詳細は

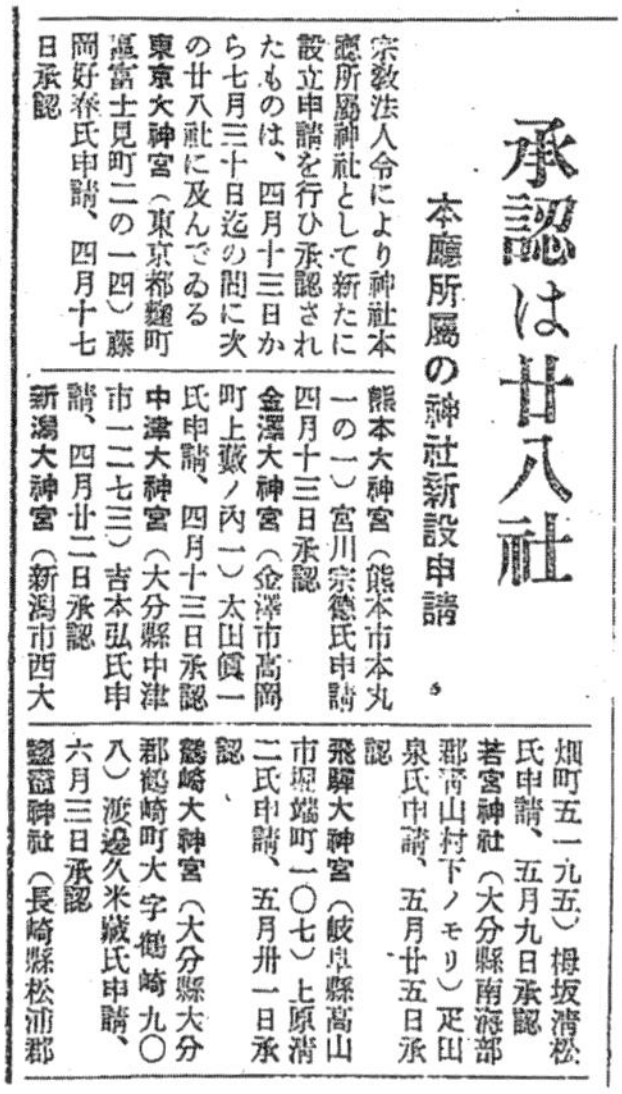

# 承認は廿八社
## 本廳所屬の神社新設申請

宗教法人令により神社本廳所屬神社として新たに設立申請を行ひ承認されたものは、四月十三日から七月三十日迄の間に次の廿八社に及んでゐる

東京大神宮（東京都麴町區富士見町二の一四）藤岡好春氏申請、四月十七日承認

熊本大神宮（熊本市本丸一の一）宮川宗德氏申請四月十三日承認

金澤大神宮（金澤市高岡町上藪ノ内一）太田眞一氏申請、四月十三日承認

中津大神宮（大分縣中津市一二七三）吉本弘氏申請、四月廿二日承認

新潟大神宮（新潟市西大畑町五一九五）栂坂清松氏申請、五月九日承認

若宮神社（大分縣南海部郡清山村下ノモリ）疋田泉氏申請、五月廿五日承認

飛驒大神宮（岐阜縣高山市堀端町一〇七）七原清二氏申請、五月卅一日承認、

鶴崎大神宮（大分縣大分郡鶴崎町大字鶴崎九〇八）渡邊久米藏氏申請、六月三日承認

鹽竈神社（長崎縣松浦郡

『神社新報』昭和21年８月19日　１面

それらの書籍に譲るものとする。

このような残務処理に伴って神宮奉斎会では、残余財産の内、十万円を神社本庁へ、十万円を財団法人伊勢神宮講社へ寄附し、東京本院に属する土地および建物は、本院奉斎殿を中心に昭和二十一年四月に設立されることとなった宗教法人東京大神宮へ寄附することとなった。併せて地方本部やかつての支部にあたる奉斎所に属する土地建物についても、それぞれの地名や地方本部の名称を冠して設立された各大神宮に寄附することとなった。これにより、函館、京都、兵庫、大津、長崎、新潟、大垣、上田、仙台、秋田、金沢、鳥取、松本、高松、高知、中津、熊本など地方本部から十九の大神宮が設立され、奉斎所から木造、川越、直江津、加治、峯岡、柏崎、糠野目、飛騨、小畠、八幡浜、中村、豊永、鶴崎、秋吉、小松島、柏原など十六の大神宮が生まれることとなったのである。その一方で大阪、愛知、富山、岡山、広島の地方本部は廃止となった。

また、同年二月二日現在で、神宮奉斎会の本部および地方本部、奉斎所の職員で祭祀にかかる職階となる「大主礼」の号を有していた者は、神社本庁の神職資格である階位のうち、最高位となる浄階が授与された。同じく「主礼」の号を有していた者は、同階位の明階、「礼部」の号を有していた者は正階、「礼部補」の号を有した者は、直階がそれぞれ授与された。のちに直階の上に権正階が設けられ、権正階以上の階位を持つ者が神社の宮司を務めることができるが、これら神社本庁の階位を授与された者は、以後、神社本庁の包括下の神社に奉職する場合、各神社の宮司以下、禰宜、権禰宜等の神職として活動できることとなったのである。

なお、宗教法人東京大神宮の設立後、伊勢神宮の神嘗祭当日にあたる十月十六、十七の両日に国土復興民生安定祈願祭を兼ねた形で宗教法人設立後初めてとなる例大祭を盛大に執行した（その後、例大祭は昭和二十二年十月一日に東京大神宮の神社規則を改正して四月十七日となる）。十七日午前十時に小出英経宮司、青木仁蔵権宮司以下、禰宜、権禰宜らが奉仕して、元富士見町・飯田町民をはじめ、来賓百数十名が参列するなかで神社本庁統理代理として香取茂世東京都神社庁長が献幣使として参向した。

東京大神宮

初の例大祭

國土復興民生安定を祀祈

東京大神宮となって初の例大祭を伝える記事
（『神社新報』昭和 21 年 10 月 21 日 2 面）

祭典では修祓の後、神宮古例の御贄神事台盤神饌の献饌があり、小出宮司が祝詞を奏上。献幣使が本庁幣を献じた後、玉串奉奠となり、統理代理、東京都各区支部長代表、崇敬者総代垣見八郎右衛門、升本喜兵衛両氏、地元富士見町飯田町参列員代表、参列員総代として吉田茂元厚生大臣らが玉串拝礼。奉楽「陪臚」奉奏の後、神酒直会の授与があった。この例祭に併せて境内に特設した舞殿においては、二日間にわたって里神楽の奉奏と富士見町睦会の奉納に係る演芸や漫談、浪曲のほか、歌謡・舞踊もあり、付近一帯は夜更まで参詣の人々で賑わいをみせた。また両日を通じ、大神宮にて結婚式を挙げた家族らが多数参拝して、家内安全祈禱の神符を戴く姿がみられたとされる（『神社新報』昭和二十一年十月二十一日）。

# 第二編　神前結婚式と礼典・大神宮
## ――神前結婚式の創始と起源・発展をめぐって――

### 婚礼儀式のあり方を変えた大神宮

明治初期・中期までの結婚式は、一般家庭にあっては、おおよそ自宅もしくは、料亭などで開く人前での挙式・披露宴が通例であった。この人前での婚礼や披露の礼式のあり方を決定的に転換させたのが、財団法人神宮奉斎会、つまり大神宮で創始された日本初の神前結婚式である。この神前結婚式の創始が契機となって古来、婚礼の場が家庭であったものを公共の場へと引き出すこととなり、日本結婚史上、画期ともなったのである。さらには、この神前結婚式が良縁や末長い幸せを願う女性の心を捉えることとなったことで、華族や名士の子息・子女の神前結婚の様子が新聞各紙にも日々報道されるようになり、戦前期には神前結婚式が空前のブームとなったのである。そこで本項では、神前結婚式誕生の地でもある大神宮における神前結婚式の創始前後から発展について述べてみたい。

# 神道における婚姻の意義

初宮詣や七五三、入学式や卒業式、成人式、還暦など人の一生には、様々な通過儀礼がある。そのなかでもとくに「冠婚葬祭」ともいわれるように、人生における四大儀式のなかで「婚」にあたる婚姻の儀式は、最も重要な儀式の一つである。古今東西、和洋を問わず、いかなる民族においても婚礼の儀式は最も重要かつ厳粛、鄭重を極めた儀式として扱われており、個人の幸福や救済を問題とする宗教ではない神道では、婚姻は、種々の物事を生み出し、取り結ぶ「産霊《むすひ》」の力の発現、発揚ともいうべきものであって、婚姻を行う男女それぞれの家の繁栄のみならず、地域社会をはじめ広くは国家の消長をも左右する儀式ともいうべき重要な儀式であると考えられてきた。

神道は、神々が祀られる社のある個々の地域社会の安寧、繁栄を主とし、日本という国家の幸福や発展を祈る宗教でもあるため、いわば社会的・国家的な宗教であり、共同体の信仰というべきものである。その共同体の最小はいうまでもなく家族である。神道が家族の端緒、基礎となる「結婚」を大事にするのは、共同体を重視する信仰、宗教である以上は当然のことであるといえよう。また、天之御中主神、高皇産霊神、神皇産霊神の三柱、つまり「造化三神」と称される「産霊」の神を祀る東京大神宮にとっても、まさに諸々のご縁を結び付け、ご縁を生み出す「産霊」の神の神威の発揚たる婚姻の儀式と深い関わりがあることはいうまでもないことである。

『古事記』や『日本書紀』に記された日本神話では、日本が国家として誕生し、その基盤が築かれたのは、伊弉諾尊、伊弉冉尊の男女の二柱の神々が八尋殿を立てて天の御柱を廻り、神慮を仰いで婚姻したことによるものであると考えられている。記紀神話には、この諾冉二神が合一し、お互いに協力して国生み、神生みをなしたことによって健全な社会、国家が確立されて行く様が描き出されており、こうした生成神話も神道の根本にある姿の一つであり、日本の文化や思想の根底にあるものともいえよう。また、神道では婚姻には、神々の御加護が必要であり、家族をはじめ周囲の人々とともに神前での結婚の儀礼を経ることで神々の産霊の力を得て、はじめて結婚としての社会的意味、社会的承認が生まれると考えられている。つまり、神々の御加護、神々の産霊の力によって人は「むすび」、「むすばれる」ことで、人々は生まれ、そして今の世（顕世＝うつしよ）に生かされているという考え方のもとにある信仰が神道でもある。

また、鎌倉時代初期に順徳天皇は、宮中の神事や儀式、政務などの伝統・慣例を詳細に記した『禁秘抄』二巻を撰せられたが、その冒頭には「先づ神事、後に他事」という言葉がある。神道では何事もまず神の御心を体して、儀式を行うべきであると考えられており、結婚式という人生最大の儀式においてもこれを神々に奉告して、その御神威を仰ぎ、神明照覧の下、神々に誓って儀式を執り行うというのは、浄明正直を大切にする神道の考え方そのものでもあり、神前にて結婚式を挙げる意味もその点にあると考えられているのである。

# 神前結婚式の創始以前について

昨今ではキリスト教式の教会式や仏式の結婚式など、各宗派色とりどりの形式にて結婚式が行われているが、古来結婚式には宗教式以外にも種々の方式があり、また地方によっては様々なしきたりがある。現在行われているような神前結婚式が創始、制度化される以前は、皇室や貴族、武士や庶民、それぞれにおいて婚姻の成立を祝うため多様な形式で婚礼の儀式が行われていたことが知られている。

神前結婚式の研究を行った平井直房によれば、少なくとも江戸時代には、結婚は神の計らいであり、恵みであるという信仰が芽生えており、礼法の一派である伊勢流をはじめ、種々の礼法解説書でも伊弉諾、伊弉冉の二神を婚姻に関連付けて説くことがなされていたと考えられている。また、平井は、現在の神前結婚式の源流にあたるものは少なくとも近世中期にまで遡ることが可能であると史料に基づいて分析し、これを明らかにしており、婚儀を神前において行うということが具体的な礼式の形を取るのは、明治初期からであることも明らかにしている。

そのごく早い例としては、群馬県の周辺地方の婚姻習俗と諾冉二神の神話を結合した『婚礼新式』という明治三年頃に桃舎塾から出版された書が挙げられる。しかしながら実際に神前結婚式の確実なステップとなったのは、明治六年七月に大神宮の基となる神宮教院から刊行された『五儀略式』の第三に記された「婚姻ノ式」であると考えられている。平井は、誕生、創業、婚姻、奏功、葬祭、禊祓の方式を述べたこの書が、神職の司祭による神前結婚式の方式を述べた最初であるとし、その内容も現在の方式に著しく近しいものであって現実性が高いことを明らかにしている。また、東京大神宮宮司であった松山能夫（故人）も、この『五儀略式』のなかにある婚姻の式が神前結婚式の基をなすものであると述べている（『千代のさかづき』）。

加えて明治維新以降、キリスト教の布教が正式に許可されるのは、明治六年二月二十四日であるから、それから五ヶ月後の六年七月では、キリスト教の結婚式が社会的な影響力を持ち得ない中にあって、キリスト教の進出によってその神前式の模倣や影響を受けて神社の神前結婚式が創出されたという考え方を説くことには無理がある。そのため、神前結婚式が、キリスト教の模倣であるという考えは的を射ない論であるといえる。また、平井は、明治八年八月に静岡県の少講義田方宜和の記した『民間婚礼式』を紹介しているが、これは、神職の司祭を必要としない家庭での結婚式の一案であるが、これも床の間を神前とし、神饌を供えて婚礼式を行うものであり、頗る簡素なものであったと考えられている（平井「神前結婚式の源流」『神道と神道教化』）。

なお、明治二十五年二月には、石川県の神職らが組織だって国民各位が婚姻に際しては神前結婚式の斎行を行うように求めた請願を帝国議会に提出すべく運動を起こしたことが知られている（『朝日新聞』明治二十五年二月二十八日朝刊）。さらに、明治三十三年十月には、日光二荒山神社にて園田弘宮司が上代の婚姻の式礼を復活すべく上野松太郎、塚田マツ両人の結婚式を神前で挙行したことが報じられているが（『全国神職会会報』第十六号、『朝日新聞』明治三十三年十月九日朝刊）、式次第としては、神殿

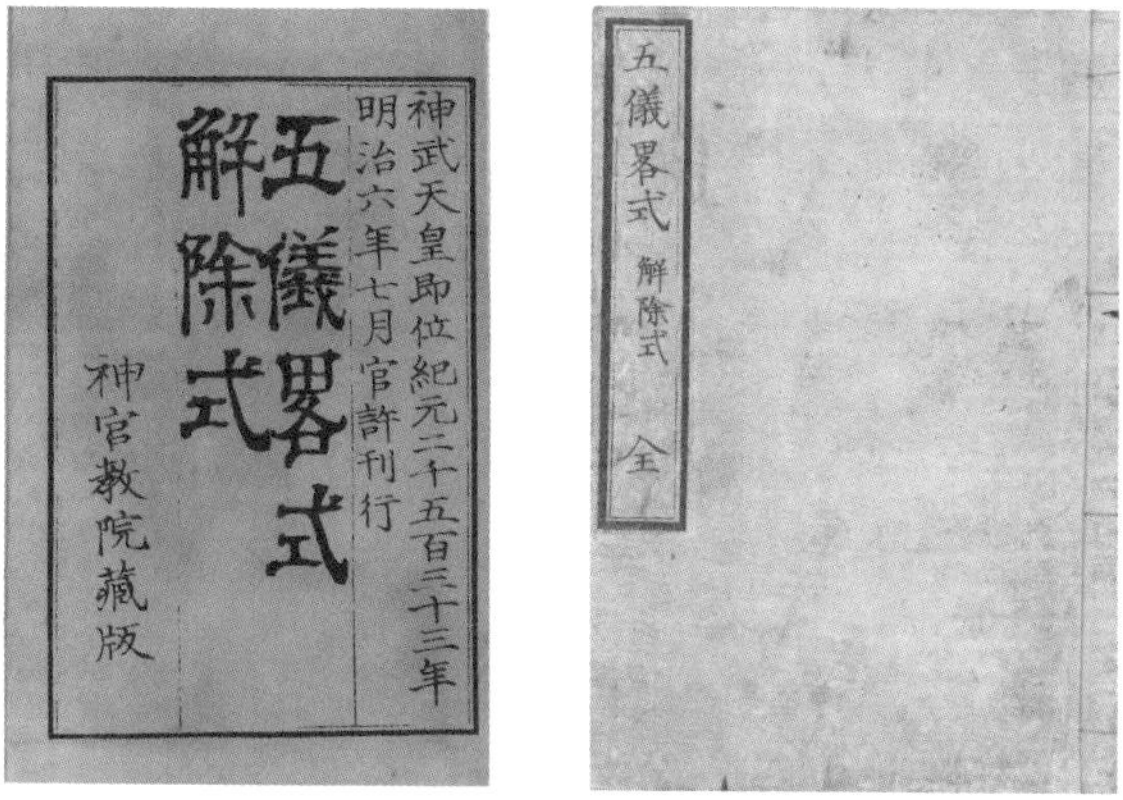


神宮教院発行の『五儀略式　解除式　全』（明治６年）

の御扉の開扉、降神・昇神、閉扉など二重の行事を含む上、献饌、祝辞などがあり、式そのもの神前奉告祭と称しているなど、儀礼行事作法がまだ固定化していない時代の模索の様子を窺うことができる。同様にして福岡の酒造家、伊豆何某が、同年十月に自身の嫁を迎えるにあたり、自宅の神前に注連縄を引き渡し、薦を敷き、設備を設え、司祭・伶人を招き、神饌の献饌、祝詞奏上など皇室婚嫁令にならって結婚式を行ったという記録もある（『朝日新聞』明治三三年十月二十八日朝刊）。

しかしながら、現代の神社の神前結婚式の基礎・基本となるものは、神宮奉斎会の会長でもあった篠田時化雄が、昭和六〜七年頃に記した「神前結婚式の由来と説話」にて述べているように、明治三十三年秋に神宮奉斎会が考案し、翌年五月二十四日に実践女子学園の下田歌子校長の協力を得て、篠田の考案した形式で斎行した模擬神前結婚式の式次第であり（篠田「神前結婚式の由来と説話」）、これを東京府下の新聞が一斉に報じたことによる。これについては、後掲する「模擬神前結婚式と国礼修行部」の項にて詳しく述べることとする。篠田は、これからの神社は国民生活および礼式に積極的にかかわるべきだとして、この時期に誕生・婚姻・葬祭にかかる式次第を纏め上げたとされる（松山能夫「日本語の現場　３６３」『読売新聞』昭和五十二年九月二日朝刊）。

## 神前結婚記念日は七月二十一日？

昨今、インターネットのホームページ上には、一年、三百六十五日の各種の記念日を記したサイトが多数存在する。それらのサイトでは、七月二十一日を「神前結婚記念日」としており、その謂れは「明治三十年七月二十一日に日比谷大神宮で神前結婚式が行われた日であるため」であると記している。これらのサイトを見たホテルや挙式業者が、こぞって「明治三十年七月二十一日」、もしくは「明治三十三年七月二十一日」を日比谷大神宮で神前結婚式が行われた日であると、それぞれのホームページに記しているが、東京大神宮の前身である日比谷大神宮で神前結婚式が初めて行われたのは明治三十四年七月二十一日であり、それ以前に神前結婚式の嚆矢（始め）とされる、神宮奉斎会で模擬神前結婚式が行われたのは、明治三十三年五月十日に当時皇太子殿下であった大正天皇の皇居賢所にて行われた御結婚の儀の後の三十三年秋（正確な日時は不明）のこととされており、関東大震災で神宮奉斎会の史料が焼失しているため、史料として年月日が正確に記録として残されているものとして考えられる最初であれば、明治三十四年三月三日に日比谷大神宮で斎行された模擬結婚式である。

なぜ、このような誤記が生じるのであろうか。その一因として考えられるのは、明治時代以降の様々な出来事の始や謂れを記したことで著名な石井研堂の『改訂増補　明治事物起原』上巻にある「神前結婚の始」の記述であり、この記述が大きく影響しているものと考えられる。

石井研堂の「神前結婚の始」の記載によれば、まず、明治八年五月二日に美濃国武儀郡関村戸長で神宮教会にかかる神風講社の副社長である山田精一郎の弟平三郎と、同国厚見郡今泉村渡辺武八郎の三女れんが精一郎の自宅で関村の春日神社祠官跡部真志雄を監婚者として、神宮教院が定めた『五儀略式』の「婚姻ノ式」にある神式の婚姻式に則って婚礼を修めたとする『日新真事誌』の同年五月二十五日の記事をもとにしているが、これは神宮教院の定めた礼式を用いて行った自宅での婚礼式の始を示したものである。神式の礼法であり、かつ日比谷大神宮の前身の組織である神宮教院の定めたものでもあるが、これは自宅での婚礼式であり、現在でいうところの神社における神前結婚式ではない。

実は、この石井研堂の『改訂増補　明治事物起原』上巻の「神前結婚の始」には続きがあり、それが大神宮における神前結婚式の始に関する記載である。石井は、日比谷大神宮の神前で結婚式が斎行された開始日を「明治三十年七月二十一日、保科保二棟方百世（媒人高木兼寛）渡邊嘉吉観世ゆふ（媒人原亮三郎）の二組の新婚なり」とし、明治三十年七月二十一日と記載しているが、この記載の日時がそもそも全くの誤記であることが一因であると考えられる。同じく明治・大正期の新聞記者・随筆家であった大庭柯公も大正七年に記した『其日の話』の「日比谷大神宮」の項にて、石井研堂と同じ記述にて神前結婚式の創始を明治三十年七月と記載している。しかしながら、明治三十年は、まだ神宮教の時代であり、そもそも現在の神前結婚式の方式を考案した神宮奉斎会が設立される以前である。この時点では、神前結婚式を日比谷大神宮で斎行したとされる記録は見当たらず、礼式などを考案したような動きもない。

また、神前結婚式の創始を明治三十五年九月二十一日であるとする専門書の記述もある。例えば、南博編『近代庶民生活誌』第九巻の神前結婚式の解説では、上島康昭が『報知新聞』明治三十五年九月二十四日の「新式の婚礼」という記事に基づいて歯科医の高島何某と仙台の豪商金須松三郎の妹である金須松代（媒酌人高木兼寛）の日比谷大神宮での結婚式を模擬式ではない神前結婚式の嚆矢であると述べている。

では一体、いつが神前結婚式の創始とすればよいのであろうか。模擬結婚式ではない神前結婚式自体が初めて執り行われるのは、「閑文字　その3　日比谷の大神宮」と題した『読売新聞』明治四十二年十一月十七日朝刊三面の記事に、

抑々日比谷大神宮に於て結婚式が執り行はるゝは、何時の世から始まったかと尋て見ると歴史は頗る新しい即ち明治卅四年七月二十一日、保科保二棟方百世（媒人高木兼寛）渡邊嘉吉観世ゆふ（媒人原亮三郎）の二組を嚆矢とする爾来足掛九年其数実に二千三百五十余組

とある。この記事には、はっきりと明治三十四年七月二十一日と記されている。この七月二十一日の挙式は、海軍軍医総監にて日本初の医学博士、のちに「麦飯男爵」とも称された高木兼寛が三十四年

五月二十四日の神宮奉斎会国礼修行部が行った模擬結婚式に参列しており、この模擬挙式に感銘を受けた高木が自ら日比谷大神宮での神前結婚式希望者を集めると申し出て、五月二十四日の模擬結婚式から一週間ほど後に先の保科・棟方両家の挙式を高木が媒酌人として申し込み、その後に出版社の金港堂書籍の社長である原亮三郎も媒酌人として同じく挙式の申し込みをしたと伝えられている（『千代のさかづき』、宮川忠夫「想ひ出すことなど」『篠田小笹之屋大人物語』）。また、明治四一年三月二十一日の『朝日新聞』朝刊六面の記事「神式結婚の濫觴」でも、「一番最初の人、すなはち神式結婚の濫觴は丗四年七月二十一日であつた」とある。つまり、明治三十四年七月二十一日が大神宮における模擬結婚式でない神前結婚式の創始を示す正しい年月日であり、神宮奉斎会が創設した模擬神前結婚式自体を神前結婚式の創始として捉えるのであれば、国礼国式を考究して神前結婚式の式次第を確定させて模擬挙式を斎行したとされる明治三十三年の秋となる。もしくは、模擬式の挙行日として挙げられるものであれば、『東京大神宮沿革史』の「神前結婚式の創設」の項にも掲げている通り、明治三十四年三月三日となる。明治三十四年七月二十一日が初の神前結

皇太子殿下ご成婚の図（『風俗画報』明治33年6月臨時増刊）

婚式の斎行であることについては、のちに宮司を務めた松山能夫も新聞紙上のインタビューにて保科・棟方両家の挙式であることを明らかにしているため、明治三十四年七月二十一日で間違いないとみてよいであろう。なお、平成十八年に熱田神宮が発行した『結びのかたち――神前結婚の儀礼文化――』でも同日を神前結婚式の創始としている。

## 模擬神前結婚式と国礼修行部

先に述べた通り、神宮奉斎会では細川潤次郎男爵の考究した式次第に基づいて明治三十四年三月三日に本院講堂で模擬神前結婚式を行っており、その後、国礼修行部が同部附属の公式事業として考究した式次第に基づき、同年五月二十四日に同じく本院にて礼法講習会が開催された際にも模擬結婚式が行われている。これら模擬挙式の経緯について少し述べておきたい。

明治三十二年九月に神宮奉斎会が設立されてから僅か八ヶ月後の明治三十三年五月十日、同年四月二十五日に出された皇室婚嫁令に基づき、皇太子嘉仁親王殿下と従一位勲一等九条道孝公爵の四女、九条節子姫との御結婚の儀が宮中賢所大前にて執り行われた。皇室婚嫁令（のち明治四十三年に新たに出された皇室親族令の中に含まれる）に基づいて最初に執り行われた皇室の結婚式であり、のちに大正天皇となられる皇太子殿下の挙式は、世間の注目を集めたことはいうまでもなく、まさに国家的な婚姻儀礼でもあった。宮中三殿の中央、天照大御神を祀る賢所の大前において、開扉や神饌・幣物の供進、

大正時代の大神宮での神前結婚式の様子（『東京大神宮沿革史』）
花嫁の着座位置など、現在とは異なる点も見られる

掌典長の祝詞奏上、神酒拝戴や奏楽など、神道式の婚儀の様子が新聞等で一斉に報じられると、一般の人々に対して婚姻儀礼が大きな関心を呼ぶこととなり、以後のわが国の婚礼文化にも大きな影響を与えることとなった。

とくに前年に『新撰結婚式』を発表して新たな結婚式のあり方を提案していた枢密顧問官の細川潤次郎男爵は、さらに研究を進めて神前での結婚式の次第を考案、これをもとに明治三十四年三月三日午後一時より神宮奉斎会本院の講堂において、国礼修行部の礼法会員らが参集して模擬神前結婚式を行った。来賓に細川男爵をはじめ、奉斎会の国礼の講習に尽力している下田歌子女史、宮地厳夫宮内省掌典、文部省の学校衛生課長であった三島通良医師らをはじめ、華族女学校の生徒百余名が参列、礼法師範の田島秀子女史も加わり、

模擬結婚式が開始された。細川の考案した模擬結婚式の次第は、正面に神座を設けて伊弉諾尊、伊弉冉尊二神の神号を記した軸を掲げ、神酒や餅、鯣昆布などが供され、婿・嫁・仲人役が入場、神拝の後、着座、三・三・九度、神拝、という盃事を中心にした非常にシンプルなものであったが、古雅、荘厳かつ簡素でもあったため、参列者らは感銘を受けたようである（『朝日新聞』明治三十四年三月五日朝刊）。

ついで五月二十四日に二回目の模擬神前結婚式が斎行された。この時より財団法人神宮奉斎会国礼修行部附属の礼法講習会と称して、神宮奉斎会の事業として行われることとなった。この模擬結婚式は、先に登場した細川男爵の考案に基づくものではなく、当時神宮奉斎会の理事であった篠田時化雄が明治十年代より研究、考案していたもので（篠田「神前結婚式の由来と説話」）、明治十五年に自身の挙式の折に作成した結婚式の次第書が、神宮奉斎会の神前結婚式の基盤となったとされる。この五月二十四日の模擬結婚式を挙行した当日は、約二百名が参列した。この折は、最初の模擬結婚式の折にも参列していた実践女学校の校長、下田歌子の協力により、女学生らが所役につき、蟻川よし子（嫁役）、大久保とみ子（婿役）らをはじめ実践女学校の生徒総勢二十名ほどの協力にて模擬結婚式が執り行われた。この模擬結婚式の式次第は、神前装飾、献饌、媒人（媒酌人）・婿・嫁着座、主礼（斎主）の祝詞、媒人の誓詞代読、三献の盃行事、婿・嫁拝礼、撤饌というもので、式次第が進められてゆくなかで篠田時化雄が解説を行い、誓詞の代読を行ったという（『千代のさかづき』）。細川男爵の考案した模擬結婚式とは異なり、現在、全国の各神社で斎行される神前結婚式の様式・次第におおよそ近いものであっ

### 神前結婚式の次第（戦前・戦後の比較）

**日比谷・飯田橋大神宮時代の次第**

時刻　祭員婿嫁媒酌其ノ他参列者一同着席
次　修祓
次　神饌ヲ供ス
次　主礼祝詞ヲ奏ス
次　媒妁誓詞ヲ奉読ス
次　婿嫁三献盃ヲ挙ク
次　婿嫁媒妁神前ニ進ミ拝礼　一同自座拝礼
次　中立
次　親族盃の儀　婿嫁双方親族媒妁順位着席
次　双方尊族盃ヲ挙ケ之ヲ交ス
次　双方参列者一同盃ヲ受ク
次　一同盃ヲ挙ケ自座拝礼
次　媒妁挨拶
次　退下

**東京大神宮現行の次第**

先　新郎新婦媒酌人参列者着席
　　斎主以下着席
次　典儀が婚儀のはじまりを告げる
次　修祓
次　斎主一拝
次　献饌
次　斎主祝詞奏上
次　誓盃の儀（三献の儀）
次　豊栄舞奉奏
次　誓詞奉読
次　新郎新婦玉串拝礼
次　結婚指輪交換（贈呈）の儀
次　媒酌人玉串拝礼
次　両家代表玉串拝礼
次　豊寿舞奉奏
次　親族盃の儀
次　撤饌
次　斎主挨拶
次　斎主一拝
次　典儀が婚儀のおひらきを告げる
次　退出

＊なお、現行の次第については、媒酌人の無い場合など例外もあり、あくまで基本となる式次第である。

た。

　この五月二十四日の礼法講習会の開催にあたっては、神宮奉斎会から神田息胤会長の挨拶の後、顧問の三井得右衛門（のちに三井銀行や三井物産の監査役を務めた三井高信のこと、遅参のため代読）が祝辞を述べ、下田歌子が演説した後に、模擬結婚式を斎行、その後に能や狂言、平家琵琶、点茶、挿花などがあり盛会であったと報じられている（『読売新聞』明治三十四年五月二十五日朝刊、『朝日新聞』明治三十四年五月二十六日朝刊）。

高木兼寛（慈恵看護専門学校 HP より）

この第二回の模擬神前結婚式を参観していた一人に海軍軍医総監であった高木兼寛（のち男爵）がいた。無帽主義で鳴らした高木は、宮崎神宮の御造営にも幹事長として率先して尽力するなど、何事につけても一たび自身に感銘を受けたことがあると頗る熱心に活動、尽力する人物で知られていた。模擬神前結婚式の斎行の折も、婚儀の趣旨とそのあり様に強く賛同したことから、模擬挙式後、一週間も経たないうちに知人一組の結婚式を媒酌すると挙式の申し込みを行い、三十四年七月二十一日、大神宮で初の神前結婚式の斎行となったのである。この折は、高木は媒酌人として誓詞を読み、篠田時化雄が祭主を奉仕したという。篠田曰く、高木のことを「神前結婚式が法人の事業として公けに誕生してから、日比谷の大神宮の御神殿において正式に挙式した神前結婚式の第一人者」であると賞している（篠田「神前結婚式の由来（抄）」『千代のさかづき』）。高木自身は自らの娘である寛子と産婦人科医の樋口繁次（のち東京慈恵会医科大学教授）の挙式も同年十一月に日比谷大神宮で斎行しており、この挙式を紹介した朝日新聞の記事では、大神宮を「神聖かつ簡便な婚礼場」（『朝日新聞』明治三十八年二月二十日朝刊）だとしている。こうした高木の神前式奨励活動も功を奏し、一般希望者に挙式を執り行う形式が好評となる契機の一つとなった。なお、明治期の文豪、夏目漱石も大正元年に発表した小説『行人』には、大神宮における神前結婚式の様子が克明に記されている。長文にて本書には掲げないが、当時の挙式の様子を知るには、大変貴重なものである。
また、戦前の神宮奉斎会時代と戦後の東京大神宮の神前結婚式の式次第の差異は、一三七頁の表に掲げた通りである。

## 増加する戦前期の神前結婚式の様相

大神宮における神前結婚式の創始以前、明治三十（一八九七）年の十一月、十二月は、通年ならば貴賤を問わず結婚式が多い時期であったにもかかわらず、物価の高騰や不景気のため、一般の挙式が下火となり、挙式を先送りにする者が多数にのぼっていたと伝えられている（『朝日新聞』明治三十年十二月二十一日朝刊）。その僅か二年半余後の、明治三十三年五月の皇太子殿下の御成婚と翌年の大神宮における初の神前結婚式の斎行によって、荘厳かつ華やかな神前結婚式の噂は瞬く間に市中の人々へと広がり、挙式数の増加とともに東京府内をはじめ広く好評を得るに至り、神宮奉斎会では各地方本部を含め、その斎行と普及にさらに力を注ぐこととなった。

神宮奉斎会では、挙式奉仕にあたって遠隔地でない場合は、依頼に応じて日比谷の本院から式場の指揮斡旋の為に職員を出張させていた。また、挙式の申し込み受付時間は、午前九時から午後八時まで、結婚式の斎行日は、祭典のある春分と秋分の日（彼岸の中日）、と大晦日、元日、二日を除く毎日であった（のちに午前のみもしくは午後三時以降となる）。日比谷の本院（日比谷大神宮）で結婚式を挙げる場合は、神宮奉斎会の会員の紹介によるか、会員となることを要した。

挙式を行う場合の会員の会費は一等が金三十円、二等が二十円、三等が十円であった。のちに物価の変動により、明治四十年には、特別一等が金五十円(定員三十五人位まで)、特別二等が二十円(二十五人まで)、普通一等が十五円(二十人まで)、普通二等が十三円(十五人まで)とされ、その後、大正五年には、特別一等から三等、松竹梅(二十、十五、十二円)などの階級となり、大正八〜九年頃には三等が三十五円、松竹梅が二十五、二十、十五円となっており、その後も数度の改定を経て、物価の高騰などもあり、寿号百円、鶴号七十円、亀号五十円、松号四十円、竹号三十円、梅号二十円の六通りに改定された。また、松山能夫の回顧によると五十円、三十円、二十円の三種類の時期もあったとされるが昭和十五年頃には等級を廃し一律二十円としている時期もあった。大神宮の神前結婚式が話題になり始めると、日枝神社、神田神社、出雲大社東京分祠などでもこぞって神前結婚式を執り行うようになり、自宅での婚礼、料理店での持ち込み挙式から神前結婚式を望む人々がさらに増加するようになったとされる(『朝日新聞』明治四十一年十二月十一日朝刊)。

なお、明治末期、大神宮で五組くらいの挙式数であると、日枝神社は一組くらいであったようで、大神宮が飯田町へと移転することが公となった大正十五年には、日枝神社は、愈々神前結婚式を同社がすべて引き受けるという意気込みで挙式の斎行体制を整備し、挙式数を増加させようと試みたようである(『読売新聞』明治四十一年二月十九日、大正十五年三月十日各朝刊)。十五年には、乃木神社でも神前結婚式が開始されたが、大神宮の一月の申し込み数が三百組に対して乃木神社が四十組、神田神社が二十組であったから、いかに大神宮の挙式の申し込みが多かったかを窺い知ることができる（『読売新聞』大正十五年一月十四日朝刊）。

明治三十八年二月当時は、月に十二、十三組程度の大神宮での挙式申し込みがあったことが報じられており、大神宮での神前結婚式が流行している旨が伝えられているが（『読売新聞』明治三十八年二月二十日朝刊）、明治四十年七月からは、特に夏の暑い時期の挙式も増加したことから、座礼の挙式ではなく、胡床（簡易折り畳み式の椅子）を用いての立礼形式での神前結婚式を開始している（畳の上での坐礼での挙式も並行して継続）。この立礼式の挙式は好評であったようで、挙式数はさらなる増加の一途をたどり、例年七月が最も婚礼の少ない月であるものの、この年の七月は四十五組の挙式数であったとされる（『読売新聞』明治四十年八月二日朝刊）。

大神宮で結婚式を挙げる花嫁花婿
（『朝日新聞』大正13年12月25日朝刊）

明治三十四年七月二十一日の神前結婚式の創始以来、明治四十一年三月二十日までに千三百二十七組が挙式を行い、同年十二月には二千組を超える勢いで増加していた。とくに日露戦争後に増加が顕著となり、四十一年当時は多い時で一日十三〜十四組、少ない時でその半分の七〜六組であったとされ、三月、四月が一番の繁忙期、次いで十一月、十二月が挙式の多い時期であると伝えている(「結婚月と神式礼」『朝日新聞』明治四十一年三月二十一日朝刊)。

大正に入ると、大正三年四月に昭憲皇太后が崩御したことから、諒闇の期間に入るため、前金をフイにしても挙式を中止したり、式を行っても披露宴は延期する者が相次いだと報じられている(『朝日新聞』大正三年四月十四日朝刊)。その一方、この年の八月三日は黄道吉日であるとして大神宮では、二ヶ月前から十数件の申し込みがあり、九月は前年が五十三組に対しこの年は七十八組で、年間千件以上の挙式を数え、大晦日前の十二月三十日でも五件の挙式があったと伝えられている。加えて翌四年が兎年であるため、子をたくさん産む兎にあやかって年頭三日からの挙式申し込みがあり、松の内からの挙式の斎行が増えることが報じられている(『朝日新聞』大正三年十二月三十日朝刊)。

次いで裕仁親王殿下(のちの昭和天皇)の立太子礼が斎行された大正五年に入ると、毎日七~八組は平均して挙式があり、多い時には十六組、挙式申し込みを断ることも二、三組出るようになったため、長時間を要する特等の挙式をなるべく遠慮してもらうことで対応しているという様子も伝えられている。この年の十一月は百六十五組の挙式があり、十二月までの二ヶ月で二百五十組程度の挙式であったとされるが、好景気で特等の挙式を望む者も多かったとされる。三十四年頃に比べ、年々四・五百組は増加、申し込む人々で多いのは、商人、官吏、軍人で土曜日が最も挙式が多いという奉斎会の担当者からの談話が報じられている。大正七年頃になると「着物は三越、結婚式は大神宮」(『読売新聞』大正九年二月二十四日朝刊)あるいは「日比谷大神宮の御神前で結婚式を挙げるのは東京名物」(清水晴風『東京名物百人一首』）などと称され、伝統的に日本人が神宮の御加護を得たいという観念の反映だとする論が出されるに至っている。

大正九年になると、巷は普通選挙運動一色にて日夜その運動が白熱化する風潮のなかにあっても、人々が吉日を目指して一ヶ月半前から予約を申し込まねば大神宮での挙式ができないことや、この年が中年であったことから縁起を担いで節分前の駆け込みの結婚式が増加し、一月だけで四百七十五組の挙式があり、一日平均十五組でトコロテン式に神前結婚式が済まされて高額の挙式金額を支払う新婚夫婦の様相を皮肉る報道もなされている（『読売新聞』大正九年一月二十九日、二月二十四日各朝刊）。同年はとくに秋十一月、十二月の挙式の申し込みが前年の四割増しで、十一月だけで三百三十五件を超えた一方で、高額の挙式はなく、普通一等の十五円の挙式が多く、披露宴なども後日開催というものが多かったと伝えられている（『読売新聞』大正九年十月九日朝刊）。この年は中年にもかかわらず前年よりも三百件多い年間千六百組の挙式があり、翌年も四月に前年より百六十組多い、四百八十組の挙式があり、一日二十五、六件の挙式が斎行されていた（『読売新聞』大正十年五月三日朝刊）。

とくに大正十年以降になると大神宮での神前結婚式が、日に二十件を超え、月に三百件から四百件を超すことも多くなり、挙式数が増加し過ぎたことや軍縮の影響で軍人の結婚式が減少、式や衣装自体も質素なものへと変化し、また思想の共鳴や趣味の一致なども結婚の条件に加わったことが伝えられている（『読売新聞』大正十一年十月十二日朝刊）。また以前は年末から二月に相次いだ結婚式も四月に増加する傾向へと変化している。特に関東大震災以降は、結婚式の質素、簡素化の傾向が強くなり、大神宮も被災して大きな被害を受けたことから、神社で斎行しない移動簡便式の永島式結婚式が流行したことや同時期に教育者の三輪田元道が婚姻儀式の改良を新聞紙上などに論じたことなどの影響もあって、華美な挙式を避け質素に行う傾向や、男女の年齢や結婚日の迷信が薄らぎ、都合の良い日を選ぶ傾向が強まっていった。しかしながら、大正十三年は、当時子宝に恵まれると一般に知られていた子年（甲子）であり、また一月二十七日に皇太子裕仁親王殿下の御成婚もあったことや前年が関東大震災であったことから、大災厄の年を逃れた翌年こそが吉年でわが家に嫁を迎えたいとする風潮があり、これらにあやかって以後も大神宮における挙式の数は増加し、十三年二月九日の段階で、一月中は四百八十件、二月は四百五十件、三月が二百七十件、四月が二十件という申し込み状況であったと報じられている（『朝日新聞』大正十三年二月十日朝刊）。とくに皇太子殿下の挙式の一日前の二十六日は一日四十件の申し込みがあったが、許容数を超えたため二十組に減じて斎行、甲子の年の甲子の日にあたる二月十五日も朝九時から夜八時まで挙式が休みなしの状態で入る状況であったと伝えられている。大正十三年の師走も二十四日が十八件、二十五日が二十四件で、十五日以降は商売従事者はおらず、主にこの頃は会社員、官吏、軍人といった順に挙式が相次いだという（『朝日新聞』大正十三年十二月二十五日朝刊）。

昭和に入り、大神宮が飯田町に移転した以降も帝国ホテルや目黒雅叙園などの宴会場を持つ地での結婚式が増加したものの、結婚式の申し込み件数の傾向は変わらず続いており、昭和九年の十二月二日が、六曜が大安、十二直で成、十二支が未、曜日は日曜と結婚式にはうってつけの日であったことから、二十三組の挙式が斎行され、担当する神職が辟易している言が報じられている（『朝日新聞』昭和九年十一月三十日朝刊）。昭和初期はこうした六曜や干支や十二直の相性の良い日や、土日が重なる日を黄道吉日として縁起を担ぎ好まれたようで、翌十年二月三日、十一月三日なども黄道吉日であるとして二十五組、三十組が結婚式を挙げている（『朝日新聞』昭和十年二月三日、十月八日各朝刊）。翌年は二・二六事件があった年でもあるが、戒厳令が部分解除された折から徐々に増加し、秋には前年同様の組数に戻っていたようである。十三年頃までは黄道吉日には二十五組〜三十組程度の挙式があり、日中戦争前後の十五年頃になると挙式の取消が増えて減少し、二十組程度となっていたほか、挙式料も各社一律で二十円となり、花婿は国民服、花嫁は儀礼章の佩用、参列者も平服という簡略式となっていたことが知られている。戦後に入り、数年は大神宮でも客殿が使用できない状態にあったが、戦後間もない時期から挙式を開始しており、挙式料は二十一年当時で鶴百五十円（奏楽付き）、亀百円であった。昭和二十六年頃になると客殿を用いた形で本格的に神前結婚式を再開することとなり、戦前と比べて八割方

豊寿舞

が貸衣裳という時代へと変化するなかで、挙式料、室料、写真、衣裳着付け代などを合わせて五千円から一万円程度であったとされる。

ちなみに現在でも大神宮では、毎年東京大神宮マツヤサロンにて神前結婚式を挙げた夫婦を招待して午餐の会を催しているが、とくに昭和三十年代、四十年代は、東京都内の挙式の約八割方が神前結婚式であったこともあって、昭和五十年代から六十年代には、結婚から二十五年となる銀婚式を迎えた夫婦を対象に集団銀婚式を挙行していた。昭和六十二年十月二十四日には、銀婚式にあたる夫婦四十九組が参集し、第七回の集団銀婚式を挙げ、宮司による「めでたきかなめでたきかな」という祝詞奏上や記念撮影がなされたことが伝えられている。

現在は、神職、巫女、楽人をはじめ総勢十三名で神前結婚式を誠心誠意奉仕している。雅楽の調べの中で三献の儀が執り行われ、巫女による祝いの舞「豊栄舞」や「豊寿舞」が舞われる。とりわけ「豊寿舞」は、明治天皇の第七皇女である北白川房子神宮祭主（旧北白川宮房子内親王・故人）から賜った祝婚歌の調べであり、東京大神宮ならではの優美な舞である。

## 名士らの結婚式

大神宮では、現在でも芸能人や著名人などの挙式があり、時折テレビや新聞等マス・メディアのニュースでも話題となることがあるが、神前結婚式の創始から約百二十年余の歴史のなかでは様々な職種の人々が結婚式を挙げてきた。近年では、明治神宮や日枝神社など都内の神社や有名ホテルで結婚式を挙げる著名人も増えてきてはいるが、戦前には、大神宮で華族や軍人、官吏や財界人、俳優らが結婚式を挙げていることが知られており、大神宮にて神前結婚式の創始から七十七年の折にあたる昭和五十一年十二月に明治、大正、昭和の各時代ごとに大神宮で結婚式を挙げた夫婦からの回想文を集めた『千代のさかづき』（非売品）が発行されている。同冊子には、旧華族や各大企業の社長や相談役などを歴任した財界人をはじめ、結婚後に国会議員や大臣、都知事や県知事となった官界、政界の大物や、宮内庁の侍従長、医師、大学教授、歌舞伎俳優や女優、能楽師、囲碁棋士、プロ野球選手の妻、劇作家、随筆家、新聞記者などまさに多士済々な人々からの思い出が記されている。この回想文集を編纂するにあたっては、大正六年に日比谷大神宮で結婚式を挙げ、飯田橋在仕にて、戦後長きにわたり東京大神宮の総代を務めた原安三郎（当時日本化薬株式会社社会長、元政府税制調査会長）氏と、当時宮司、権宮司であった松山能夫、三島勝三両氏の尽力が大きく、挙式者が赤裸々に思い出を綴った『千代のさかづき』は、わが国の近代結婚史の上でも貴重な回想録であるといえよう。なお、『千代のさかづき』に収録されている方々や、戦前・戦後に新聞紙上に大神宮にて結婚した事実が報道された著名人を表にて掲載したが、表に記した方々は、大神宮で結婚式を挙げた著名人の中の一部である。

原安三郎

戦前から戦後（主に昭和20年代迄）に大神宮で挙式を挙げた著名人（抄）　＊順不同

| 政界・官界（子息含む） | 芸能界・文化人 | 旧皇族・旧華族 |
|---|---|---|
| 藤山愛一郎（外務大臣、日本商工会議所会頭、自民党総務会長） | 五代目中村東蔵（歌舞伎役者・六代目大谷友右衛門） | 室町公藤伯爵 |
| 東龍太郎（東京帝国大学教授、東京都知事） | 二代目市川左団次（歌舞伎役者） | 前田利功男爵 |
| 鈴木登（長野県知事・内務官僚） | 三代目市川段四郎（歌舞伎役者）<br>高杉早苗（俳優） | 毛利元恒子爵 |
| 川口義久（日本大学学長・衆議院議員） | 十四代目守田勘彌（歌舞伎役者）<br>初代水谷八重子（新派俳優） | 烏丸光大伯爵 |
| 阿南惟幾（陸軍大臣・陸軍大将） | 夏川静江（俳優）<br>飯田信夫（作曲家・指揮者） | 入江為常伯爵 |
| 加藤於菟丸（宮城県知事・内務官僚） | 二世梅若万三郎（観世流能楽師） | 勝精伯爵 |
| 入江相政（宮内庁侍従長） | 内村直也（劇作家） | 佐佐木行忠侯爵 |
| 渡部信（宮中顧問官・帝室博物館総長） | 小山内薫（劇作家） | 北白川道久（旧皇族・北白川宮道久王）<br>島津慶子（島津忠承公爵の三女） |
| 原夫次郎（衆議院議員／公選初代の島根県知事） | 坪内くに子（日本舞踊家・坪内逍遥の養女） | 島津斎視（旧男爵）<br>久邇朝子（旧皇族久邇宮朝子女王） |
| 桂てる子（桂太郎侯爵・内閣総理大臣令嬢） | 串田孫一（随筆家） | 島津忠広（島津忠承公爵の長男）<br>北白川肇子（旧皇族北白川宮肇子女王） |
| 尾崎彦麿（衆議院議員尾崎行雄氏次男） | 安倍吉輝（囲碁棋士九段） | |
| 岡田貞外茂（海軍大佐・岡田啓介内閣総理大臣の長男） | 飯塚友一郎（演劇評論家・二松学舎大学教授） | |
| **財界** | **学界** | **スポーツ界** |
| 浅野八郎（関東水力電気㈱常務取締役／浅野財閥の浅野總一郎氏三男） | 藤田嗣雄（上智大学教授） | 熊谷一彌（テニスプレーヤー、アントワープオリンピック銀メダリスト） |
| 坊城俊周（共同テレビ社長・会長／宮中歌会始披講会会長） | 呉健（東京帝国大学教授） | 南部忠平（陸上走り幅跳びロサンゼルスオリンピック金メダリスト） |
| 原安三郎（日本化薬会長・東洋火災海上保険株式会社社長、政府税制調査会会長） | 田中千代松（大東文化大学教授） | 関脇出羽湊（のち濱風親方） |
| 坂口吾郎（日立製作所副社長・常務取締役） | 稲垣長典（お茶の水女子大学教授） | 第36代横綱羽黒山（のち立浪親方） |
| 野村専太郎（小田急建設社長） | | 杉下茂（中日ドラゴンズ投手） |
| 上田博（丸善石油専務取締役） | | |
| 増田義彦（実業之日本社社長） | | |
| 川上行蔵（ＮＨＫ専務理事・放送総局長） | | |
| 氏家栄一（七十七銀行会長） | | |

※本表に掲げたものは東京大神宮発行の『千代のさかづき』などに掲載されたほんの一部であり、大神宮で挙式を挙げた著名人全てを記すものではない。

## 戦後の大神宮の新聞広告あれこれ

次に大神宮が戦前・戦後にわたってどのように神前結婚式を人々に広告宣伝していたのかについて述べておきたい。現在では、大神宮では主にSNSを通じた女性の口コミが最も多いことはいうまでもないが、当時は当然そのような方法はないため、宣伝の方法はいわゆるマス・メディアによる広告を使うほかかない。ゆえに戦前・戦後を通じて共通するマス・メディアの一つとして大神宮が発した新聞広告の変化を窺ってみたい。

現在、記録に残されている限り、戦後大神宮の広告として最初のものは、昭和二十年九月二十二日の『読売新聞』朝刊に掲載された神宮奉斎会礼典部の結婚式の広告である。終戦からわずか一ヶ月後の小さな広告ではあるが、神宮奉斎会礼典部の表記や自宅への出張結婚式の表記が見られる点で貴重なものといえる。宗教法人設立後の昭和二十二年には、東京大神宮名の広告へと代わっている。昭和二十九年の広告には、「日比谷大神宮以来の伝統を誇る」という文言が入り、その他、「都内随一の荘厳なる式場」、「伊勢神宮御分社」という文言が入ってゆくこととなる。本書には掲げていないものの三十四年十一月の広告にも「伊勢神宮御分社」という文字がみられるが、三十八年、三十九年頃になると竣工した大神宮会館をメインした表記の広告へと変化している。その後は東京大神宮の文字は小さくなり、大神宮会館という表記を中心にした広告へと転換、昭和四十九年には「わが国最初の神前結婚式」という文言が入るようになる。昭和五十年代に入ると神前結婚式創始から七十七年、八十年という記念の年に併せた表記へと変化している。わずかな文言の差異、意匠の違いがあるのみで、サイズも決して大きいものではないが、広告の記載内容の変化から当時の大神宮が何をメッセージとして打ち出したいか、そのニュアンスを感じ取ることができる。

次いで神前結婚式以外の新聞広告についても記しておきたい。昭和三十四年には、鎮座八十年の奉祝祭に併せての広告が出されており、金婚式・銀婚式を迎える人々へも案内を促している点が前述の昭和六十二年の集団銀婚式の斎行とも相俟っておりこの広告の特徴の一つともいえる。その他、初詣等に併せての広告は昭和四十六年より開始されており、ここでは「伊勢神宮御分社」という表現から「伊勢神宮遥拝殿」という表記へと変化している点は興味深い。この変化は、大神宮創建の歴史的経緯に基づきより正確な表現となったともいえるだろう。

なお、先に述べた集団銀婚式の斎行については、松山文彦現宮司の発案によるもので、現在も「銀婚の集い」として開催されている。このような大神宮の挙式者を対象にした行事には、他にも「ご結婚一周年を祝う集い」や「ご結婚十周年（錫婚式）の集い」が開催されているが、「銀婚の集い」も含め、それぞれ挙式者の一周年、十周年、二十五周年にあたる年に案内を出し、結婚式の後も挙式者と大神宮のご神縁を大事にしている。

また、挙式者夫妻が大神宮に参拝された際には、記念品としてアルミ製の小型「干支絵馬」の置物を贈呈している。この干支絵馬のデザイン画は、平成三十一年まで絵本作家のあべ弘士氏が務め、令

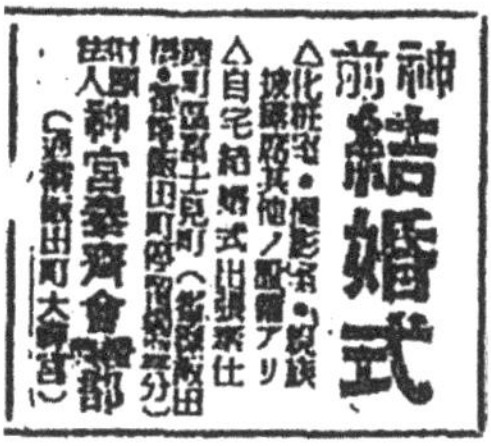


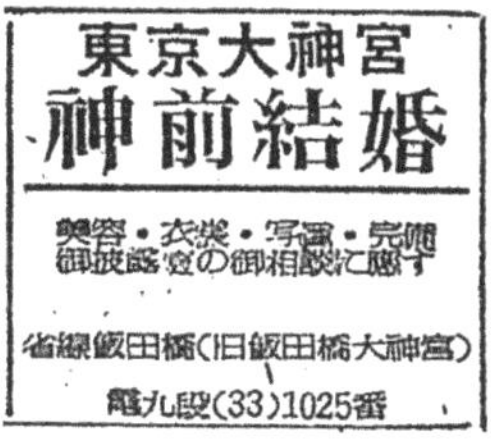


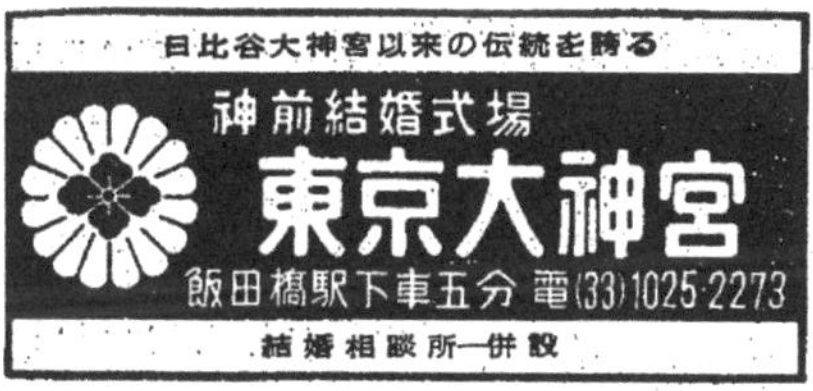

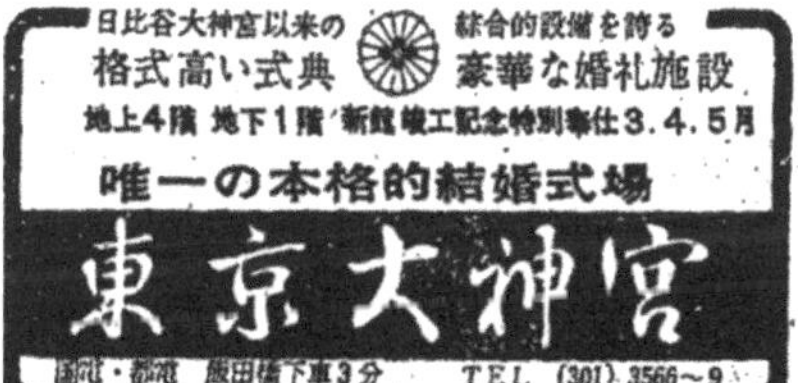


大神宮の出した戦後の神前結婚式の広告（昭和 20 年〜 39 年）

最上段左　昭和 20 年 9 月　　最上段右　昭和 22 年 3 月
二段目左　昭和 29 年 9 月　　二段目右　昭和 34 年 6 月
三段目左　昭和 31 年 7 月　　三段目右　昭和 39 年 2 月
四段目左　昭和 38 年 12 月

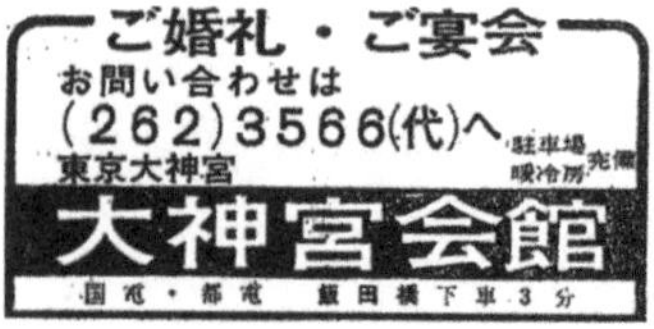


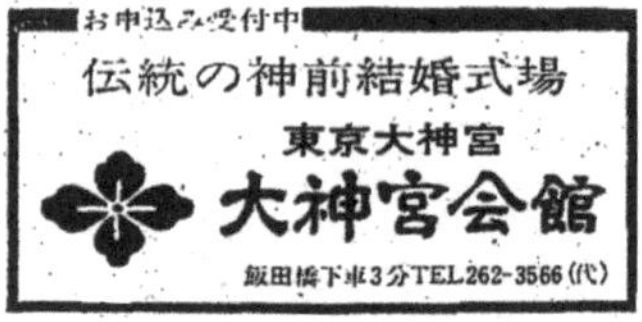

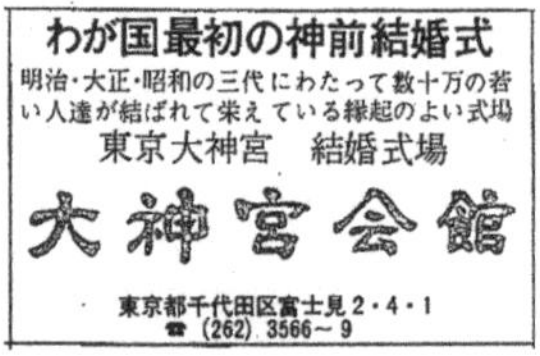

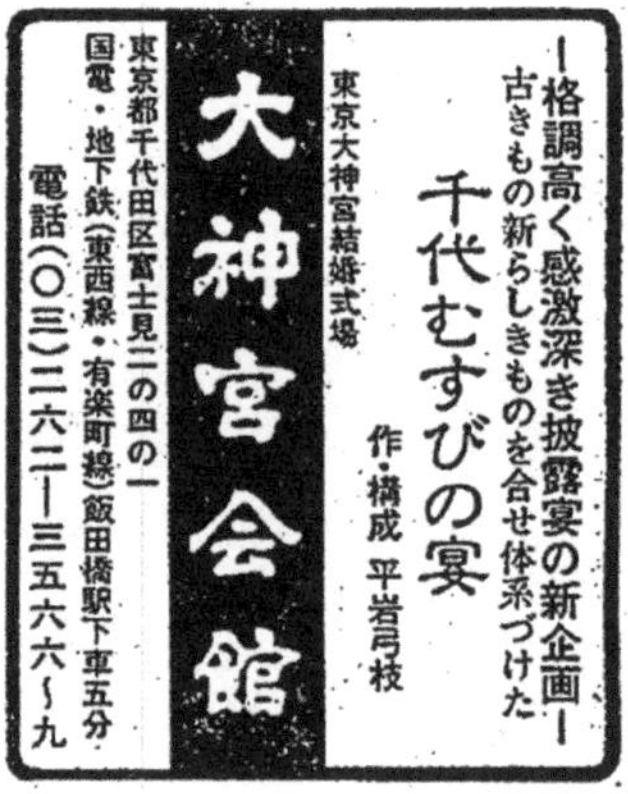


戦後の東京大神宮の神前結婚式の広告(昭和 39 年～ 53 年)

| | | | |
|---|---|---|---|
| 最上段左 | 昭和 39 年 11 月 | 最上段右 | 昭和 46 年 4 月 |
| 二段目左 | 昭和 45 年 2 月 | 二段目右 | 昭和 49 年 1 月 |
| 三段目左 | 昭和 51 年 3 月 | 三段目右 | 昭和 53 年 12 月 |

アルミ製の干支小絵馬
（左　東園基昭氏画、右　あべ弘士氏画）

昭和34年7月の鎮座80年奉祝祭の広告

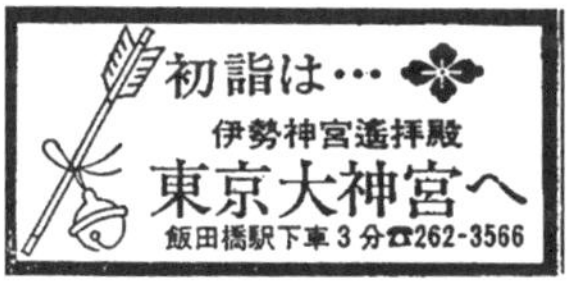


昭和47年12月の年末年始の広告

『日本婚姻図史』（鈴木敬三監修）

和に入ってからは、日本画家の東園基昭氏が務めており、挙式者用に毎年三千体ほどが用意されている。

この他、挙式者に婚姻儀式の歴史と神前挙式の意義を理解してもらうべく、平成二十四年より現在、拝殿内に掲げられている婚姻図をもとにした解説入りの絵葉書『日本婚姻図史』（監修は風俗史・有職故実の第一人者でNHK大河ドラマ等の監修・考証なども務めた鈴木敬三國學院大學名誉教授〈故人〉であり、図版印刷は美術印刷の専門店である京都便利堂の製作、十枚入り）を配布している。

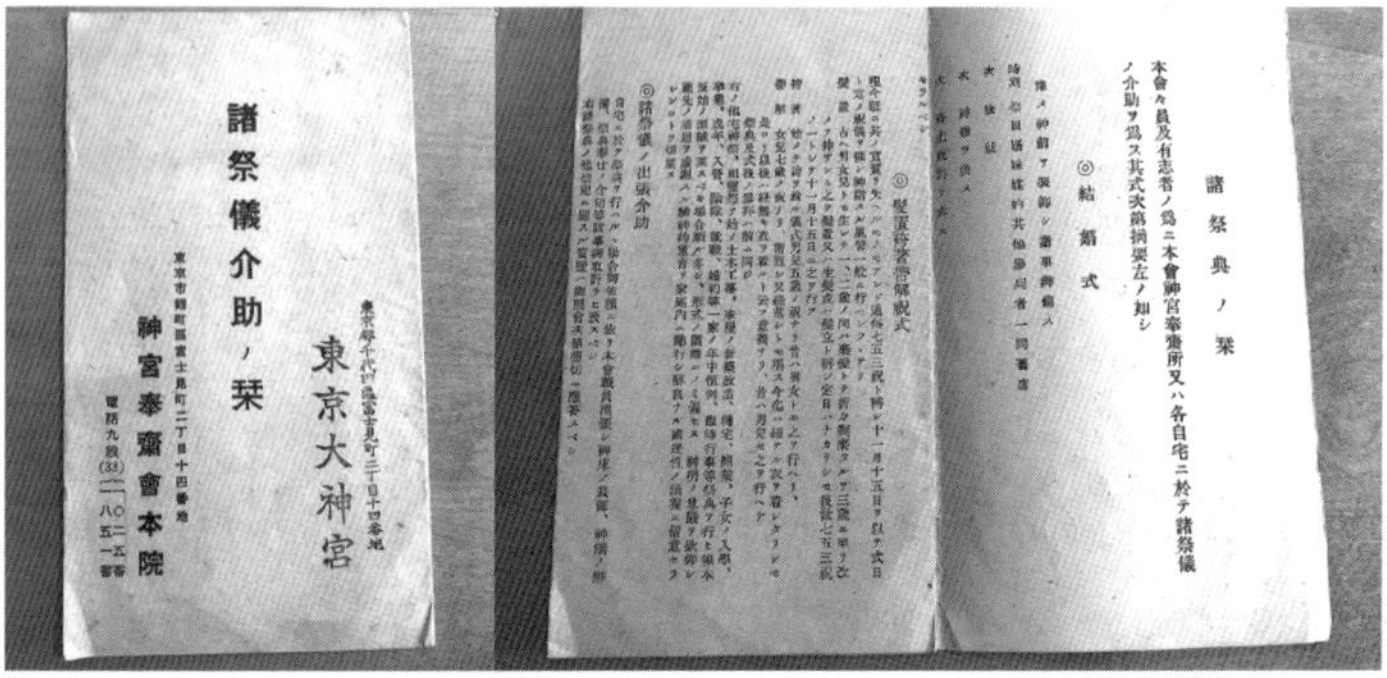


神宮奉斎会が自宅等での結婚式などの祭儀の方法を示した『諸祭儀介助ノ栞』（昭和初期のもの）

# 国典・国礼の大神宮

## 国礼の介助

先に神前結婚式の創始から発展についての経緯を述べたが、この神前結婚式の創始に至る大きな要因となった明治三十三年の礼法講習会の開催は、神宮奉斎会の設立以降、古来、窮屈な虚礼に過ぎないような形式的な儀礼、礼法を廃して、儀礼の持つ本来の精神性を実践しつつも厳粛かつ荘重で温雅な、そして一般の人々に広く容易に行いやすい儀礼を行い得るような方途を研究するためであった。そのため、寄附行為の一部を改正して、新たに国礼修業部を設けて会の事業として一般的な儀礼の介助、挙式に際しての介添、新婚礼式、誕生式等に対して出張教授、礼法の範を示すことで、正しい礼法の普及に努めることとなった。その功績は大なるものがあり、表に掲げたように、大正末から昭和十一年までの国礼（婚礼、諸礼、葬祭、慰霊各式）の介助数は左の通りで、神宮奉斎会の国礼修業部の事業は、大きな反響を世間に与えたのであった。

また、神宮奉斎会が礼法の修行を宣伝するようになると、多くの賛同を得るに至り、礼法の講習を行う男女が増えるようになり、国礼修業部の趣旨に賛同した細川潤次郎枢密顧問官らが、明治三十四年春に、松浦詮伯爵、三浦安貴族院議員、大谷光瑩伯爵夫人、松田正久文部大臣夫人、大河内正質子爵夫人、小笠原壽長子爵婦人、板垣退助伯爵夫人、下田歌子華族女学校学監、三井得右衛門（高信）、三島通良、河野広中夫人、伊沢千喜子等とともに礼法講習会を結成した。この礼法講習会の目的は婚礼、一般の祭儀、葬送から家庭の礼法まで、日常交際上の礼式作法を指導するというものであり、多数の会員を擁することとなり、奉斎会でも援助を行っていたが、神宮奉斎会の国礼修業部の事業と一致することもあって、その結果、この礼法講習会を国礼修行部の附属事業として位置付けて活動することとなったのである。

礼法講習会が財団法人神宮奉斎会の附属事業となった明治三十四年五月二十四日は、奉斎会本院にて実践女学園の生徒が参加して模擬神前結婚式が行われた日でもあるが、神田息胤会長は、左記の祝辞を述べている。

神宮奉斎会本院における国礼介助の回数

| | 婚礼式 | 諸礼式 | 葬祭式 | 慰霊式 |
|---|---|---|---|---|
| 大正14年 | 1,384 | 20 | 9 | 43 |
| 昭和元年 | 1,282 | 25 | 8 | 40 |
| 昭和２年 | 1,309 | 31 | 6 | 35 |
| 昭和３年 | 1,312 | 35 | 5 | 41 |
| 昭和４年 | 1,121 | 38 | 3 | 29 |
| 昭和５年 | 1,194 | 34 | 4 | 47 |
| 昭和６年 | 1,324 | 25 | 14 | 57 |
| 昭和７年 | 1,046 | 36 | 21 | 37 |
| 昭和８年 | 1,146 | 31 | 5 | 24 |
| 昭和９年 | 1,037 | 30 | 7 | 27 |
| 昭和10年 | 1,080 | 32 | 10 | 29 |
| 昭和11年（11月まで） | 1,502 | 35 | 17 | 32 |

……我が神宮奉斎会は古を稽へ、今を照し、専ら、皇国の偉容の法式を明らめ、比類なき国体の上に、尚も光輝を添へむものと、功み勤むるほどに、今年の一月から礼法講習会の設けなりて、女子と生れたらむものは、いづれか人の母たらさるべき、されば、己れまづ礼法を明め育てむ、幼児の上はさらなり、賓客のもてなし振り、宴席の坐作に至るまで、うるはしからむことこそ願はしけれ、今日はしも講習会の主旨を世に拡めん業の始めとして、同心の人たちを招き集へ、この席につらなれる人たち、各々に力を添へられんには、日に月に盛に成りゆかむこと、なからまし云々。

明治三十四年五月二十四日

神宮奉斎会長　神田息胤

## 国典講究部の設置

神宮教以前、神宮教院の時代から教導職によって行われていた大教宣布運動や、神職養成や教育に必須の我が国の古典の講究を引き続いて行うため、神宮教においては、明治二十六年から神宮教教校を日比谷の神宮教東京本院において開設した。修業年限は三年、神宮教院からの縁故ある者の子弟を中心に生徒を集めて神勤奉務への訓育を為していたが、明治二十九年二月二十九日に飯田町にある財団法人皇典講究所が経営する國學院と合併し、國學院別科と称して、教校に在籍した者も引き続き学業に励むこととなった。國學院別科となった教校では、西洋史、英語の有無で本科選科の二科に分かれ、三十八年まで続くこととなった。奉斎会ではこの他に生徒寮を設置して年少の子弟を教育していたが、これも明治三十三年十一月十五日に神宮奉斎会国典講究部（国典攻究部とも称す）の支部を飯田町の皇典講究所内に併置、翌年六月十八日に生徒二十余名にて開校式を行った。この生徒寮はのちに生徒教養所と改称、畠山健が寮長を務めたのち、生徒教養所主事に森津倫雄が就任した。

この国典講究部の設置は、別項でも少し述べているため簡潔に述べることとするが、明治二十九年二月二十九日に神宮奉斎会が皇典講究所の経営難問題を解決するための財務的な支援の契約（条件付譲渡契約）に端を発しており、神宮奉斎会と皇典講究所を母体とする國學院との間に学生養成機関の共有契約を締結したことにある。その後、皇典講究所の経営難は解消し、三十八年までで終了したが、その間、皇典講究所の表門に「神宮奉斎会国典攻究部国礼修行部」という門標を掲げるに至り、二十六年に契約内容の変更をした際にはさらに「国典編輯部」の名称も加えられることとなった。この時代は、皇典講究所の事業を寛大に援助した上で、ともに国礼、国典の考究に尽力して国学の興隆に尽力するという時代で、多くの国礼、国典の基礎研究を為し、功績を挙げた時代でもあったといえる。

## 奉斎会時代の諸祭式

神宮教を解散して、旧民法三十四条に基づく財団法人として設立された神宮奉斎会は、宗教以外の枠に立つ民法法人であることから、これまでの神宮教のような宗教的祭儀、諸式は執行することが出来なかった。また、神宮奉斎会は、当時、「国家の宗祀」であり祭祀を行う国の営造物法人として位置づけられていた一般の神社でなく、あくまで伊勢の神宮を奉斎することを事業として行う財団法人であることから、官制で定められていた神社祭式同行事作法に則って祭儀を行うこともできない。それゆえ神宮奉斎会で執り行う祭式には、神宮奉斎会特有の形式、司式が採用されていたのである。この独特の立場で行う祭式は、財団法人設立と同時に決定されたが、時機に応じてその都度刷新された。その一部を述べておくと、

第一、奉斎会法人設立奏告に伴う祭式(明治三十二年九月八日)

第二、修祓及玉串奉奠の制定(同上)

第三、除夜祭、新年祭式(同年十二月十九日)

除夜祭は小祭、歳旦祭は中祭、元始祭は大祭に準じ、其の神饌、祭具、饌案、直会等を定め大祓式は従前通りとした。祝詞は、除夜祭、歳旦祭、元始祭の三つとした。

第四、祈年祭祝詞制定

明治三十三年一月十九日令第二号を以って布達された。ここに祈年祭は従来班幣の日即ち二月四日を以て奉仕していたが、これ以降神宮に準じて二月十七日を以って奉仕することに改め、辞別は歳旦祭祝詞等に準ずる事としている。

第五、孝明天皇遥拝詞の制定

同年一月二十四日同第三号を以て布達。

第六、紀元節祝詞の制定

同一月三十一日同第四号にて布達、辞別は前記同様歳旦祭祝詞等に準ずる事とした。

第七、皇太子妃殿下冊立奉祝祭式制定

明治三十三年五月十日は時の皇太子妃殿下御冊立の御大儀が挙行遊ばされるので、当日本会は奉祝の祭儀を奉仕する事となり、其の祭式祝詞を同年四月二十七日令第九号を以つて大本部および地方本部に布達した。

第八、地久節祝祭の祝詞制定

同年五月二十三日中祭に準じて奉仕する事を、但書して地久節祭祝詞を制定し、令第十二号を以て大本部および地方本部に達した。

第九、祈年、新嘗、神嘗両月並祭に各本部より幣物供進

毎年祈年、神嘗、新嘗両月並祭に各本部より本院及び大本部へ幣物供進の事は、明治三十三年六月の協議会の決定する所であるが、それを来る十月神嘗祭より実施する事を同年九月に各地方本部に達した。

当番本幣物料割金等は礼典課より各本部を東西に分ち、東部本部は本院へ、西部本部は大本部へと定め、三本部宛五組に分ち（西部第三組は広島、岡山、鳥取の三本部に台湾本部を入れて四本部とす）幣物供進すべき祭を幣物料一回五円、一本部一円七十銭、但し東西両部共神嘗祭は

一円二十銭と定めた。

第十、設立紀念祝祭日の設定

明治三十三年八月十八日、令第廿二号を以て大本部地方本部へ本会設立認可（明治三十二年九月四日）の九月四日を毎年記念日とし、本院に於て祝祭、大本部、地方本部、支部においても同様に執行すべきとして、祝詞を作成の上通達した。

十一、神宮奉斎会祭式の制定

明治三十三年九月二十八日令第五号を以て、「本会祭式別冊通リ相定メ候条、自今総テ本祭式ニ拠リ執行スベシ」但、地方に於ては、神宮教以来独特の祭式を有するものがあるから「従来ノ祭式ニシテ廃止シ難キ事情アルモノハ、本部限リ執行スルモ苦シカラズ」と為し、大に弾力性を認め、一月一日歳旦・祭名・祭別・祭次第を定めた。内容は神宮奉斎会式、祭器品目の部、祝詞の部の三部に分かれており、併せて『神宮奉斎会祭式』と題した冊子も作成、発行されている。

一、神宮奉斎会式（諸祭次第を記す）

| | | |
|---|---|---|
| 一月一日 | 歳旦祭御饌 | 中　祭 |
| 一月三日 | 元始祭御饌 | 大　祭 |
| 二月四日 | 祈年祭御饌 | 大　祭 |

二月十一日　紀元節御饌　大祭
二月十七日　祈年祭奉幣　大祭
三月　春季皇霊祭遥拝
四月三日　神武天皇遥拝
六月十六日　月並祭夕御饌　大祭
六月十七日　月並祭朝御饌（次第夕御饌に同じ）　大祭
同日　月並祭奉幣　大祭
六月三十日　大祓
　次第一月大祓に同じ
七月四日　風日祈祭遥拝
　次第孝明天皇遥拝に同じ
九月　春季皇霊祭遥拝
十月十四日　神御衣祭遥拝
　次第孝明天皇遥拝に同じ
十月十六・十七日　神嘗祭朝夕御饌　大祭
　次第六月月並祭御饌に同じ
十月十七日　神嘗祭奉幣　大祭

次第六月月並祭奉幣に同じ

十月三十一日　大祓

次第一月大祓に同じ

十一月三十一日　天長節御饌　中祭

次第歳旦祭御饌に同じ

十一月二十三日　新嘗祭御饌　大祭

次第祈年祭御饌に同じ

十一月二十三日　新嘗祭奉幣　大祭

次第二月祈年祭奉幣に同じ

十二月十六日・十七日　月並祭朝夕御饌　大祭

次第六月月並祭御饌に同じ

十一月三十日　大祓

次第一月大祓に同じ

十二月十七日　月並祭奉幣　大祭

次第六月月並祭奉幣に同じ

十二月三十一日　大祓

次第一月大祓に同じ

自四月至九月朝午前八時夕午後五時
自十月至三月朝午前九時夕午後四時
日別朝夕御饌

二、祭器品目の部

次に各祭御饌の図、幣帛品目、大祭祓所の図、歳旦御饌御贄調理式場の図、遥拝式場の図、歳旦御饌祭場版の図（諸祭之に準ず）祈年祭奉幣の図を示している。

三、祝詞の部

祝詞の部では、各祭の祝詞を掲げ、祭場進退作法、開扉閉扉、起拝法、坐揖立揖、拝式及把笏の法を併記している。

これらが『神宮奉斎会祭式』に記されているおおよその概要である。

## みそぎ行事と大神宮

昭和十五年二月十一日の紀元節（現在の建国記念の日）にあわせて神宮奉斎会の今泉定助会長は、皇運扶翼運動を提唱され、昭

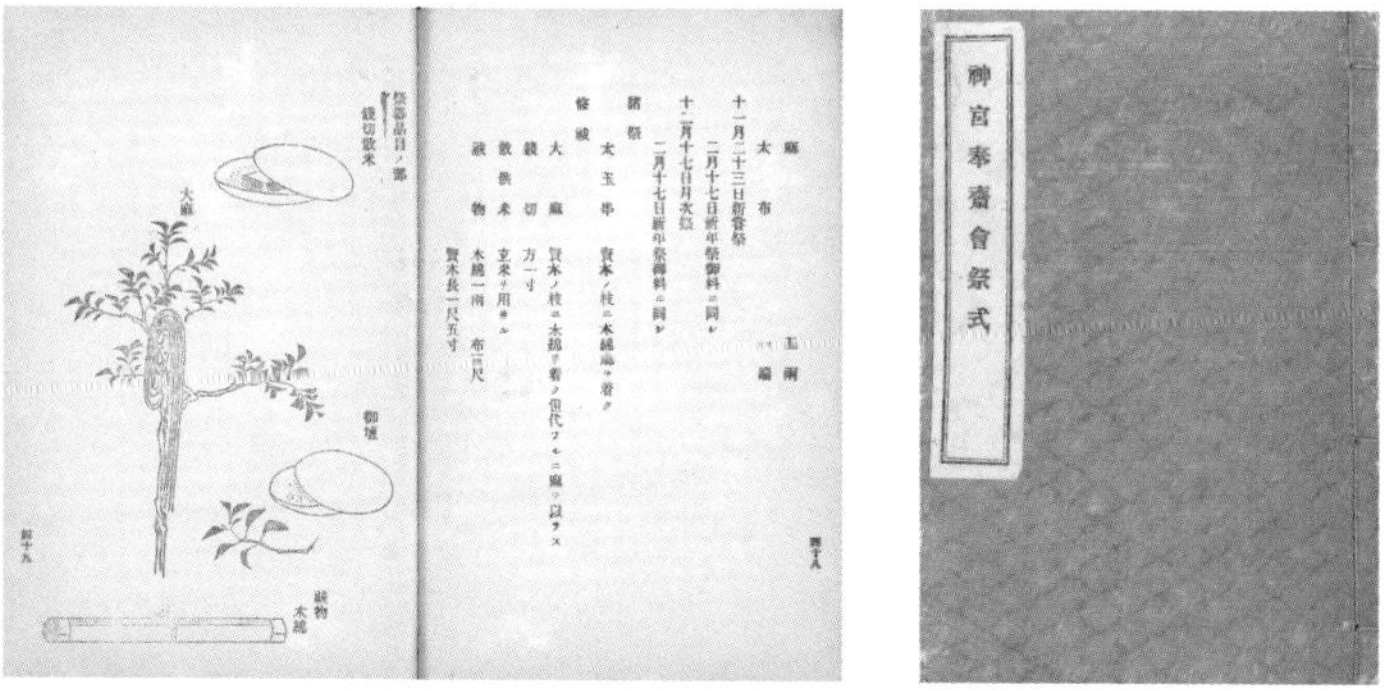


『神宮奉斎会祭式』の冊子とその内容の一部

和十二年頃より今泉会長が講じる早朝講義に参加聴講していた八角三郎海軍中将・衆議院議員、簡牛凡夫衆議院議員らが熱心に唱導協力して、禊祓を中心とした精神修養のための訓練、いわゆる禊錬成の講習会を奉斎会の事業として実施することとなった。

巷では「みそぎ式訓練」と称されていた禊錬成の事業は、前出の八角、簡牛両氏が大政翼賛会中央訓練所の所長、錬成部長となった折の昭和十六年四月二十三日に大政翼賛会中央研修所が、教育界、思想界、修養団、陸海軍など各界からの意見を聴取した上で、五月に奉斎会の手を離れて中央研修所の事業として踏襲されることとなり、その後、五月二十四日、六月六日に第一回、第二回の錬成主任養成講習会を各十四日間の日程で開催した。

この講習会の開催にあたっては、神宮奉斎会から適任者を派遣するよう、大政翼賛会中央研修所より要請があり、藤岡好春神宮奉斎会専務理事が各地方本部に通達して募集参加を依頼、一道三府四十二県から神職六十名の参加を得て第一回を神奈川県鵠沼海岸の鵠沼道場および東京近郊の東伏見道場で開催した。この事業は翼賛会中央研修所の事業ではあったが、禊錬成行事に藤岡好春専務理事が禊の指導者である道彦を委嘱され、大祓詞の奏上などの神拝行事および禊行事を中心とした講習が二十八日まで実施され、その後東伏見道場へと移動して、各学会の権威よりの錬成講義が行われたのである。第二回は一道三府四十三県から同じく神職七十五名の参加を得て、奥秩父の三峯神社を会場に行弘紀氏を道彦として禊錬成の講習および各種の講義が行われた。

その後、八月二日から六日まで第一回の特別修練会が箱根足柄にて開催され、錬成講習会とはうって変わり官界、財界、文化人などの要望により六十二名の各界の著名人が参加した。当時の参加者は、田子一民衆議院副議長、塩野季彦元法務大臣、小畑忠良企画院次長、吉田秀人日清生命社長、辛島浅彦東洋レーヨン会長、作家の横光利一、同じく作家で俳人の滝井孝作、藤野恵文部省教学局長官、皆川治広東京市教育局長、小磯国昭陸軍大将・元拓務大臣、山本英輔海軍大将、松下薫海軍中将、牛島貞雄陸軍中将、中島今朝吾陸軍中将らであった。この修練会では、朝は午前四時半に起床し、午後九時就寝、大将であろうと大臣であろうと社長であろうと、炊事炊飯、トイレ掃除は自らが行うことは必須で、禁酒禁煙、新聞も遠ざけて、早朝より山の冷たい湧水の中での禊修練と日中は各界からの講義の聴講に打ち込むというものであった。この修練会には奉斎会から今泉会長が講師として出向していた。

昭和十七年九月九日には、翼賛会の石黒英彦錬成係長より神宮奉斎会今泉会長に対して禊行事の指導のため、南方パラオ島に講師派遣方の依頼があり、藤岡好春専務理事がパラオに出張、禊錬成会の任を果たし、十一月に帰還している。

また、前述の中央研修会の行事とは、全く関係ない形でかつそれ以前から神宮奉斎会では、毎年神宮奉斎会所属の神宮崇敬奉賛の団体である東京府下の敬忠組や、各地方本部の奉斎会賛成員で構成される参宮団とともに毎年十二月初旬に、伊勢神宮の参宮旅行を催行していたが、参宮とともに、修祓、禊は祭祀の根本をなすものと考え、禊祓の実習も毎年、伊勢二見ヶ浦で実施し、多くの参加者を得て好評を博していた。神宮では古来「浜参宮」とも称し、参宮者は二見ヶ浦にて禊を行い、心身を清浄

大正14年のみそぎ行事の様子(三重県二見ヶ浦)

にしてから神域たる伊勢へと入り神宮参詣を行うのが好例と考えられており、掲載した写真は、大正十四年以降毎年二月に二見ヶ浦で行われていた禊行事の様子である。第二次世界大戦の戦況がさらに悪化してゆくこととなる昭和十六年十二月初旬にも、神宮奉斎会では伊勢二見ヶ浦にて護国安泰を祈る禊を行い、その熱誠を神々に奉告すべく、併せて全国の各府県の神社でも一斉に護国安泰を祈願していたことが知られている。

なお、この禊行事と直接関係するものではないが、大神宮では、現在もこの伊勢の浜参宮の禊の慣わしに因んで、夏越・年越の大祓行事の折には、人形祓を申し込んだ崇敬者に対して、お守りとともに二見ヶ浦の「無垢鹽草」を授与している。

# 第三編　大神宮あれこれ
## ──大神宮の不思議を探る──

### 大神宮に祀られる神々

本書では、東京大神宮に祀られているご祭神、神々の由緒についても当然、紹介しておかねばならないだろう。本書にて何度も述べてきた通り、伊勢神宮との深いつながりのもとに大神宮の創建がある。それゆえ「東京のお伊勢さま」とも称されており、年間参拝者数が近年一千万人を超えることもある伊勢神宮には到底及ぶものではないが、現在、東京大神宮では、第六十二回神宮式年遷宮の斎行された翌年にあたる平成二十六年頃より年間百万人を超える参拝者数があり、平日の日中であっても社頭は、多くの若い女性を中心に賑わう状況にある。

大神宮には、主たる御祭神として伊勢神宮（正式名称は神宮）に祀られる神々が祀られている。これらの御祭神は前身である財団法人神宮奉斎会本院にて奉斎していた神々である。

東京大神宮には、神宮（伊勢神宮）の皇大神宮（内宮）と豊受大神宮（外宮）の御正宮に御祭神として祀られている、天照皇大神（あまてらすすめおおかみ＝天照大神・天照大御神、天照坐皇大御神などとも表記）と、豊受大神（とようけのおおかみ＝豊受大御神などとも表記）を本殿の主祭神としてお祀りしている。天照皇大神は、創建当初より主祭神として奉祀されており、その表記は、創建時には天照大御神と表記、その後、神宮教創設時に教規にて天照坐皇大神と記しており、戦後、神宮奉斎会を解散して東京大神宮を創建する際に現在の天照皇大神の表記としている。

豊受大神については、大神宮はそもそも神宮司庁（伊勢神宮）の創建であることから、神宮教管長藤岡好古の主唱にて、通常会の賛同を得て明治三十一（一八九八）年四月十九日に内務大臣宛に願い出て、五月二日に内務省指令甲第二三号にて内務大臣の認可に基づき、神宮教教規を修正して主祭神として大神宮に祀られることとなった。天照皇大神が祀られるようになった経緯については、本書第一編にて述べた通りであり、伊勢の神宮が東京における出張所（神宮司庁東京出張所）を設けた際に天照大御神の御分霊を拝する神殿、社殿の必要性から設けたものが、東京皇大神宮遥拝殿であり、遥拝殿の設置については、伊勢の神宮が請願して教部省から設立承認されているが、その際、公式な手続きを以て当時の職制上、政府（太政官）の最高意思決定機関である正院の許可を得て奉祀したものである。正院は、左院、右院の上に立ち、太政大臣、納言、参議、枢密正権大少史、正権大少史等で構成され、明治天皇の親臨を得て審議される機関であり、つまり天皇のご親裁を得て神殿を創設、天照皇大神を奉祀したものでもあるといえよう。そうした経緯からみても天照皇大神、豊受大神ともに、まさに国家からの公式な手続きを経て祀られている神々でもあり、国の公式なお墨付きを得て当大神宮に祭神としてお祀りすることになったと考えることができる。

また、天照皇大神、豊受大神以外にも別宮・摂社・末社・所管社あわせて百二十五社ある伊勢神宮の別宮の一社、倭姫宮に祀られる倭比賣命《やまとひめのみこと》、天地万物の生成を司る「造化三神」としても知られる天之御中主神《あめのみなかぬしのかみ》、高御産巣日神《たかみむすびのかみ》、神産巣日神《かみむすびのかみ》を相殿に座す神々としてお祀りしている。加えて境内の末社である飯富稲荷神社には、京都の伏見稲荷大社に祀られていることでも知られる稲荷大神《いなりのおおかみ》と大地主大神《おおとこぬしのおおかみ》を祀っている。

## 天照皇大神と豊受大神

まず、天照皇大神について述べておきたい。天照皇大神は、いうまでもなく伊勢の神宮の内宮（皇大神宮）のご正宮に祀られている御祭神である。我が国の国史である『日本書紀』に記されている三大神勅の一つ「宝鏡奉斎の神勅」にあるように、伊勢の神宮には天照大神の御霊代として八咫鏡が祀られている。日本国民の総氏神とも称される神様で、皇室の御祖先神として、天皇皇后両陛下をはじめ、各宮家、皇族からも深く崇敬されていることでも知られている神である。

また、豊受大神は、同じく伊勢神宮の外宮（豊受大神宮）のご正宮に祀られる御祭神である。天照皇大神の日々のお食事を司る御饌津神《みけつかみ》であり、農業をはじめとする諸産業、衣食住の守護神として知られている。

## 倭比賣命

次いで倭比賣命は、第十一代垂仁天皇の皇女である。今から約二千年前、第十代崇神天皇の皇女である豊鍬入姫命に代わり、天照皇大神を祀るにふさわしい地を探し求めて、大和国（現在の奈良）の笠縫邑から伊賀、近江、美濃、尾張など諸国を辿り、『日本書紀』の垂仁天皇二十五年三月丙申の条に「神風の伊勢の国は常世の浪の重浪帰する国なり。傍国の可怜国なり。この国に居らむと欲ふ」との神託に基づいて、現在の三重県伊勢市の五十鈴川の河上の地へと天照大神を遷し奉ったことでも知られるのが倭比賣命である。つまり、伊勢神宮の創祀ならびに天照大神の伊勢御鎮座に最も深く関係する神であり、それゆえに倭比賣命は、天照大神の御杖代《みつえしろ》としても知られており、その徳を讃えて、導きの神としても知られている。加えて『古事記』では、東征に向かう甥の日本武尊に伊勢神宮で草薙剣を授けた逸話でも知られている。

なお、『日本書紀』では、倭姫命と表記されており、伊勢神宮では、明治以後にその徳を讃える地元市民らの熱誠によって倭姫命を祀る神社の創建運動が活発となり、大正元年に宇治山田市長が先頭に立って帝国議会に請願を行った結果、大正十年一月四日に伊勢神宮の内宮所管の別宮の一社として創建が決定。大正十二年十一月五日に市内の倉田山に倭姫宮が創建され、伊勢神宮で十四番目の別宮となった。

## 造化三神《ぞうかさんしん》

天之御中主神、高御産巣日神（高皇産霊神）、神産巣日神（神皇産霊神）は、造化三神と呼ばれる神である。三神とも伊勢神宮に祀られる神ではないが、天照皇大神とも縁深く、高御産巣日神、神産巣日神は古代、神祇官の西院の八神殿にて祀られていた神であり、現在も皇居内の宮中三殿の一つである神殿に遷座し祀られている神々である。また、天照皇大神、天之御中主神、高御産巣日神、神産巣日神の四柱とも明治五年十月に神宮司庁東京出張所が麴町に設置される当初から、出張所内に神殿を設置して伊勢から御霊代を奉遷してこの四柱の大神を奉斎している。つまり大神宮の設立の起源となる時期から祀られている神々であり、神宮教になり大神宮祠と称されるようになってからも、表記名は天照大御神としていたが、実際にはその裏に造化三神も含まれて配祀されたとしており、以後、神宮教、神宮奉斎会時代は表には出ていなかったものの、祀られていたことは確かであり、戦後宗教法人として設立された際に、

境内入り口にある御祭神を記した大神宮の由緒板

現在のような御祭神奉祀の表記となっている。

天之御中主神は、わが国の神話を書き記した『古事記』神代巻の冒頭、天地初発の段にて最初に登場する神であり、高天原に最初に成り出でた神である。『古事記』のこの段では次いで高御産巣日神、神産巣日神が登場し、『古事記』序にも「参神造化の首と作り」とあることから、「造化三神」とも称されている。天之御中主神については、高天原の中心の主宰神とされるが、これは江戸期の国学者、本居宣長が『古事記伝』にて「天の真中に坐々して世の中の宇斯たる神と申す意の御名なるべし」と説いたことによるもので、その弟子である平田篤胤は、『古史徴』にて宇宙を主宰する神とし、高御産巣日神、神産巣日神を併せた三神の一体を説いている。高御産巣日神、神産巣日神は、生成力を神格化した神名で、人や物事を結びつけ、ご縁づける「産霊《むすひ》」の神として知られている。まさに神前結婚式を語る上では、大事な「むすひ」の力を戴く、縁結びの神でもある。

また、高御産巣日神はその子、万幡豊秋津師比売命《よろずはたとよあきつしひめのみこと》（栲幡千千姫命《たくはたちぢひめのみこと》）が天照大神の子である天忍穂耳命《あめのおしほみみのみこと》（正勝吾勝勝速日天之忍穂耳命《まさかつあかつかちはやひあめのおしほみみのみこと》・正哉吾勝勝速日天忍穂耳尊）と結ばれ、邇邇芸命《ににぎのみこと》（瓊瓊杵尊）が生まれていることもあり、天孫降臨にも関わる神である。

次に神産巣日神は、大穴牟遅神《おおなむちのかみ》（大国主大神＝出雲大社の主祭神）が因幡の八上姫を娶ることとなった折に、兄神である八十神らの企みによって殺され、大穴牟遅神の母である刺国若比売《さしくにわかひめ》が高天原にのぼり、神産巣日神に蘇生を請願して、遣わせられた蚶貝比売《きさかいひめ》と蛤貝比売《うむかいひめ》によってその命を助けられたことでも知られており、さらには常世国から来臨した少名毘古那神《すくなびこなのかみ》（大国主神とともに葦原中国の国造りを行った神）の父神としても語られるなど（なお、『日本書紀』では少名毘古那神は高皇産霊神〈＝高御産巣日神〉の子として語られている）、出雲神話とも関係深い神である。

### 飯富稲荷神社に祀られる神々

飯富稲荷神社については、「歌舞伎俳優と大神宮」の項目でも登場するため、ここでは御祭神についてのみ簡単に記しておくが、同社に祀られているのは稲荷大神と大地主大神である。稲荷大神は、

飯富稲荷神社

稲を象徴する穀物の霊神であり、宇迦之御魂神《うかのみたまのかみ》、倉稲魂神《うかのみたまのかみ》などとも書かれ、五穀を司る神としても崇敬されることから、衣食住の神、商売繁昌・家業繁栄の神として広く崇敬されている。一般的には、お稲荷さまの総本社である伏見稲荷大社に祀られている御祭神としても著名であり、全国の稲荷社に祀られている神である。また、大地主大神については、平安時代に神祇氏族の一氏、忌部氏の末裔である斎部広成によって記された『古語拾遺』に登場する神で、大地を守護し、田畑や穀物に関係する神とされる。関東では、武家屋敷や民家などの邸内社として稲荷社を祀ることが多く、幕末まで日比谷大神宮の境内地にあたる部分に邸宅があった旧笠間藩主牧野貞寧邸でも濱町の下屋敷内に胡桃下稲荷神社が鎮

座していたことが知られる。明治維新後には旧大名の上・下屋敷などにあった稲荷社や金刀比羅宮等を、邸内社として改めて東京府に申請し、設置や遷座、一般の参拝が許可された例も多くみられ、その点でもお稲荷さまは庶民に馴染み深い神である。

## 大神宮のおまつり——恒例祭祀について——

### 大神宮の恒例祭祀について

前項にて東京大神宮に祀られている御祭神、神々の由緒について紹介したが、次いで大神宮にて毎年決まった日時に斎行されている恒例の祭祀についても簡単に述べておきたい。現在の大神宮の祭祀は、神社本庁の神社祭祀規程、神社祭式同行事作法によって斎行されているが、主要な祭祀の斎行月日については次の通りである（なお、ここに掲げたものは恒例のもので臨時の祭祀等、大神宮の月々の祭祀全てではない）。

歳旦祭（一月一日）　元始祭（一月三日）　一月の第二月曜日（成人祭）

節分祭（二月三日頃）　紀元祭（二月十一日）　祈年祭（二月十七日）

天長祭（二月二十三日）

神輿の渡御

飯富稲荷神社初午祭（二月または三月の午の日）
雛まつりの祓（三月三日までの土曜日または日曜日）
例祭（四月十七日）　昭和祭（四月二十九日）
夏越の大祓（六月三十日）
七夕祈願祭（七月七日）　飯富稲荷神社夏季大祭（八月十五日）
観月祭（旧暦八月十五日）
秋季大祭（十月十七日）　献茶祭（十月二十三日頃）
明治祭（十一月三日）　新嘗祭（十一月二十三日）
年越の大祓（十二月三十一日）　除夜祭（十二月三十一日）
月首祭（毎月一日）
月次祭（毎月十七日）

財団法人神宮奉斎会の本院奉斎殿時代の祭祀は、伊勢の神宮に準じて神嘗祭、六月・十二月の月次祭を大祭とし、風日祈祭を中祭としていたが、東京大神宮設立から三ヶ月後の昭和二十一年七月十七日より、月次祭を月首祭に準じて斎行しており、東京大神宮創立後、最初の例祭は十月十六、十七日に斎行された。その後、二十二年十月一日に神社規則を改正して、創立の日である四月十七日を例祭にし、十月十七日を神宮祭（現在は秋季大祭）、奉斎会時代には大祭であった六月・十二月の月次祭を廃止、同じく斎行されていた風日祈祭を廃止して、一般神社と同様の祭祀を執行することに改正した。

祓詞の奏上

神宮教会祭典式における（明治十一年五月三日）恒例祭祀の種類と斎行日
（『東京大神宮沿革史』による）
＊神宮司庁東京出張所神殿、東京皇大神宮遥拝殿も同様に斎行
※斎行日は伊勢神宮祭日の変更の関係でのちに一部変更あり

| | | | |
|---|---|---|---|
| 皇大神宮遥拝日 | 九月十七日ヲ以テ大祭トシ | | |
| 朝廷神宮御祭日 | | | |
| 一月三日 | 元始祭 | 一月三十日 | 孝明天皇祭 |
| 二月十一日 | 紀元節 | 二月十七日 | 神宮祈年祭 |
| 四月三日 | 神武天皇祭 | 四月十四日 | 神宮神御衣祭 |
| 六月十七日 | 神宮月次祭 | 九月十四日 | 神宮神御衣祭 |
| 十一月三日 | 天長節 | 十一月二十三日 | 新嘗祭 |
| 十二月十七日 | 神宮月次祭 | | |
| ヲ以テ中祭日トシ | | | |
| 毎月十七日ヲ以テ小祭日トス | | | |

戦後、東京大神宮の設立時は、祈年祭を春祭、明治祭を文化祭、新嘗祭を秋祭と称しており、三月、九月には、祖霊舎春季・秋季大祭、春分祭、秋分祭、五月三日が憲法記念祭、五月五日が子供祭、十一月十五日を七五三祈願祭としていた。

また、神宮司庁東京出張所神殿設置時から神宮司庁東京皇大神宮遥拝殿の創立時に至るまでの祭典斎行日は表に掲げた通りである。

なお、十年ごとの周年大祭については、日比谷から飯田橋へと奉遷してから三十周年にあたる昭和三十四年の九月十七日より五日間、御鎮座八十年奉祝祭を、昭和五十五年四月十八日に御鎮座百年式年大祭を斎行しているが、十年ごとの周年大祭など、この他、神前結婚式や慰霊祭、神葬祭、地鎮祭などをはじめとする諸祭儀や、臨時に行われる祭祀については、その他の項にて触れている箇所も多いため、本項では省略する。

# 皇室と大神宮との関わり

## 紀宮さまの結婚式と大神宮

平成十七（二〇〇五）年十一月十五日、東京都千代田区の帝国ホテルにて紀宮清子内親王殿下と東京都職員の黒田慶樹氏との結婚式が神式で行われ、その祭儀の斎主を当時の神宮大宮司で、旧皇族でもある北白川道久氏が務められたことが新聞やテレビをはじめとする各種メディアで報じられた。この結婚式は、披露宴ともに天皇皇后両陛下（現上皇上皇后両陛下）、皇太子殿下や秋篠宮殿下をはじめとする皇族方が臨席したことが大きな話題となったが、実は一部の報道には記されていたものの、東京大神宮の神職が、この婚儀の進行および斎員として祭儀の奉仕を務めていたことはあまり知られていない。内親王殿下の結婚式を大神宮が奉仕したのは紀宮さまが初めてではなく、昭和二十七年十月十日に順宮厚子内親王殿下と池田隆政氏の結婚式が港区高輪の光輪閣にて神式で行われた際、その祭主を坊城俊良東京大神宮宮司以下職員が奉仕しており、祝詞奏上の後、奏楽の中に一献から三献まで盞ノ儀が執り行われたことが知られている。遡って昭和二十二年十月二十九日には、元男爵の島津斎視氏と十月十四日に皇籍を離脱したばかりの久邇朝子氏（元久邇宮朝融王の第二王女朝子女王、元神宮大宮司の久邇邦昭〈邦昭王〉氏の姉）との婚儀が東京大神宮で斎行されており、この婚儀が、大正・昭和天皇の直宮家を除く十一宮家の皇籍離脱が決定した後に最初に行われた旧皇族の神前結婚式であった。また、明治天皇の第七皇女であった北白川宮房子内親王が戦後神宮祭主を務め、大神宮を篤く崇敬され、例大祭や年頭など折に触れて参拝されていたことから、その縁にて孫の北白川道久氏（旧皇族・北白川宮道久王）と島津慶子氏（島津忠承公爵の三女）、島津忠広氏（島津忠承公爵の長男）と北白川肇子氏（旧皇族北白川宮肇子女王、房子内親王の孫）の結婚式を大神宮で挙げている。

皇室と東京大神宮との関わりは、この紀宮殿下や順宮殿下、旧皇族方の結婚式に限ったことではなく、創建以来に遡るものである。そこで本書では、戦前期を中心に皇室と大神宮の関わりについて、ほんの僅かであるが述べておきたい。

## 明治天皇の行幸

まず、明治十三（一八八〇）年四月の日比谷大神宮の創建から三年後の明治十六（一八八三）年十一月十六日の午後、大神宮を明治天皇が初めて行幸あらせられた（『明治天皇紀』第六）。この行幸は、日本赤十字社の創立者として知られる佐野常民や、文部少輔でのちに帝国博物館総長を務めた九鬼隆一らを中心に結成された龍池会（のちの日本美術協会）が主催する第四回の観古美術会が大神宮を会場に開催されていたことから、殿内に陳列された各種の絵画や工芸物、楽器等をご覧になるために行幸されたものので、皇后も皇太后とともに先立って前日の十五日に行啓あらせられている。

また、明治十三年七月八日には、明治天皇は伊勢神宮（皇大神宮・豊受大神宮）をご親拝あそばされているが、その折に伏見宮貞愛親王を宇治浦田町の神宮教院（のちの神宮教伊勢本院、神宮奉斎会伊勢大本部）へ差遣し、金十円をご下賜あそばされている（『明治天皇紀』第五）。

なお、間接的な由縁ではあるが、現在の東京大神宮の客殿にあたる旧前田侯爵邸も明治四十三年に天皇の行幸があった建物である。この点については別項にて詳しく述べることとしたい。

## 幼少期の大正天皇と大神宮

次いで大神宮への崇敬が篤く、かつゆかり深いのは、明治天皇の第三皇子であった明宮嘉仁親王、つまり、大正天皇である。のちに皇太子となる嘉仁親王は、明治十二年八月三十一日に御所で御生誕後、同年十二月七日より、日比谷大神宮と道を挟んで真向いの有楽町二丁目三番地にあった中山忠能邸（明治天皇の外祖父、明治十七年に侯爵を叙爵）にて、嘉仁親王が赤坂仮皇居内の明宮御殿へと移る十八年三月二十三日まで養育されていた。そのため、中山邸のお隣さんともいえる至近の地にあった日比谷大神宮およびその境内は、親王にとってまさに庭のような存在、幼い頃の原風景の一つであったとも考えられる。大神宮の創建日で神殿遷座祭が行われた明治十三年四月十七日は、『大正天皇実録　補訂版』第一に「御殿の向ひなる教導職事務局皇大神宮にて、神殿遷宮式並に鎮座祭を行ふを以て、南長屋なる中山公憲宅二階より諸人参詣の景況を御覧あらせらる」とあり、中山邸内にあった中山公憲（忠能の子）の邸宅の二階から大神宮が遷座祭で賑わう様子をご覧になられていたとされる。

また、中山忠能が皇子御養育の万般の任を明治天皇から委嘱されていたが、実際の養育にあたっては、忠能の子で明治天皇の生母、中山慶子（典侍・中山一位局のこと）が明治二十二年三月六日まで嘉仁親王の養育掛を任ぜられていた。そのため、大神宮の創祀となる明治十三年四月十七日から僅か一週間後の四月二十五日には、「午前九時御出門、教導職事務局皇大神宮に遊歩あらせらる。中山忠能・正親町実徳・中山慶子・柳原愛子等十数人扈従す。私に初穂料を供し、忠能・慶子扶け奉りて神殿階下より簀子に進み給ひ御拝の後、帰還あらせらる」（『大正天皇実録　補訂版』第一）とあり、明治十六年三月十七日にも「午前八時御出門、日比谷皇大神宮に成らせらる。客殿にて御少憩の後、鳥居内に到り給ふ。祠官、浄水並びに祓除の後、玉串を奉りて神殿に御誘導す。宮、御拝あり、八時二十分帰還あらせらる」（『大正天皇実録　補訂版』第一）とあるように、いずれも大神宮に明宮殿下が御拝あそばれたことが明確に記されている。

嘉仁親王は、満五歳となった明治十七（一八八四）年十月三日にも午前八時に中山侯爵邸から大神宮へ自ら徒歩で行啓、御拝あそばされている（『読売新聞』明治十七年十月四日朝刊）。また、明治十六年八月十六日の『読売新聞』朝刊の報道によれば、嘉仁親王は、かねてから日比谷大神宮に日々御代拝を差遣していたが、八月十五日には、同月三十一日の御誕辰（誕生日）に先んじて大神宮にて御千年拝と呼ばれる特別の祭儀を斎行している。嘉仁親王は、明治十九年は五回、中山忠能侯爵邸へ御立寄になられているが、十月二十七日には大神宮にも御立寄になられており、明治二十年一月二十九日にも靖國神社や遊就館、偕行社に行啓あそばされた後に中山侯爵邸、大神宮に御立寄になられている（『大正天皇実録　補訂版』第一）。とくに明治二十年は、一月二十九日以外にも二月二十八日、三月二十八日、七月五日、十八日、九月六日の六回、中山侯爵邸に御立寄られているが、「御立寄に当り日比谷大神宮に御参拝の事も亦尠からず」（『大正天皇実録　補訂版』第一）とあり、中山侯爵邸に御立寄になられた際には、おおよそ大神宮にも御拝あそばれている。こうした事実からみても幼少期の大正天皇にとって大神宮が格別の御存在であったことを窺い知ることができよう。

## 宮家と大神宮の関わり

次に宮家と大神宮との関わりについて述べると、まず、神宮司庁東京皇大神宮遥拝殿の創建、つまり明治十三年四月十七日に大神宮が鎮座して以降、伏見宮貞愛親王殿下、東伏見宮依仁親王妃殿下がしばしば大神宮を参拝あらせられている。

ついで大神宮にゆかり深い皇族として挙げられる人物に久邇宮朝彦親王がいる。朝彦親王は、いうまでもなく明治維新以降、皇族として初めて伊勢の神宮の神宮祭主に就任したことでも知られているが、朝彦親王は日比谷大神宮が明治十五（一八八二）年一月に神官教導職分離に併せて神宮（神宮司庁）と神宮教院とが分離された折、翌十六年三月に自身の次男（第二王子）で当時、京都に在住していた賀陽宮邦憲王を神宮教の総裁に推戴している。二十八年には、その邦憲王も神宮祭主に就任している。

神宮と分離独立して設立された神宮教では、先に述べた神官教導職の分離の指令に基づき、一般の官国幣社の神官（明治十七年からは一般の神社の神職も教導職と分離）が葬儀に関与することができなかったことから、神宮教へと衣替えし葬儀に関与することが可能であった大神宮が皇族の葬儀も多く担当していた。

神宮教管長・大教正であった田中頼庸は、明治十四年十月に薨去した桂宮淑子内親王と十六年に薨去した滋宮韶子内親王（明治天皇の皇女）の葬儀を斎主として奉仕しており、また、旧薩摩藩主で維新の功労者の一人であった島津久光公の鹿児島で行われた国葬（神葬）にも奉仕していた。先に述べた久邇宮朝彦親王の葬儀も神宮教から篠田時化雄大教正が祓主として奉仕している。この久邇宮朝彦親王の葬儀が、以後の宮家の葬儀の先例の一つとされたようであり、明治三十一年二月十七日に薨去した山階宮晃親王葬儀の際も政府は、当時神宮教管長であった藤岡好古大教正を斎主、篠田時化雄大教正を副斎主として奉仕することに決定するに至っている。しかしながら、この葬儀の奉仕をめぐっては、神宮奉斎会の設立前でもあり、皇室の宗旨性の有無や神宮教の宗教性の問題をめぐって種々意見が錯綜し、神宮教側が奉仕の取り消しを申立てていたほか（富田幸次郎編『田中青山伯』）、生前に仏式の葬儀を希望して親王の葬儀について政府側と宮家との間で一悶着があり、斎行直前になって宮内省が方針を転換し、葬儀は宮家の真木別当と主殿寮の飯田京都出張所長にて斎主・斎員を務めることとなり、最終的には宮家の意向にて神宮教京都本部が出向して地鎮祭及び清祓への斎主・斎員の奉仕を行うことに変更された。

なお、朝彦親王の子、邦彦王（昭和天皇の后である香淳皇后の父）も神宮祭主を務めており、その子で朝彦親王の孫にあたる朝融王の五十年祭は、東京大神宮の神職が斎員として奉仕している。加えて朝融王の長男の久邇邦昭氏（皇籍離脱前は邦昭王、上皇陛下の従兄弟）も伊勢神宮と縁深く、平成二年から十三年まで旧皇族として初めて神宮大宮司を務めていることから、朝彦親王以来の伊勢神宮、大神宮との縁を引き継いできたといえよう。

その後、明治四十一（一九〇八）年の華頂宮の大妃郁子殿下の神式の葬儀については、神宮奉斎会の藤岡好古会長以下神宮奉斎会において斎員を務めている。また、四十三年四月には、北白川宮家が現在の旧李王家邸のあった赤坂の地から、品川駅のほど近くにあたる南高輪（現在のグランドプリンスホテル新高輪のある地）へと移転したが、その際には、同年十一月一日に宮家本邸の新築工事の上棟祭を日比谷大神宮（神宮奉斎会）が奉仕して斎行され、渡邉千秋宮内大臣ら宮内省高等官らが参列したことが『読売新聞』に報じられている。また、神宮奉斎会の初代会長であった藤岡好古は、伏見宮貞愛親王殿下の御寵遇を受けていたことでも知られており（『読売新聞』大正五年五月四日朝刊）、月に三回ほど宮邸に伺候しては囲碁の相手をしていた。また、親王殿下に対しても言行には遠慮がなかったため、むしろそうした点が殿下に気に入られて殿下の方からも藤岡の自邸へと赴いて囲碁を終日行う間柄であったとされる（『朝日新聞』大正六年六月十八日朝刊）。

## 大神宮の社殿の建設にあたって

その他、大神宮の建設に際しても天皇、皇族との関わりを抜きにしては語れない。教部省が明治十年に廃された後、神宮司庁東京出張所の地に神殿を合併して設けられることになった神道事務局の総裁（神道総裁）には、有栖川宮幟仁親王が就任しているが、神宮司庁東京皇大神宮遥拝殿が建てられることになった折の明治十年七月十二日には、神殿建設費として神宮祭主であった久邇宮朝彦親王から金三百円の寄附があり、その後、明治天皇からも思召があり、宮内省から同じく建設費として金千円が下賜されている。また、翌年六月十二日には有栖川宮の外、東京在住の伏見宮、閑院宮、山階宮、華頂宮、北白川宮、小松宮の各宮家からも金百円、梨本宮や桂宮など京都在住の宮家からも金三十円が寄附されており、先に述べた久邇宮朝彦親王を加えると、当時設立されていたすべての宮家から社殿建設のための寄附を受けていたことになる。こうした皇室からの直接の思召は、各地の神明社とは異なる点でもあり、神宮教や神宮奉斎会の地方本部を戦後改組して設立された各地の大神宮も含めてこの思召を受けたものと考えると、非常に大きな意義があるものと考える。

このように大神宮の創建にあたる東京皇大神宮遥拝殿の建設に天皇以下各宮家皇族から下賜がなされているという点や、その後、神宮教を解散して設立した神宮奉斎会の総裁に皇族を推戴することを法人規則に規定していたことをみても、大神宮の創建に関しての特殊性、皇室との関係性を窺うことができよう。

## 財団法人神宮奉斎会設立と明治天皇

このことをさらに詳しく伝えるエピソードの一つとして、明治三十二（一八九九）年九月四日の神宮奉斎会の設立が認可された折には、十月一日に本院である日比谷大神宮において財団法人設立の祝賀会が開催され、明治天皇の生母の中山慶子（当時二位局）をはじめ、田中光顕宮内大臣、川口武定宮内次官、岩倉具綱掌典長、佐佐木高行侯爵、花房義質男爵、安廣伴一郎内閣書記官長、中川友次郎内務省参事官ら百数十名が参会したことがあげられる。とくにこの神宮奉斎会の設立を喜んでいた田中宮内大臣は、認可決定の九月四日直後に明治天皇に認可が下りたことを奏上すると、明治天皇におかせられては、神宮奉斎会の設立を龍顔殊の外麗しく終始聞し召されて、いと満足に思召されたりと御沙汰され、大変ご満足であらせられていたことを皆に伝え、一同は感激を深くしたと伝えられている（『祖国』第一号）。そのことは単に田中が祝賀会という場でリップサービス的に述べたというのではなく、九月二十二日には、藤岡好古神宮奉斎会会長に対して皇居への参内が許され、宮中の朝拝、参賀、賢所の参拝の恩典が付与され、併せて神宮奉斎会の各理事に対しても同じく宮中への参内が許され、賢所参拝の恩典が付与されたという事実からも明らかである（『東京大神宮沿革史』、『東京大神宮百年の歩み』）。

## 神宮奉斎会の名称と田中光顕宮内大臣

また、神宮奉斎会の名称についても神宮教からの組織替えにあたって当初、種々の意見が出されて議論となり、伊勢の神宮の教化宣布、顕揚を目的とするのであるから、神宮崇敬会とするのが妥当、神宮教院以来の歴史伝統を重んじる立場からは、通称として使用している神宮教院が妥当だとする意見も強かったが、最終的には、田中光顕宮内大臣の意見によって財団法人神宮奉斎会と命名することに決定した（篠田時化雄「神宮奉斎会と田中伯」富田幸次郎編『田中青山伯』、『東京大神宮沿革史』）。

田中光顕宮内大臣

神宮奉斎会の名付け親となった田中宮内大臣が大神宮および神宮教を大切にしていたエピソードの一つとしては、神宮教時代の明治三十一年十月中旬に篠田時化雄が田中大臣に会見を申し入れた際に篠田が田中大臣に、

> 大神宮宗といふが如き宗旨が我国に成立したといふ事あつては実に皇室に対し奉つりに恐懼の至りであるのみならず、我国体とも相容れられざるものである。（一部略）神宮教といふ宗旨の成立は皇室党とも言ふ政党の起つたるが如きものである。明治の昭代に一大禍根を残すものであつて、我等尊王精神を以て世道人心を維持しつゝあるもの、暫時も安ずる能はざる所のものである。故に一日片時も早く神宮教を解散して宗教以上に独立して国家の道義を説き、神明に奉仕するの祭祀を行ひ、衆庶のために国礼国式を執行する大団体と革めんことを希望する

という意見を述べたが（『田中青山伯』）、これを聞いた田中大臣は感銘を受け、以後、神宮教が宗教以外のものとならしむることに多々尽力を致した人物でもある。当時、一民間宗教の扱いとなっていた神宮教が「国家の宗祀」たる伊勢の神宮の神札である神宮大麻を全国頒布することに対して、一般や国会議員らからのバッシングも強かったなかにあって田中宮内大臣は、設立後の神宮奉斎会を非難、攻撃する者があれば、深夜といえども呼び出して神宮奉斎会設立の趣旨を説いて非難を解くべき手筈を講じるなど、設立時の神宮奉斎会の船出にとっても非常に大事な人物であった（『田中青山伯』）。そ

れゆえ、明治三十一年二月から四十二年六月までの十一年間の長きにわたって宮内大臣を務めた田中光顕伯爵が「神宮奉斎会」の名付け親というのも、大神宮と皇室とのつながりを作った存在の一人であったともいえよう。田中伯爵は、明治天皇の親任篤く、皇典講究所の第二代所長として神社界との関わりが深かった佐佐木高行侯爵（当時伯爵）と同じ土佐閥でもあり、大神宮史の周縁部分を検討する上で今後、そうした人的繋がりも検討してゆく必要もあろう。

最後に、宮家と大神宮の間で戦前期に恒例となっていた事項の一つに、現在も伊勢の神宮から全国に頒布されている神札である神宮大麻と神宮暦がある。かつて、神宮大麻を神宮奉斎会が主体となって全国頒布していた時代、各宮家に神宮奉斎会本院から神宮大麻と神宮暦を毎年の恒例行事として頒布していたことも掲げておきたい。

# 弥生神社と大神宮との関係

## 北の丸公園にある警察・消防殉難者の慰霊堂

皇居の外苑、千代田区北の丸公園にある日本武道館の傍、旧江戸城田安門枡形の上に森に囲まれた神明造の本殿と拝殿らしき建物がある。入口には狛犬、社殿前には石灯籠があり、一見して神社の社殿と見間違うほどである一方、鳥居などはなく、本殿には神社にある千木や鰹木がない。この社殿が

「弥生慰霊堂」と呼ばれる慰霊施設である。かつては「弥生神社」、戦後は「弥生廟」とも称された施設であるが、明治四（一八七一）年以降の警視庁・東京消防庁、皇宮警察本部、関東管区警察局、東京都警察通信部、警防団の殉職者約二千五百余柱を祀り、現在は毎年、十月十三日前後に慰霊祭が斎行されている。

この弥生慰霊堂の、「弥生」とは、上野不忍池の北西、本郷区向ヶ丘弥生町（現在の文京区弥生町にあたる）にあった警視庁の射的演習場に因むもので、射的場の横にはのちに弥生舎と呼ばれる皇族らの迎賓施設とともに弥生神社が建立された。この建立に際しては、そもそも明治十年の西南戦争の折に警視局の巡査がこの射的場にて演習を行い、西南戦争に派遣されて屈強の活躍をなしたものの多くの警視隊が命を落としたが、その後、十四年頃から警察・消防の殉職者らの招魂社の建設の議が発起されて、十八年にこの射的場に隣接する形で建立されたのが弥生神社である。弥生神社はその後、数度の移転を余儀なくされているが、明治二十年十一月に芝公園に遷座した後、明治二十三年四月に警視庁鍛冶橋庁舎構内に遷座し、その後、明治四十四（一九一一）年三月に警視庁日比谷赤煉瓦庁舎が竣工し、同庁が鍛冶橋から移転したことに伴って、同年四月に青山墓地内の警視庁墓地内に遷座した。

## 遷座祭および合祀祭・慰霊祭奉仕をめぐって

先に述べたように、弥生神社は度重なる移転を経ているが、青山墓地への移転時の遷座祭を奉仕していたのが、明治三十二（一八九九）年に神宮教から財団法人となった神宮奉斎会、つまり日比谷大神宮である。弥生神社は、青山墓地内からさらに昭和六（一九三一）年十月に、麹町区（現千代田区）隼町へと遷座し、第二次世界大戦の終戦後、昭和二十年十二月十五日に、連合国軍最高司令官総司令部（GHQ／SCAP）によって国家と神社神道との分離を命じた神道指令の発出に基づき、警視庁による管理が困難となり、警視総監経験者らによる有志にて奉賛会を結成して維持することとなり、昭和二十二年に現在地の北の丸公園内に遷座、名称も弥生神社から弥生廟と改称、昭和五十八年に名称を弥生慰霊堂と再改称し、神式の慰霊祭から無宗教式の慰霊祭となった。

弥生慰霊堂（皇居北の丸公園内）

この弥生神社においては、弥生祭と呼ばれる警察・消防の殉職者合祀祭が毎年斎行されていたが、その弥生祭の祭典奉仕を行っていたのが、日比谷大神宮、飯田橋大神宮である。昭和十四年十月十四日の『朝日新聞』夕刊では、前日に斎行された弥生祭の模様が詳しく記されており、午前十時に警視総監、警視庁の各部課長、府内の警察署長、消防署長らの参列のもと、飯田橋大神宮からは、神宮奉斎会の藤岡好春専務理事が斎主となって祭典が斎行された。祭典では神式による次第に基づいて進行され、祭の主宰者である祭主の池田清警視総監（元内務省神社局長、戦後は靖國神社崇敬者総代）が祭文を奏上、斎主をはじめ遺族総代らの玉串奉奠があり、遺族・来賓に対して総監からの挨拶がなされて、午前十一時頃に祭儀を終えていた模様である。

現在、昭和五年三月二十四日に天皇陛下が帝都復興の状況巡視の折に駐輦あそばされた地を記念して建立された昭和天皇野立所の碑とともに、北の丸公園の森の中にひっそりと佇む弥生慰霊堂ではあるが、かつては、警視庁所管の弥生神社として戦前期から長きにわたって神道式の遷座祭や合祀祭を担当、祭典を奉仕していたのが、大神宮（財団法人神宮奉斎会）であったという点は、わが国における行政と宗教とのあり方、いわゆる政教分離問題を考える上でも忘れてはならない事実である。

なお、弥生神社とは、全く関係ないが、大神宮が鎮座に関わった社の一つとして、東京都港区の東京タワーのメインデッキ（地上百五十メートル）にあるタワー大神宮を挙げておきたい。

タワー大神宮は、東京タワーを経営する日本電波塔株式会社の事業繁栄と来塔者の安全を祈る神殿である。タワー建設から二十年を記念して、タワーの管理運営会社である日本電波塔株式会社（現在の商号は令和元年に株式会社TOKYO TOWERと変更）が、同社の取締役相談役で産経新聞社の創業者としても知られる前田久吉氏の発案によって、「お伊勢さま」をお祀りしたいとの希望があり、同社から同じ「お伊勢さま」を祀る大神宮に鎮座祭の斎行を依頼されて設立したものである。そのため、昭和五十二年七月十一日に東京大神宮の三島勝三権宮司以下、五名の大神宮職員奉仕のもと鎮座祭が斎行された（『神社新報』昭和五十二年七月十八日、三面）。

神殿は、神明造りで木曽桧を使用、屋根には銅板を葺き、台座には稲田石が用いられている。令和元年七月二十三日に遷座祭を斎行し、神殿の建て替えを行った。また、玉垣内には、由緒板も掲示されている。場所柄東京二十三区内で一番高い位置に鎮座している神殿である。株式会社TOKYO TOWER（旧・日本電波塔株式会社）では、この神殿奉斎の趣旨を大切にして、会社の創立記念日である五月八日に合わせて毎年タワー大神宮の例祭を斎行している。鎮座祭以降、しばらく交流が途絶えていたが、本書の発行をきっかけに双方の交流が再開されたと聞いている。

## 戦地への慰問と慰霊祭

### 日清・日露戦争と神宮奉斎会

岡田米夫や松山能夫らによって編まれた『東京大神宮沿革史』には、半頁余であるが明治期の対外戦争である日露戦争と神宮奉斎会の動きについて触れられた箇所がある。この沿革史自体に戦争のことが記されている箇所は少ないが、日清・日露戦争、そしてその後の第一次世界大戦、第二次世界大戦など、わが国が近代以降経験してきた戦争に対して神宮教や神宮奉斎会がどのように関わっていたのかという点について記しておくことは、先の大戦を体験していない戦後世代、令和を生きる次世代の若者たちに対しての責務でもあり、大神宮の大事な歴史の一端でもあると考える。

また、大神宮は、明治十五年に神宮司庁と神宮教院の分離に伴って神宮教として立教して以降、主たる事業として例大祭などの神社祭祀の他、神宮大麻の頒布機関としての機能、伊勢の神宮への奉賽、教化活動の他に、祖霊祭や神葬祭など諸祭儀を通じて教旨の宣布を行ってきた経緯がある。神宮教や神宮奉斎会本院が関わった葬祭や慰霊祭など諸祭儀のなかには、平和を希求し、わが国のために尽くされて亡くなった人々に感謝と慰霊の念を捧げてきた儀式も見られる。そこで、わずかではあるが、戦地への慰問や慰霊祭、従軍した新聞記者の神葬祭、東京大空襲当時の状況などをもとに、戦争と大神宮との関わりについて記しておきたい。

## 戦地への慰問

明治二十七（一八九四）年八月十六日、ちょうど日清戦争の開戦にあたる時期に神宮教では戦地に赴き、炎暑のなか艱難辛苦に耐えて奮起する軍隊の労苦を慰問するため、大教正の藤井稜威と権大教正の甲斐一彦ら教師・総代らを慰問使として派遣、朝鮮へと渡り龍山の陸軍混成旅団の兵営を訪れている。藤井、甲斐両氏は慰問にあたって、烏帽子直衣を着用、襟には伊勢神宮の神符を掛けて威儀を整えて旅団内に入り、旅団長である大島義昌陸軍少将に来訪の意義を説いて神宮神符八、八〇〇体に慰問状を添えて贈呈し、翌日に謝状を送られたことが知られている。また、日清戦争が終結した後は、明治二十八年十二月に同月五日から七日まで神宮奉斎会本院にて近衛師団凱旋の奉賽の臨時祭を斎行している。その折には朝日新聞に告知広告を出しているが、神宮教院名であり、この時期も「神宮教院」の名が神宮教の通称名として使用していたことを窺い知ることができる。なお、施政下となった各民政庁には当局の許可を得て神宮教から新たな年の神宮暦が送達されていたほか、慰問とは別に朝鮮には、内地での布教宣布活動を企図して明治二十七年七月に神宮教から小西千吉権少教正を視察のために派遣していたが、十月十七日に元山で赤痢に罹患し、惜しくも現地で逝去している。

こうした戦地への慰問は、神社のみならず、仏教各宗派でも多く日清戦争に次ぐ明治期の対外戦争であった日露戦争でも行われており、明治三十七（一九〇四）年二月には、神宮奉斎会では、副総裁である二条基弘公爵の名を以て神宮奉斎会本院、地方本部三十二ヶ所にて開戦後、毎日、戦捷祈願祭の斎行を命じ、捷報を得るたびに報賽式を斎行していた。また、伊勢の神宮にて大々神楽を奉奏して国運の隆昌と戦争終結、平和克服を祈るとともに、軍資の献納、恤兵の義捐、出征家族の慰問とともに戦時中の心得を説く講演会を各地で開催した。海陸の戦員の慰問については、各地方本部長を奉斎会の代表として派遣、各鎮守府・要港、衛戍を訪問して、神符十五万体を贈与し、清水廣景宮城本部長、当山亮道福島本部長、石川芳洲広島本部幹事が従軍禮典使（布教使とは異なる）として当局の許可を得て、各軍陣内の神事・祭事、儀礼を所属軍隊の求めに応じて奉仕している。

また、台湾では、明治三十年三月十四日に神宮教の松浦綱治布教使が殉難の憲兵隊の慰霊祭を行い乃木希典提督ら百名余が参列している。

## 日露戦争の戦死者慰霊祭

明治三十七年六月十二日には、全国神職会や皇典講究所、東京府神職管理所とともに四団体合同で靖國神社での戦勝祈願祭を斎行、次いで八月十日の旅順沖の黄海海戦では、海軍がロシア太平洋艦隊の艦船を激しく損傷させて勝利を収めた報により、十七日に大神宮で戦捷奉拝式を斎行している。その後、八月十四日の蔚山沖の海戦を経て九月二十三日には、神宮奉斎会の主催にて日比谷大神宮にて秋季皇霊祭に合わせて日露戦争の開戦以来、陸海軍の将校戦死者五十余名の御霊の慰霊祭を斎行している(『朝日新聞』明治三十七年九月二十五日朝刊、五面)。この折、新聞報道にて現在、靖國神社に祀られる祭神を総じて示す表現である「英霊」という表記ではなく「英魂」と表記している点は、「英霊」の通用化を考える上で興味深い点である。

慰霊祭では、軍艦吉野の艦長であった佐伯閭海軍大佐、第三回旅順港閉塞作戦総指揮官を務め、南山攻撃援護作戦で戦死した林三子雄海軍大佐、広瀬武夫海軍中佐、大庭景一陸軍中佐らの遺族をはじめ、二百余名の参拝があったことが伝えられているが(『朝日新聞』同年九月二十五日朝刊)、十月二十六日には、在京、上京中の海軍将校ら数十名が日比谷大神宮へと参集して、広瀬中佐、松井健吉海軍中佐、江副武靖海軍少佐らの慰霊祭を斎行している。加えて十一月二十三日には日比谷公園で解隊した第一師団第一聯隊の凱旋兵らを日本橋区の住民有志らが多数、日比谷大神宮に参集、神殿前に詰めかけて神前で楽隊を組んで奉奏を行い、俄かに手作りの凱旋式を行っている。

明治三十九年一月二十三日には、近衛歩兵第一、第二聯隊の軍旗祭と聯隊の一七六九名の戦病死者の忠魂祭が皇太子殿下の御代拝と、北白川宮恒久王（のち竹田宮）の来臨を得て竹橋の聯隊内にて斎行され、神宮奉斎会から当山亮道福島本部長が斎主となり祭文を奏上、築地本願寺の島地黙雷が導師となって二十余名の僧による読経、木村少将による祭文奏上が行われ、須知中佐、山縣少佐らの遺族が参列、焼香を行っている。また、日露戦争の沙河会戦から三十五年となる昭和十四年十月十二日にも九段軍人会館で本渓湖会主催による慰霊祭が斎行されているが、その折にも神宮奉斎会本院から川辺政四郎本院主事が出向して祭典を奉仕している。

なお、日露戦争が終結した明治三十八年の秋には、高木兼寛海軍軍医総監の令嬢が日比谷大神宮にて神前結婚式を斎行したこともあって、凱旋帰京早々婚礼をと海軍・陸軍の軍人による神前結婚式の申し込みが相次ぎ、日に平均二組程度の軍人の結婚式が大神宮で斎行されたと伝えられている（『読売新聞』同年十二月十九日朝刊）。

## 激化する戦況と従軍記者の葬儀

この他、日中戦争の折には、昭和十二（一九三七）年十一月十八日に盧溝橋事件以後一連の北支戦線での戦没者の慰霊祭が全国神職会、皇典講究所、神宮奉斎会、東京府神職会の四団体主催にて日比谷公会堂で斎行され、二千名が参列している。また、この時期には、新聞報道などのために各戦線に従軍してやむなく戦没した新聞社の特派員記者についても社葬が斎行されているが、昭和十四（一九三九）年四月に朝日新聞社から海南島戦線へ赴任して戦没した村田正次特派員の社葬、昭和十七（一九四二）年のマレー戦線で戦没した飯沼正明陸軍技師・航空部員（飛行士）の社葬、ビルマ戦線で壮絶な死を遂げた富樫修社会部員の社葬を神宮奉斎会にて奉仕している。村田、飯沼氏の葬儀は藤岡好春専務理事が、富樫氏の葬儀は本橋源文本院主事が斎主をそれぞれ務めたことが報じられている（『朝日新聞』昭和十四年五月十六日、十七年二月十一日、五月二十四日、各夕刊）。

激化する戦局の中、神宮奉斎会本院では、昭和十九年七月五日に今泉定助会長が斎主となって国威宣揚敵国降伏大祈願祭を斎行したが、その僅か二ヶ月後に今泉会長が帰幽する。愈々激化する大東亜（太平洋）戦争の非常下の騒擾の中、本土空襲も目前に迫る中、会の主柱たる会長を失った神宮奉斎会も危局に対する処置を余儀なくされることになった。

## 大空襲の被害を免れた神宮奉斎会本院

先の大戦中、東京でも昭和十九年十一月以降は、米軍の戦略爆撃が繰り返され、特に東京大空襲と呼ばれる二十年三月十日をはじめ、四月十三、十五日、五月二十四、二十五、二十六日の五日間については都心に大規模な被害があったことが知られている。このうち、五月二十五日夜の大空襲では都心北西部、山手中心に米軍の爆撃がなされた結果、二十四日の空襲を含めてのべ十六万戸が焼失。東京駅や日枝神社、明治神宮でも大きな被害があったが、幸いに飯田橋の神宮奉斎会本院の被害はなかった。しかしながら、当日、神宮奉斎会の役員会が開催されており、この空襲で佐佐木行忠（副総

神宮奉斎会役員会（昭和20年5月25日）の写真。前列右が藤岡会長、中央が佐佐木副総裁、その左が高山昇監事、後列右から伊達巽（参与）、三島勝三（庶務課長）、藤巻正之（理事）、川辺政四郎（会計課長）、太田真一（理事）、秋岡保治（監事）、宮川宗徳（専務理事）、宮地直一（参与）、田島賢三（大阪本部幹事）（『全神時代を語る』より）

裁）、藤岡好春（会長）両氏の自宅はともに焼失してしまった。

当日、金沢から上京して役員会に参加していた太田真一理事（のち金沢大神宮宮司）によれば、会議直後にすぐに上野発の夜行で帰途に就き無事であったが、大宮駅で米軍の敵機が来襲した際の様子を記して、この空襲から逃れた様子を回顧している（『全神時代を語る』）。上記写真は、役員会当日に撮影されたもので、前列に佐佐木副総裁、藤岡会長、高山昇、後列に宮川宗徳や秋岡保治、藤巻正之、太田真一ら理事・監事の姿が見えるが、前列の高山昇以外は、ほぼ国民服を着用しているという服装からも戦禍にあった当時の雰囲気が伝わってくる。

# 大神宮は政治の裏舞台？

## 官庁街の至近――大神宮の立地環境

日比谷大神宮の時代は、名前に日比谷が付くものの、境内地は地番からいえば有楽町である。境内から一歩外へと出れば、西は官庁街やビジネス街のある日比谷、東は有楽町、北は鍛冶橋であった。明治期の地図（写真参照）をみれば一目瞭然であるが、多少の変遷はあるものの日比谷大神宮の西側は、明治二十年までは陸軍練兵場（のち明治三十六年に日比谷公園として開園）や司法省、衆議院、貴族院などの官庁街と議事堂、南には内務大臣官舎（後に帝国ホテルや華族会館）や東京府庁に東京市役所（のちに北の鍛冶橋側へ移転）、北は明治中期まで明治天皇の外戚の中山侯爵邸、侯爵邸が移転した後は、大隈重信や河野敏鎌らが率いる立憲改進党本部、また大神宮にほど近い鍛冶橋に建設された警視庁、隣は三井財閥の賓客接待所である三井倶楽部といったように、行政・立法府に非常に近い地理的環境にあった時代であった。そのことを示すように、東京府庁が大神宮からわずか数百メートルの至近に所在していた時代、明治二十二（一八八九）年十月十六日に高崎五六東京府知事が、午後に行われた日比谷大神宮の秋の例大祭（十六・十七両日）に併せて参拝している（『読売新聞』明治二十二年十月十七日朝刊）。関東大震災による被災で大神宮の種々の社務関連の日誌等は焼失しているため、この当時の歴代府知事や市長の参詣の記録を窺い知ることはできないが、大神宮が府庁の近隣であったという立地環境を考えると非常に興味深い事実である。ちなみに戦後になってからも、鎮座八十年の奉祝祭の発起人代表者五十七名の一人に東龍太郎東京都知事が就任しており、東知事自身も大神宮で結婚式を挙げていたことでも知られる。

## 日比谷松本楼と大神宮境内にあった大松閣

少し話は変わるが、日比谷松本楼といえば、現在は、日比谷公園の中にある森の中の洋風レストランとして知られている。松本楼は、明治三十六（一九〇三）年六月一日にオープンし、数多くの政治家や文豪などに愛されてきた老舗レストランでもある。この松本楼の経営者は、新橋で割烹松本楼を経営していた小坂梅吉であるが、この小坂が、日比谷大神宮境内に大正二年一月に松本楼の新たな別館を新築、営業を開始したのが大松閣である。大松閣自体は、日比谷から飯田橋に大神宮が移転した後も昭和四年に渡辺仁設計の帝冠様式の四階建てビルを大神宮の境内地脇に建設して飯田橋で婚礼の和洋宴会営業を行っていたが、種々の経営難で閉店し、現在、跡地には朝日観光ビルが建っている。後述するように日比谷時代の大松閣は、日比谷・有楽町という場所柄もあって大神宮の婚礼の宴会場としてだけでなく政治家の集会場としても利用されていた。

## 新党結成運動にみる政治との接点としての「場」

明治後期、十年余にわたって続いた桂園時代の末期には、第一次護憲運動が起こる。前述した日比谷公園もこの護憲運動の舞台となり、日比谷松本楼を用いて演説がなされたことは著名であるが、この運動で第三次桂太郎内閣が在職五十三日で総辞職する。その後、立憲政友会と立憲同志会との間で与党が交替することとなるが、大正二（一九一三）年二月十一日に第三次桂太郎内閣が退陣する一週間前、大正政変直前の二月五日、自由党から立憲改進党、進歩党を経て大隈重信の憲政本党に参加し、立憲国民党の党首にあたる常務委員を犬養毅や大石正巳と務めていた衆議院議員の河野広中（のち農商務大臣、衆議院議長）が、日比谷大神宮の境内に同年一月に新築開業したばかりの大松閣にて新党結成のための懇親会を開催している。

この会合は、首相の桂太郎が自身を中心とした桂新党の結成を模索して、国民党の片岡直温を引き抜こうとしたことが契機となり、河野、大石、島田三郎が脱党して立憲同志会の結成に至る過程の一部であるが、その同志会結成の嚆矢ともいうべき動きの一つがまさに大神宮境内で行われた河野の新党結成のための懇親会であった。この折の河野の新党結成の動きに賛同したのは十数名であったが、その後結成された立憲同志会は、第一次山本権兵衛内閣を倒閣するに至り、第二次大隈重信内閣の発足へと至っている。筆者は近代の政治史を主とするものではないため、こうした政党の変遷に絡んだ議員の思想や動きに理解が不足している点もあろうが、こうした政治家の政変に向けた動きの「場」

になぜ日比谷大神宮の境内が選ばれたのだろうか。単に松本楼が一月に大神宮境内に婚礼集会用の割烹別店を新設開業したからという話題性だけからなのかどうか、あるいは日比谷有楽町という地勢から故なのか、こうした点を考えると政治と宗教との接点たる「場」としての日比谷大神宮の特性を考える上でも非常に興味深い事象の一つである。

## 東宮御渡航の祈願式

大正十年四月三日午後四時には、政治家・華族・大将を中心とした官民代表の朝野の名士八名（蜂須賀正韶・床次竹二郎・野田卯太郎・八代六郎・大迫尚道・平沼騏一郎・寺尾亨・頭山満）が日比谷大神宮に参集し、皇太子殿下（のちの昭和天皇）の英国御渡航平安の祈願祭がなされている。この祈願祭は四月の第一次から八月四日の第五次まで繰り返し大神宮にて斎行、神職八人で奉仕を行っていた。皇太子殿下が九月に無事帰国した後は、祈願した名士らが御礼の奉賽にと直径三尺五寸の神鏡を大神宮に奉納、拝殿正面に奉掲されることとなった。

第一次の参列者は、波多野敬直子爵・元宮内大臣、横田国臣男爵・元大審院長、寺尾亨東京帝国大学教授、野田卯太郎逓信大臣、加藤友三郎海軍大臣、有松英義枢密顧問官、井口省吾陸軍大将、山下源太郎海軍軍令部長、平沼騏一郎検事総長、江木千之貴族院議員、和田豊治富士瓦斯紡績社長、秋月左都夫、北条時敬貴族院議員、頭山満らが参列、祈願祭では、斎主の祝詞奏上の後、発起人代表で貴族院議員、神宮奉斎会副総裁の蜂須賀正韶侯爵が玉串奉奠を行い、別室で茶話会が催された。当日の

◇祈願を罩めて

昨日日比谷大神宮の祈願式にて

左より　寺尾博士、平沼總長、床次内相、井口大將、横田大審院長、和田豊治氏、蜂須賀侯、宮島大八氏、山下源太郎大將、島村大將、野田遞相、波多野子

大正10年4月4日『朝日新聞』朝刊3面　日比谷大神宮に東宮渡航平安祈願に参集した朝野の名士

大神宮境内は、名士らの自動車でぎっしりと埋め尽くされたと伝えられている（『朝日新聞』大正十年四月四日朝刊）。第二次の祈願式以降は、第一次の参加者以外に床次竹二郎内務大臣や近衛文麿公爵らが参列しており、第五次には実業家も多く参列していた。

また、大正十（一九二一）年十一月二十三日には、皇室中心主義を掲げ、思想統一の実現を目指して全国で講演活動を行おうとした忠愛会の発会報告式が日比谷大神宮で開催されている。忠愛会は、この年の十月から神宮奉斎会の会長に就任した今泉定助と五月に会長を辞して理事となっていた篠田時化雄、第五国立銀行支配人や大東鉱業社長などを務めた衆議院議員の肥田景之が発起人となって発会したものであり、のちに首相となる平沼騏一郎大審院院長をはじめとして、関屋貞三郎宮内次官（のち貴族院議員）、小橋一太内務次官（のち東京市長）、保守主義者の中核にあった上杉愼吉東京帝国大学教授、杉浦重剛（東宮学問所御用掛、昭和天皇の御進講役）、田中義能東京帝国大学教授、頭山満

（玄洋社）ら数十名が参加していた。

## 今泉定助会長の早朝講座

昭和に入り、日比谷から飯田町（飯田橋）へと大神宮が移転し、鎮座地周辺の地理的・社会的環境が大きく変化してからも大神宮には代議士ら国会議員が集う姿が見られた。大正十年五月から神宮奉斎会会長を務めていた今泉定助が講じる祭政や皇道に関わる早朝講義を聴講してから帝国議会へと向かうためである。

そのことを窺い知るものの一つとして、昭和十二年八月八日の『朝日新聞』朝刊に「お歴々〝心の沐浴〟」と題した記事がある。八月二日から帝国議会最終日の八月七日までの六日間にわたり、飯田橋大神宮（奉斎会本院）で修祓を受けたあと、午前六時半から白衣白袴の今泉会長の皇道精神についての講義を聴講。握り飯を頂戴してから議員らが帝国議会へと向かったというものである。六日間すべてに参加した議員は、秋田清衆議院議長をはじめ、元内閣書記官長の吉田茂貴族院議員、立憲民政党の重鎮で元商工大臣の俵孫一衆議院議員、同じく民政党の山道襄一、箇牛凡夫、添田敬一郎、安藤孝三各衆議院議員であり、最終日には、国体講義ではなく今泉会長の普通選挙論の講義を拝聴している。

この早朝講義は、聴講した代議士ら議員に大きな影響を与えたとされる。とくに国体に関する理論に感銘を受けた林路一、猪野毛利榮、箇牛凡夫、山道襄一の四名の衆議院議員は、のちに清明会を結成。翌十三年二月十一日の紀元節に併せて結成される大日本運動本部の活動へと展開していくことへと繋がったのである。この清明会では、飯田町の神宮奉斎会本院を会場にして政治家を含む各界名士に対して今泉定助が講義を行うことが活動の一つとなっていた。翌月の三月十七日には「国体の原理と家族制度」と題した今泉の早朝講義が行われたが、蔵園三四郎、林路一、箘牛凡夫各衆議院議員をはじめ、天川信夫早稲田大学教授、井上秀日本女子大学校校長（のちの日本女子大学にあたる）、二子石官太郎陸軍中将、伊東正弼陸軍少将ら政界、教育界、陸将など五十名を超える名士が集まっていたことが知られている。今泉の講義は、当時好評を博しており、同年十一月の東京市の第二回教育指導者錬成講座などでも講義を行っている。

こうした動きとも相俟ってか、翌十四年四月には、今泉定助は、箘牛凡夫（衆議院議員）、藤井貞（医学博士）、本荘忠治（元第百銀行）、刈屋守弘（日本大学理事）らを率いて「見て来ないことには興亜百年の大計も無いものだ」と中国へと渡航、上海、南京、漢口、青島、北京、大同、厚和、哈爾濱などを訪れて戦線にある勇士らを慰問するとともに戦地の事情視察を行っている。この中国訪問について『朝日新聞』の昭和十四年四月二十五日朝刊では、「〝黄門〟大陸めぐり政経医、四人の知恵袋をお伴に」と題した記事を渡航準備に忙しい今泉の近況とともに報じている。

## 政治に関与できなかった神職

こうした政治家と大神宮との関わりがある一方、戦前期の神社の神職は政治にはほとんど関与できなかった。戦前期に国家管理の下にあった神宮や官国幣社以下、府県郷村社無格社に至るまでの一般神社の神官神職は、昭和二十一年一月末に神祇院が廃止され、国家管理が廃されるまでは、公務員と同様の官吏待遇に準ずるとされており、神職が被選挙権を得たのは僧侶よりも遅く、大神宮が有楽町から飯田町へと移転が決まる頃にあたる昭和二年のことであった。戦前の神職は、官吏待遇にあったことや、様々な主義主張の人々を受け入れる神社の特性からみても一定の思想や主義主張を党派を以て活動する政治の世界に直接関わることはできず、ある種のタブーともいえる状況にあった。

そのような事情にあって財団法人であった神宮奉斎会の会長以下職員、つまり祭祀に奉仕する者は、一般の神職とは異なる立場ではあったが、神社を所轄監督する内務省の訓令に基づき、神社ではない財団法人神宮奉斎会（内務省の管轄）であっても政治に直接関与することはできなかった。戦前は、今よりも官民問わず選挙への干渉が激しかったこともあり、国政選挙だけでなく地方の府県市町村の選挙であっても度々選挙違反に対する取り締まりがなされていたことが知られる。神職の選挙干渉については、明治二十七年二月の内務省訓令第五号と、明治三十五年四月の同訓令第一号、三十六年一月二十日の訓令第一号、二号で内務大臣が神官神職、僧侶、教派神道の教師らに対して、三十六年三月の衆議院議員総選挙にて選挙運動に関係せざるよう、訓令を地方長官（道府県知事）宛に通達している。とくに明治三十五年に出された内務省の訓令第十号では、民法法人である神宮奉斎会の職員に対して、選挙法でいうところの神官神職ではないこともあって、選挙運動に携わる者が多かったため、これを取り締まりの対象とし、選挙に関わる神宮奉斎会関係者の免職をも通知したものであった。こうした訓令が出されている点を考えると、先に述べてきた日比谷大神宮という「場」の地理的特性を生かして、境内にて政治家らが懇談や集会、祈願をしていたのとは全く対照的である。

## 歌舞伎俳優と大神宮・飯富稲荷神社

### 境内の掲示板になぜ歌舞伎座のポスターがあるのか？

東京大神宮の境内には、時折、歌舞伎座のポスターが掲示されていることがある。大神宮には、靖國神社にあるような野外舞台があるわけでもなく、勿論、境内にそのようなスペースがあるわけでもない。また、歌舞伎座のある東銀座には比較的近い有楽町に鎮座していた時期はあるものの、銀座との直接の縁があるわけでもない。それゆえ一見すると歌舞伎とは無縁のように思える大神宮であるが、実は日比谷大神宮時代から歌舞伎俳優との深い由縁がある。本書ではその点について少し触れてみたい。

### 境内の末社、飯富稲荷神社と九代目市川團十郎の縁

大神宮と縁深い歌舞伎俳優に、九代目市川團十郎〈天保九〈一八三八〉年～明治三十六〈一九〇三〉年〉がいる。「劇聖」とも称された歌舞伎俳優であり、文明開化にて欧州文化がもてはやされるなかで歌舞伎の近代化を図り、初代市川左團次、五代目尾上菊五郎とともに「団菊左時代」を築くとともに「新歌

舞伎十八番」の制定、歌舞伎俳優の社会的地位の向上など多くの功績を残したことでも知られている歌舞伎界のレジェンドの一人である。この九代目團十郎が篤く信仰していたのが、大神宮の末社、飯富稲荷神社である。團十郎丈は、朝夕にこの稲荷神社に御加護を祈って芸道に精進し、明治期の不世出の名優と謳われるに至ったとされており、衣食住や商売繁昌のみならず芸道に霊験あらたかな社として知られている。九代目團十郎は、教部省より神官や僧侶が主に任命された教導職を任ぜられていた時期があり、自身の肩書に「教師」を入れたこともあったと伝えられている。その後、明治二十年には神習教管長の芳村正秉から「品行方正で敬神の心厚く神業に特達するとの廉を以て」として大講義から権少教正に補せられている（神山彰「明治二十年代の九代目団十郎」『日本演劇学会紀要』二九号）。

飯富稲荷神社は、明治十三年四月の日比谷大神宮の創建時より、奉斎されている社である。もともとは末社稲荷神社と称していたが、昭和三年に日比谷から飯田町へと大神宮が移転・遷座されたことに伴い、遷座地である飯田町と富士見町という地名の一文字ずつを冠して「飯富稲荷神社」と称するようになったもので、御祭神は別項でも記している通り、稲荷大神と大地主大神である。日比谷時代から大神宮の境内社として、芸道の上達はもとより、日々の生活の加護や生業の繁栄を祈願する人々の姿が多くみられるのが飯富稲荷神社の特徴である。

九代目市川團十郎
（国立国会図書館所蔵写真）

飯田橋に遷座した当初、神宮奉斎会本院（大神宮）境内の本殿奥に向かう参道があり、ひっそりと鎮座していたが、飯田橋移転から三十年を経過して社殿の腐食、老朽化が進んだことから、宮川宗徳総代・責任役員の尽力によって昭和二十八年秋に斎行された第五十九回神宮式年遷宮の旧社殿古材の御下げ渡しを受けることが叶ったことや、また神宮司庁の山内泰明造営課長の社殿設計を得られたこともあり、社頭整備の一環にて昭和三十四年三月十二日に新たな社殿が竣工、同日夜に本殿遷座祭が執り行われた。その折には、稲荷社の本殿内に信仰篤かった九代目團十郎が寄進した宮形が安置された。その後、大神宮の創建百周年記念事業の一環として昭和六十二年に本殿東北の地から鳥居を入ってすぐ右の現在地へと奉遷するに至った。なお、團十郎寄進の宮形は、大型でもあり、移転時に建立した社殿の大きさとの兼ね合いで、現在は神社内に別置されている。

飯富稲荷神社は、現在、境内正面の鳥居の横にあるため、手水を終えた参詣者が本殿を参拝する前に稲荷社から参拝して行く様子も多くみられる。現在でも大神宮では、映画の制作やドラマの撮影開始にあたり、監督以下主演俳優ら関係者がヒット祈願を行うことも多いが、末社の飯富稲荷神社の由緒や信仰の歴史を考えると大神宮は、芸能活動成就祈願の神社ともいえるかもしれない。なお、先に述べたように、九代目團十郎は、歌舞伎のみならず、明治期には、政府の行った国民教化運動である大教宣布運動で、神職や僧侶とともに教導職を務めていたこともあって、弟の八代目海老蔵の紹介で教派神道の一派である神習教の芳村正秉との縁が深く、自身の宗教を神道へと改宗するなど神道への信仰が篤かったとされる。

昭和三十三年十二月、前述の通り、飯富稲荷神社の社殿改修工事の実施に際して、大神宮では百万円の予算を計上して一般に広く浄財を募ることとしたが、その折に九代目團十郎が崇敬した芸能界ゆかりの神社として知られていたことから、松竹株式会社の大谷竹次郎会長と、戦後間もない時期に歌舞伎界の停滞期を救った花形役者の一人でもあり、当時「海老さま」とも呼ばれて空前のブームを巻き起こしていた九代目市川海老蔵（のちの十一代目市川團十郎、十三代目團十郎白猿の祖父）の両名が、芸能界代表の発起人となり、芸能界に協賛を仰いだ。その結果、海老蔵丈をはじめ、中村勘三郎、松本幸四郎、中村歌右衛門、市川團蔵、澤村宗十郎、市川段四郎、片岡我童、市村家橘、市川高麗蔵、中村又五郎、中村芝鶴、守田勘弥ら歌舞伎俳優、九代目團十郎の次女で、新派女優の市川翠扇、俳優の森繁久彌、落語家の桂文楽、古今亭志ん生、三遊亭圓歌、三遊亭圓生、林家正蔵、春風亭柳枝、三升家小勝、坊野寿山、柳家小さん、鈴々舎馬風、橘家圓蔵、桂三木助、林家正楽、講釈師の一龍斎貞山、一龍斎貞丈ら著名芸能人の協賛を仰ぐこと

神門脇にある掲示板に掲げられた歌舞伎座のポスター

飯富稲荷神社鍬入れ式の折の市川海老蔵
（のちの十一代目市川團十郎）

となった。

その後、昭和三十四年二月五日の初午祭を終えた日の夜、飯富稲荷神社の遷座祭を行い、御霊代を大神宮本殿に遷座奉安し、翌日より社殿の取り壊し、整地を行った後、二月十二日に崇敬者総代、市川海老蔵夫妻をはじめ多数が参列して、地鎮祭が斎行され、宮川宗徳総代、海老蔵丈が鍬入れの儀をそれぞれ奉仕している。二十五日の上棟祭も同様に総代や海老蔵夫人、崇敬者らが参列、三月十二日に竣工、新殿祭、清祓の後、夜に本殿遷座祭が斎行された。

翌三月十三日の本殿遷座奉祝祭には市川海老蔵夫妻、市川翠扇らが参列し、多くの参拝者で賑わった。その折に当時「海老さま」として歌舞伎ファンから親しまれていた海老蔵丈の揮毫した「海老」の文字と翠扇さんの書いた「牡丹」、森繁久彌氏の書「今年こそ飯富（良い富）をと稲荷まおさく」と染め抜かれたのれんが記念品として頒与されたことが知られている。その後、この社殿造営を記念して飯富稲荷講が結成されて現在に至っている。社殿の造営以後は、現在二月または三月に行われる飯富稲荷神社の初午祭（春季大祭）に併せて芸能人からの絵馬の奉納が行われており、昭和三十七年の初午祭には、九代目市川團十郎の信仰にあやかって、襲名間もない十一代目市川團十郎丈が絵馬を奉納、この年は多くの芸能人が絵馬を奉納したことでも知られている。なお、飯富稲荷神社の例祭は、八月十五日の夏季大祭として斎行されているほか、現在でも初午祭の折には、歌舞伎俳優が芸道精進の祈りを込めた揮毫の絵馬が多数奉納され、一ヶ月程度であるが境内にて披露されている。

## 歌舞伎俳優の神前結婚式と大神宮

飯富稲荷神社への俳優らの信仰とは別に大神宮では、神前結婚式の創始間もない時期から歌舞伎俳優の結婚式を執り行ってきた。この点についても僅かではあるが触れておきたい。

明治四十四年十二月五日、午前十時より日比谷大神宮で、二代目市川左團次と妻の榮の神前結婚式が執り行われた。妻の榮は、浅草小劇場の初代支配人の浅利鶴雄（劇団四季創設者の一人である浅利慶太の父）の叔母で、左團次自身はともに演劇革新運動を行ったことでも知られる作家の小山内薫とも交友が深かったが、その小山内も左團次より約三ヶ月前の九月十六日に同じく大神宮で結婚式を挙げている。この左團次の結婚式から約四ヶ月後の翌年三月十三日、五代目中村東蔵（のちの六代目大谷友右衛門・人間国宝四代目中村雀右衛門の父）が中村歌右衛門夫婦の媒酌にて大神宮で神前結婚式を挙げ、妻の今次が新橋芸妓であったため、新橋の芸妓、舞妓らが総出で大神宮の玄関で待ち構え、見物人で賑わったことが新聞紙上にて伝えられている。飯田橋大神宮時代に入ってからは、昭和十二年九月十六日に十四代目守田勘弥が新派俳優の初代水谷八重子と松竹の大谷社長夫妻の媒酌で神前結婚式を挙げており、かねてから演劇界でいつ結婚するのかと噂のあった気鋭の歌舞伎俳優と新派女優との宿願ともいうべき結婚は大きな話題となった。また、翌年の昭和十三年十二月二十八日にも三代目市川段四郎〈二代目市川猿翁〈三代目市川猿之助〉と四代目市川段四郎の父、俳優の香川照之〈九代目市川中車〉、四代目市川猿之助の祖父〉と俳優の高杉早苗との結婚式が、劇作家の長谷川伸夫妻、松竹の城戸四郎夫妻が媒酌人を務め、飯田橋大神宮で執り行われた。若手歌舞伎俳優と、当時人気絶頂にあった松竹大船の看板スターとの結婚は、世間を大いに賑わせたが、東京会館での披露宴の後、舞台の台本片手に箱根への新婚旅行は忙しいものであったと高杉は回顧している（『千代のさかづき』）。二代目段四郎、三代目段四郎と親子で大神宮で結婚式を挙げており、澤瀉屋二代揃っての大神宮での挙式であった。

## 歌舞伎俳優による明治天皇の平癒祈願

歌舞伎俳優らと大神宮のかかわりは、結婚式や飯富稲荷神社とは限らない。日比谷大神宮時代は有楽町という場所の利便性もあってか、銀座の歌舞伎座とも近く歌舞伎俳優らが祈願にも訪れたようである。その祈願の象徴ともいうべきものの一つが、明治四十五年七月二十六日に日比谷大神宮で行われた明治天皇の病気平癒の祈願である（次頁写真参照）。

明治四十五年七月二十七日の『朝日新聞』朝刊五面には、「新旧俳優の祈願」と題した記事がある。歌舞伎俳優と新派俳優総計七十余名が日比谷大神宮に集い、明治天皇の御悩平癒のための祈願を行ったと伝える記事がある。歌舞伎俳優からは、中村歌右衛門親子、片岡仁左衛門親子、尾上菊五郎、尾

歌舞伎俳優・新派俳優合同にて明治天皇の御悩平癒祈願の様子

上栄三郎、坂東三津五郎、片岡我童、澤村宗十郎、中村歌六、市川小團次、市川九女八らが参列、新派俳優からは河合武雄や藤井六輔、福島清、小織桂一郎、木村猛夫らが参列し、松竹の大谷竹次郎も同席していた。祈願祭斎行後は一同で二重橋まで赴き皇居を拝して解散したとされるが新派俳優との共同で大神宮において相揃っての祈願がなされていることは、当時の明治天皇への人々の思い・願いがいかに強固なものであったかという天皇崇敬の歴史、あるいは演劇界の歴史からも興味深い事実であるといえよう。

なお、明治天皇の不豫が報ぜられた七月二十日頃から、神田神社や日枝神社、増上寺や護国寺などをはじめとする東京市中の神社をはじめ、出雲大社や金刀比羅宮など全国の社寺で祭典その他を中止して聖上御悩平癒の祈願がなされており、日比谷大神宮でも大祓を斎行、神職一同沐浴して毎朝毎夕御快癒の祝詞を奏上したことが知られている（『朝日新聞』同年七月二十三日朝刊）。東京市内各区でも市民がこぞって集団で社寺へと赴き、聖上（明治天皇）の平癒を祈願しており、七月二十九日の『朝日新聞』朝刊では、前日に麴町区では麴町の住民が日枝神社に、飯田町、小石川区では靖國神社に、神田区神田錦町の一、二、三丁目の住民は、日比谷大神宮へと参集して平癒祈願を行ったことが伝えられており、他の区でも社寺への祈願や公会堂などに設けられた遥拝所で平癒の祈願を行ったとされる。

## 歌舞伎俳優の除隊出迎えと大神宮境内での祝迎

また、結婚式や祈願とは関係ないが、日露戦争の終結直後の明治三十八年十二月十九日には、近衛歩兵第三聯隊の歩兵曹長として徴兵されていた片岡亀蔵（片岡市蔵の子）が、除隊となって帰宅した際、父の市蔵が早朝、赤坂一ツ木町の第三聯隊へと出営を出迎えた後、日比谷大神宮へと向っている（『朝日新聞』明治三十八年十二月二十日朝刊）。市蔵・亀蔵の親子が大神宮に到着後、境内では、歌舞伎座関係者、各劇場主をはじめ、尾上菊五郎、坂東八十助、尾上梅幸、中村吉右衛門、中村芝翫、市川高麗蔵、市川猿之助ら歌舞伎俳優、大道具、小道具、芝居小屋連中、親子の居住地である芝区の奨兵義団、芝区昔話連、軍談組合、北紺屋町大根がし連らが歓迎旗を翻し、手に銀杏丸の小旗を持って万歳を唱えて、午後一時まで亀蔵の出営を祝い、大騒ぎとなったと伝えられている。これも大神宮と歌舞伎俳優との関わりの一端であり、人々を集める「場」としての日比谷大神宮の持つ機能、強さの一つであったと考えられる。

なお、次項の文化事業とも関連するが、先に述べた歌舞伎俳優との深い由縁や、飯富稲荷神社が芸能の振興、芸道の上達にゆかりの社であることから、大神宮では平成二十三年二月から毎月十七日に「十七日寄席」を開催し、落語や講談、漫才などの演芸を楽しめるような取り組みを行っている。令和元年五月十七日には、めでたく百回目を迎え、大神宮会館マツヤサロンの大宴会場で記念寄席を開催している。

# 大神宮と文化事業・社会教化・社会事業

## 文化事業の皮切りとなった能楽奉納

大神宮では、創建時から能楽との関わりがあった。能楽は江戸時代、幕府や各藩の庇護を得ていたことから、明治維新以後は一旦衰微していたが、明治十年前後から岩倉具視や土方久元らが後援して復興の動きがなされ始めていた。神宮司庁東京皇大神宮遥拝殿の創建にあたる明治十三（一八八〇）年四月十七日の遷座祭が行われた翌日の十八日に、府下の紳士らを招待して、奉祝の余興行事として神宮司庁東京出張所の広間にて能狂言が奉納された。その番組は、小鍛冶が金剛広成、橋弁慶を櫻間伴馬、花筐が梅若實、望月が宝生九郎、大蛇が金剛氏善で、狂言は素袍落が下野岩苔、隠狸が三宅庄市、三人片輪が藤井芳松にてそれぞれ奉納された。これを皮切りに大神宮では以後、諸種の文化的事業が境内および講堂などにて行われていくことになった。

能については創建前の東京府への申請書から境内に神楽殿の設置が計画されたことを窺い知ることができ、神楽等を含む種々の奉納行事などを想定していたと考えられる（『講社取結・教院設置・邸内社堂・乙〈社寺科〉』明治九年、東京都公文書館所蔵）。それゆえ創建から一年後の明治十四年四月二十二日には、大神宮では華族の春季大祖祭を斎行、その折に能や狂言や神楽の奉納がなされている。この時期は前年から着工していた芝能楽堂（明治維新後、東京における能楽復興の象徴となった建物、のちに靖國神社に移転）が完成した時期にもあたる。また、創建から三年目となる明治十六年三月十七日には、境内で金春広成による能狂言が奉納され、太政大臣の三条実美、右大臣の岩倉具視をはじめ、参議や華族らが五百人余参集して観覧、翌日には藤間勘右衛門による舞踊と長唄の奉納があり、観覧者で大いに賑わったと報じられている（『読売新聞』明治十六年三月十八日朝刊）。

また、神宮奉斎会設立時の明治三十二年九月四日には、設立祝賀祭にて春日龍神、龍田、岩船の仕舞及び狂言数番が演じられており、三十五年九月七日には、能楽倶楽部の第一回演奏会が境内で演奏されている。この折は、宝生九郎、宝生金五郎、喜多六平太らが能を、山本東次郎らが狂言を演じている。この能楽倶楽部の演奏会が継続的に催されていたようであり、翌月の十月十一日にも初世梅若萬三郎、五十四世梅若六郎、五世観世銕之丞、観世織雄らが能を、五世野村萬蔵（万造）、九世山脇元清らが狂言を演じている。また、能ではないが、明治三十三年十一月には、それまで下谷五條天神社社務所で実施していた平家琵琶の例会が神宮奉斎会本院にて実施することになっており、能や狂言、琵琶などの文化的活動が徐々に大神宮へと集まって催されるようになっていったことを窺い知ることができる。

なお、同じく能楽とは直接の関係はないが、創建から一ヶ月後の明治十三年五月二十三日には、大神宮の社殿前で四条流庖丁式の石井治兵衛が世話人となって、宮中行事の一つである庖丁式が諸流混淆の形で行われている。

## 教育勅語の奉読

次に大神宮にて行われた戦前・戦後の文化的事業、社会教化的な事業や団体の結成等について順次述べてみる。

明治二十三（一八九〇）年十月三十日、明治天皇は、宮中に山縣有朋首相と芳川顕正文部大臣をお召しになり、「教育ニ関スル勅語」を御下賜あそばされた。「朕惟フニ皇祖皇宗、国ヲ肇ムルコト宏遠ニ、徳ヲ樹ツルコト深厚ナリ……」で始まる、いわゆる「教育勅語」のことである。奉斎会では、教育勅語は、国民日常の規範、諸学校における道徳教育の基準をなすものであり、加えて勅語の奉読、講読を行うことによって、各々の襟を正し真摯に相互敬愛の念を起こすとともに、静かに自己を内省することにもつながるものとして考えており、神宮奉斎会では、教育勅語の奉読式の創始と普及を神前結婚式と並ぶ事業として位置づけて実施、その方式は瞬く間に全国へと普及することとなった。

勅語の渙発から十年後の明治三十三年には、六月三日の午後一時から九段坂の偕行社にて神宮奉斎会ならびに國學院の両者が主催して、積善会、大日本實行会、弘道会等が合同して、勅語奉読会を開催した。宮地厳夫宮内省掌典が開会の辞を述べ、黒田清綱子爵が勅語を奉読、貴族院議員で元東京府知事の三浦安や寺田彦太郎、早川龍介の両衆議院議員らがそれぞれ勅語につき演説をなした後、勅語の普及徹底について協議を行った。その後も引き続き勅語奉読会はしばしば神宮奉斎会本院で開催されており、十一月十七日には、教育勅語臨時奉読会を開催、史談会、弘道会、國學院、体育会、大日本實行会、彰善会などから百名余が参加している。篠田時化雄理事が開会の趣旨を述べた後、黒田清綱子爵が勅語を、神宮奉斎会の神田息胤会長が神勅をそれぞれ奉読した後、三浦安と第百銀行や東京貯蔵銀行の頭取を務めた池田謙三両氏による教育勅語の講演がなされ、万歳三唱の後、閉会となった。その後、十一月二十日には神宮奉斎会にて勅語奉読式の順序書を制定、広く江湖へと示すに至っている。

なお、教育勅語ではないが、関東大震災の後に出された国民精神作興に関する詔書について、その御趣旨をいかに国民各個が奉体するかについて神宮奉斎会本院では、大正十二年十一月二十五、二十六日の両日に全国の地方本部長を集め、その方途について協議を行い、全国一斉にその宣布活動を行っていたことが知られている（『読売新聞』大正十二年十一月二十八日朝刊）。

## 説教会の開催

神宮司庁東京出張所神殿および府内の神宮教会・神宮教時代の教化事業、神宮奉斎会時代の文化事業の一つの柱として説教会、講談会・講演会の開催と出版物の発行事業があった。

大神宮の創建前後は、明治三年の大教宣布の詔に基づいて三条の教則（教憲）の条目の内容を国民一般に説いていた時代でもある。創建前は神道事務局や東京府内の神宮教会による数多くの説教会が知られており、一回で千人以上となる時もあるなど、多くの聴衆を集めているが、明治十五年に神道神宮派、神宮教となってからも明治二十年代後半までは、神宮教主催にて事前に新聞へ宣伝広告を出して府内各地で説教会をたびたび実施していた。

明治十七年八月十一日に太政官布達第十九号にて神仏教導職の廃止が指令されてから約五ヶ月後の十八年一月十九日から、神宮教では、浅草須賀町井生村楼を皮切りに、京橋木挽町厚生館、四谷御門外大泉亭、赤坂八百勘温泉亭、神宮教院本院など府内各地で無料講談会を開催していた。一会場で連日開催や、一週間に二度開催するなどしていたこともあり、十二月十八日の教院本院で開催された講談会の新聞広告によると第四十回を数えている。また、翌十九年も講談会から大演説会と名称を変更したものの、会場ほか同様の形式で開催していることからみても当時、神宮教が講演会事業をかなり積

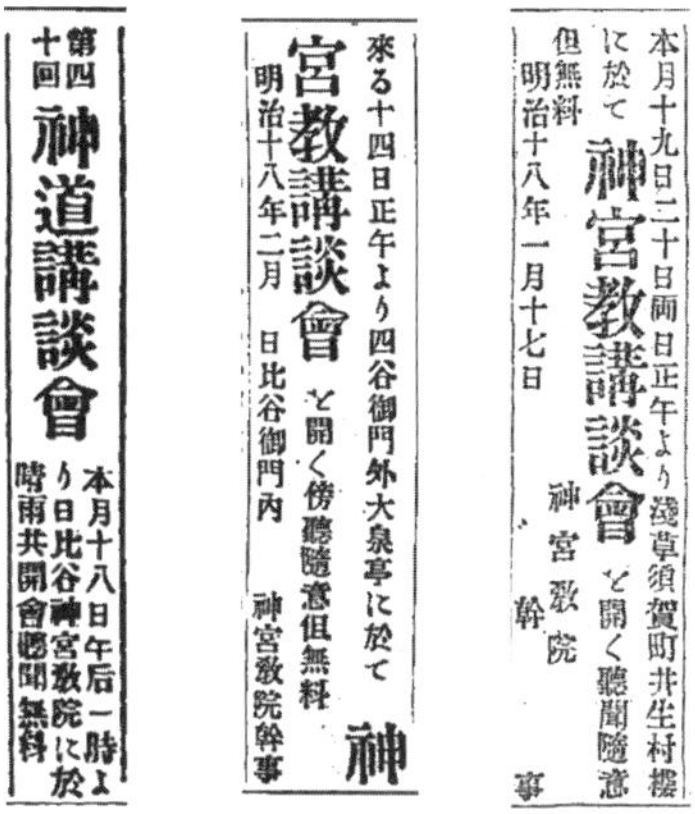
本月十九日二十日両日正午より淺草須賀町井生村樓に於て 神宮教講談會 を開く聽聞隨意 但無料 明治十八年一月十七日 神宮敎院 幹事

來る十四日正午より四谷御門外大泉亭に於て 神宮教講談會 を開く傍聽隨意但無料 明治十八年二月 日比谷御門内 神宮敎院幹事

第四十回 神道講談會 本月十八日午后一時より日比谷神宮敎院に於て晴雨共開會聽聞無料

神宮教の講演活動を示す新聞広告
（右）明治 18 年 1 月 18 日
（中央）明治 18 年 2 月 12 日
（左）明治 18 年 12 月 17 日
いずれも『読売新聞』朝刊

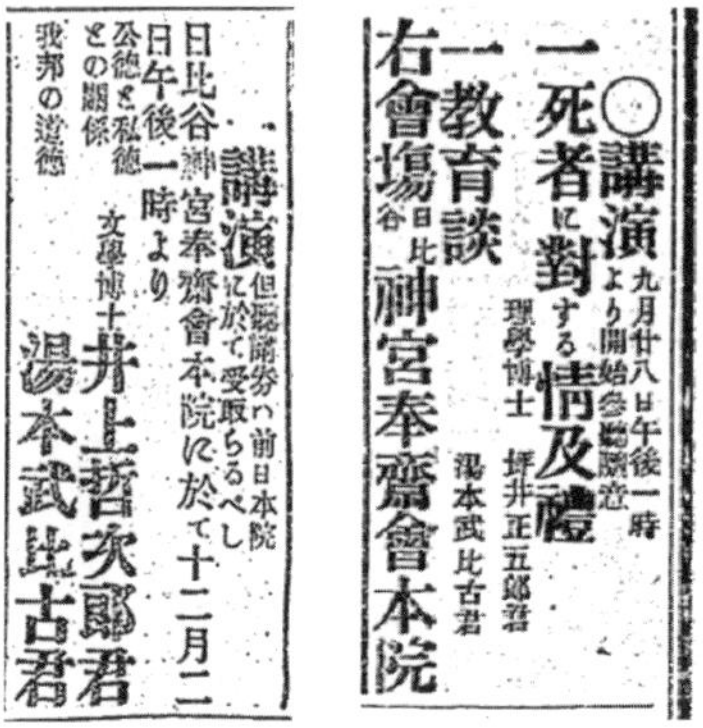

○講演 九月廿八日午後一時より開始参聴随意
一死者に對する情及禮 理學博士 坪井正五郎君
一教育談 湯本武比古君
右會場 日比谷 神宮奉齋會本院

一講演 但聴講券ハ前日本院に於て受取らるべし
日比谷神宮奉齋會本院に於て十二月二日午後一時より
公徳と私徳との關係 文學博士 井上哲次郎君
我邦の道徳 湯本武比古君

神宮奉斎会時代の講演会の宣伝広告
(右)明治 34 年 9 月 27 日
(左)明治 32 年 12 月 2 日
いずれも『朝日新聞』朝刊

極的に展開していたことを窺い知ることができる（『読売新聞』明治十八年一月十八日、二月十二日、四月二十三日、十月二十三日、十二月十五日、十七日各朝刊）。この折の講師は、本荘宗武、宮地厳夫、塚田菅彦、七星正泰、鎌田龍吉、松平晋之丞、緒方萬など教院の大教正等がおおよそ担当していたようである。その後、教内で教院敷地をめぐる裁判沙汰、紛争などがあり、講談会も中断していた。一連の紛争が終結したこともあり、明治二十六年五月から再び教化宣布活動を行うこととなったが、五月二十日に厚生館で予定していた講談会が急遽延期となっている。その後、三十年にも落合直文や内藤耻叟、湯本武比古ら国文学者で組織された養徳会が教院本院で開催されるなどしているが、明治十八年当初のように実施されることはなかった。

### 講演会事業

明治三十二年九月に発足した神宮奉斎会の講演会事業については、奉斎会が財団法人であったことから、会の寄附行為の第一章第二条の趣旨に基づき、左の通りの布達を出し、布達に示した条項に基づいて、いやしくも講演にて軽忽の事がなきように注意を促していた。

但三条教憲及神誡ノ捧読、神拝ノ詞、祓詞ヲ授クルハ廃止ス。
一、皇祖ノ懿訓、皇上ノ勅語、勅諭ヲ以テ講演ノ基礎ト為ス
但古典ノ要文、歴代ノ詔勅律令格式等ニ依リテ布演スルハ勿論ノコト。
二、懿訓詔勅捧読ノ際ハ、必ズ式服ヲ着シ、来場諸員ヲシテ敬礼セシムヘシ。
三、講演ヲ為ス時ハ、式服又ハ羽織袴、フロックコートヲ着用スルモノトス。
四、講演中、学理若クハ歴史上ニ付キ、宗教上ノ討議ニ渉ルハ妨ナシト雖モ、謗議ヲナスヘカラズ。
五、古典、歴史以外ノ説ヲ為シ、死後ノ安心立命或ハ苦楽等ノ説ヲ演シ、宗教ト混同スル如キコトアルベカラズ。

このような布達を地方本部へと行って講演事業への指針を示した。本院では毎月頻繁に各界の名士を招聘して大講演会を開催し、当時の文化運動の先駆となり、わが国の社会啓蒙のために貢献してきたのである。明治三十二年十二月二日午後一時より本院にて開催された講演会には、井上哲次郎、湯本武比古が講師となっており、以後の講演では、蔵原惟廓、宮地厳夫、三上参次、色川国士、坪井正五郎らが講師となっている。とくに坪井の「死者に対する情及び禮」と題した講演は朝日新聞紙上に二段にわたってその内容の詳細が掲載されるほどであり、講演の反響の大きさを窺い知ることができる（『朝日新聞』明治三十四年九月三十日朝刊）。

また大正十三年からは、事業の振興をはかるため、臨時調査委員会を発足し、地方本支部活動の再

出発を図ったが、その際に毎月一・二回の斯道懇話会の実施と講演会の開催、各種団体の講師派遣、参宮団体の募集が行われ、斯道懇話会は十四年の第一回から百回にも及ぶこととなった。

## 出版事業

出版事業としては、明治十九年十一月に教院本院内に報道局を設けて新聞の形状にて『教報』の第一号を発行した。その後、明治二十六年四月二十七日に教院の教規を修正、学寮の開設と、機関誌の発行、伊勢本教院の改築のことが決議され、本院内に出版部門となる教林社を設けて七月六日に月一回の機関誌として雑誌『教林』を刊行、七月十日に内務大臣の許可を得た。主に論説は、神宮教の祭神論などもみられるが、日本古代の歴史、文学、道徳など学術に関する事項を掲載していた。

この『教林』の発行者は叶才次郎、初代の編輯人は権少教正の小西千吉であった（小西は若手の有望な神道人であったが、翌年七月に海外布教のために朝鮮の元山へと渡った折、十月に赤痢に罹患し残念ながら逝去している）。明治三十二年九月四日に財団法人神宮奉斎会の設立認可が行われるにあたって『教林』誌を改題、『祖国』と題として同年九月三十日に第一号を発刊した。この『祖国』は、明治三十五年一月二十八日刊行の第二十九号限りで廃刊。その後、『養徳』と誌名を改題して後継誌として刊行を継続した（発行元として養徳社を置いた）。これらの雑誌は、神宮教および神宮奉斎会の活動を教宣するメディアの一つとして江湖に益するものがあった。

また、神宮教時代は、明治十五年に神宮司庁と神宮教院が分離する以前に教部省の認可を得て、伊

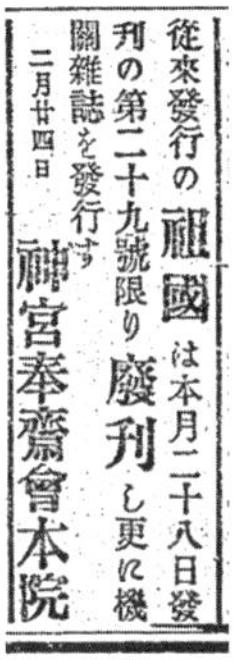
従來發行の祖國は本月二十八日發刊の第二十九號限り廢刊し更に機關雜誌を發行す
二月廿四日　神宮奉齋會本院

雑誌『祖国』廃刊の広告
（『朝日新聞』明治35年2月25日朝刊）

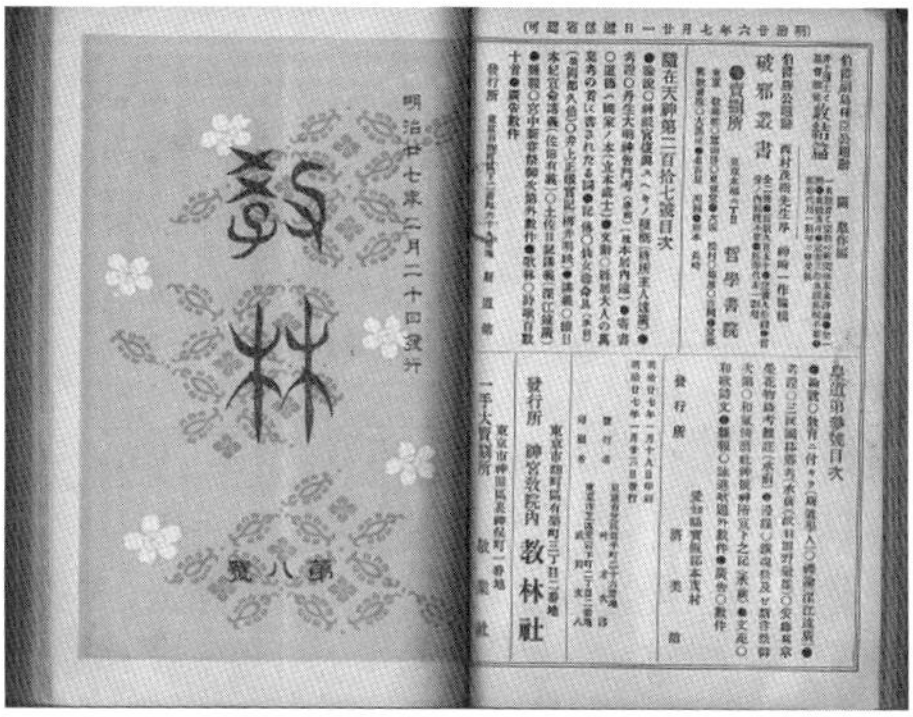


神宮教院で発行していた『教林』誌

勢の神宮教院の蔵版にて教院の教育・布教活動に必要な教本として刊行していた『神判紀実』以下、『霊祭式』に至るまでの十一書の板木、千十三枚について、明治二十八年八月二十一日にこれを所有していた宇治山田町大字一志久保町五十八番地の書肆加藤長平から金二百円にて神宮教で買収することとなった。その折に買い取った版木は、『神判紀実』をはじめ、『神典採要』、『神典採要通解』、『十一説解義』、『年中神拝記』、『人身三要論』、『五儀略式』、『神教綱領』、『神教綱領演義』、『説教軌範』、『霊祭式』の十一書である。

その後、今泉定助会長の時代には、大正十五年一月に『光華』と称する機関誌を創刊した。機関誌以外にも神宮奉斎会では、書籍も発刊しており、近世からの日露衝突について記した植木直一郎の『日露交渉史』は、日露戦争の折に発刊し、出征する軍人に寄贈されたことでも知られているほか、藤岡好古会長の時代は、藤岡の恩師であった国学者の堀秀成の『音義全書』を上下二巻で発刊している。

### 大神宮文庫の刊行

戦後になってからは、第六十回の神宮式年遷宮の奉祝記念として東京大神宮にて、手軽に携帯できる新書サイズの「大神宮文庫」の発刊を企画し、第一輯として西川元泰（神宮権禰宜）著『お伊勢まいり』を刊行した。

その後、第二輯として草間時彦著『俳句・十二ヶ月――日本人の詩とこころ――』を刊行したほか、岩田正著『短歌・日本の叙情――うたうこころと歌のこころ――』、岡田米夫著『全国著名神社案内記』、小野迪夫著『お祭り十二ヶ月――日本のお祭――』、阪本是丸著『東京大神宮百年の歩み』、西川元泰著『お伊勢さまを讃えまつる――神宮奉讃詞華集――』、阪本是丸・宇野正人著『お伊勢さま百話』、村松嘉津著『明治と昭和――時評と随想――』、茂木貞純・前田孝和著『遷宮をめぐる歴史』、天野信景著・太田正弘編『鹽尻――神道關係抄――』、同『鹽尻――神道關係抄續――』、太田正弘編『神道の言葉』まで、計十三冊が刊行されている。

### 社報の刊行

大神宮では、平成二十三年一月七日に『恋ゆ、る。』（現在の名称は『あみゅれ』）と題し、境内に設置したデジタルサイネージと連動する形のフリーペーパーを創刊した。当初の編集・発行は、サイネージを運用する産経新聞社が行い、監修を東京大神宮が行う形でスタートし、二号から六号までは偶数

東京大神宮の社報（右）　年四回神社で発行しているフリーペーパーの『あみゅれ』（左）

月の発行、七号から十一号は季刊として刊行、現在年四回の配布となっている。平成二十五年四月発行の春号からタイトルを現在の『あみゅれ』に変更し、平成二十五年七月発行の夏号にて産経新聞社がサイネージの事業から撤退したため、現在は、東京大神宮で編集・発行を行っており、令和二年十月現在で三十一号まで発行している。この『あみゅれ』は祈禱や大祓などの供物にも併せて配布しているが、神社の祭事や活動内容を伝える公式なメディアとしては、これまで『東京大神宮社報』を発行してきた。この社報は、昭和三十四年一月の飛鳥井宮司の時代に御鎮座八十年の佳節を契機として大神宮と崇敬者とを結ぶ太いパイプのようなメディアとするべく発行を開始したものである。

社報第一号には、発刊の趣旨が記されているが、「之（八十年祭）を機会に機関誌を発刊して、御神徳を欽仰して奉賽の誠を尽すと共に洽く御神威の宣揚に努め、併せて社会教化事業を企図して文化の向上と発展に力を竭し、普く再建日本の基盤に寄与せんとするものであります」とあり、

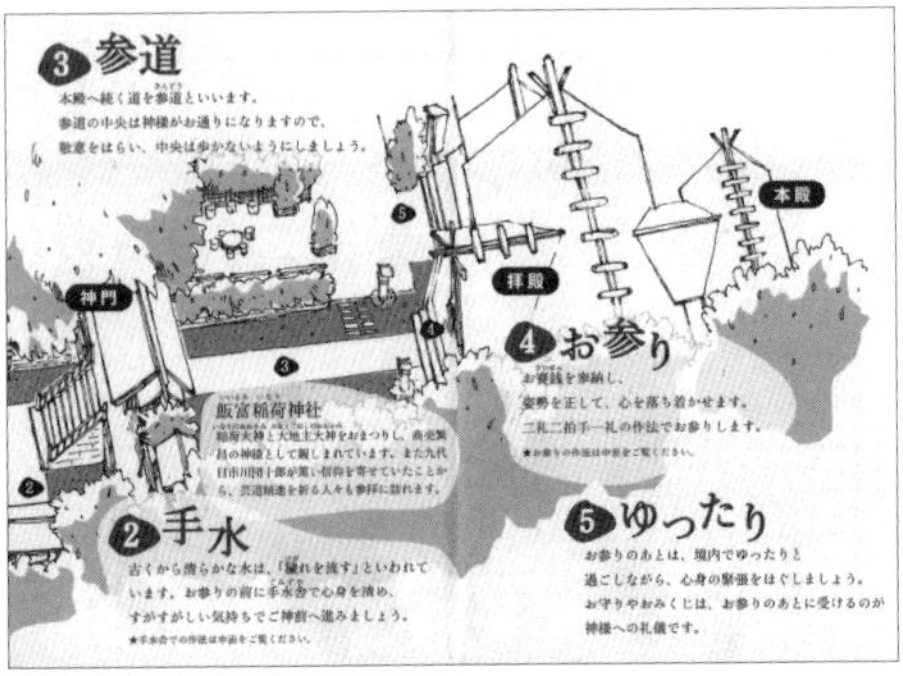


『東京大神宮参拝のしおり』

B４判四ページ立ての社報には、社務報告や各種のコラム、随筆などが掲載され、ちょっとした教養紙面的なものとして好評を得ていた。その後、幾度かの紙面内容の改変を経て現在に至っている。また、参拝作法を知らない若年層への教化活動の一つとして、平成二十年十一月より手水の作法や神社拝礼の作法、境内図を記した『東京大神宮参拝のしおり』（折り畳み型式のA6サイズ）を印刷して、現在、境内入り口にある手水舎において参拝者が自由に手に取れるよう配布している。

## 唱歌の合唱と合唱団の結成

明治二十年十一月二十日には、東京府下の小学校の唱歌担当の教員の有志らが、大神宮の社務所を借り受けて、小学生を連れて唱歌演習を行うことが報じられている（『読売新聞』明治二十年十一月十八日朝刊）。それから六十九年後の昭和三十一年七月には、神社界で唱歌を通じた教化活動のため、歌声運動が起こり、その運動の第二回会合が東京大神宮を会場に開催されている（『神社新報』昭和三十一年九月十五日）。この歌声運動は、①神道愛唱歌集の刊行頒布（歌曲五十曲、新書版百頁）、②新歌曲の作成並に音盤の頒布（音盤二枚作製）、③合唱団の指導育成（國學院大學、明治神宮、靖國神社、東京大神宮）などであったが、実効的な活動にまでは至らなかった。十五年後の昭和四十六年二月十一日には、大神宮にて児童合唱団の発会式が行われている。全国の神社で初めて児童合唱団を結成したのは熱田神宮、次が東京大神宮であるが、これは、前年の昭和四十五年九月三日に創建九十年奉祝大祭が斎行された際、飯田橋、九段、神楽坂のライオンズクラブからピアノの奉納を受けた折に、夏休みで帰京中の宝塚音楽学校の生徒二十二名の篤志による「神宮讃歌」等の十数曲の合唱の献納があり、荘厳な中に響くコーラスの歌声に大祭参列者が大きな感銘を受け、非常に好評を得たという出来事を受けて、これを機に種々の祭事にもコーラスを献納しようという目的のもと結成したものであった。結成当初の団員は四十七名で、東京藝術大学教授の柴田知常（平河神社宮司）夫妻の協力を得て、その門下生の藤本幸子先生（豊島区立高田中学校教諭）が指導し、小学校二年生から五年生までの女子で、毎週一回一時間程度の練習を行っていた。

## 和歌の奨励

神宮奉斎会時代には、和歌の奨励事業への協力も行っていた。明治三十六年一月二十五日には、歌道を奨励して兼ねて歌人相互の情誼を厚くする目的にて大日本歌道奨励会が設立、発会式が挙行されたが（『朝日新聞』明治三十六年一月二十七日朝刊）、その事務局は当初、神宮奉斎会本院内に置かれていた（のち平河町に移転）。この歌道奨励会の総裁に皇典講究所副総裁でもあった久我建通従一位、会長に鍋島直大侯爵が就任、東久世通禧伯爵、藤波言忠子爵、長岡護美子爵、渡邊千秋男爵、千家尊福男爵が顧問となり、本居豊穎東宮侍講、井上頼圀、黒川真頼、小杉榲邨、木村正辞各文学博士、小出粲、阪正臣、宮地厳夫、佐々木信綱、大口鯛二、千葉胤明、下田歌子らと朝野の歌人二十余名が評議員となっていた。この歌道奨励会の事業の一つとしては、同会の歌道奨励大会とともに、皇典講究所、國學院も主催団体となって明治四十一年十月二十五日に「大日本古今歌人大祭」を靖國神社能楽堂にて開催、新たに総裁となった有栖川宮威仁親王殿下の御名代である布目満造海軍中佐をして令旨を賜り、三百名余が全国より参集して二条基弘侯爵が斎主となって古今の歌人を祭神とする大祭を斎行、その後、柿本人麻呂や蟬丸など古代の歌人をはじめ、千人以上の歌人から選定した和歌の神前披講式を行い、皇后陛下の他、各内親王、親王妃方より下賜戴いた御歌も披講する行事を開催していたことが挙げられる。大祭では、事前に祭神となすべき歌人の選定を國學院大學の畠山健、皇典講究所の高山昇、今井清彦、神宮奉斎会の藤岡好古、篠田時化雄、船曳衛、奨励会の千葉胤明、大町壮の八名を選任委員として歌人の資格調査を実施していた。またこの大祭行事とは別に奨励会では、大正期に奉公殉死の神霊奉慰のため、神前での献詠歌会を靖國神社にて斎行しており、神宮奉斎会もこれに主催団体の一つとして協力している。

なお、神宮奉斎会では明治三十九年に文部省の実施しようとする国語改定策に対して皇道国語会の林甕臣らの発起にかかる文部省国語改定反対集会に皇典講究所、國學院とともに参加しており、国語のあり方に対しても活動を行っていた。

## 結婚相談所の開設

大神宮では社会事業の一環として昭和二十七年十月、東京大神宮結婚相談所を開設した。この相談所の開設は、厚生省の優生結婚相談所が戦後、閉所となったため、その事業を引き継ぐ形で新たに発足したものである。戦後、公益法人が結婚相談所を開設するのは、財団法人日本青年館（現一般財団法人日本青年館）が、昭和五十五年に日本青年館結婚相談所を開設したのが著名であるが、それよりも三十年近く前に同じ公益法人の一種である宗教法人東京大神宮が相談所を開設していたこととなる。初代所長には厚生省優生結婚相談所に在籍経験があり、結婚に関する著述も多いことでも知られる山際よしこ女史が務め、その名声と献身的な尽力によって相当な成績を収めた。山際女史が昭和二十九年七月に所長を退任したため、入江晃権宮司が所長となり、大神宮の社会奉仕事業としての結婚相談所にその趣旨を改めて相談事業を行っていたが、三十二年八月に入江権宮司が逝去した後は、宮川宗徳総代の夫人である宮川英子女史が就任。結婚についての正しい認識と日本らしい健全な家庭の建設をモットーに特色ある結婚相談所として活動、年間相当数の婚約成立を挙げていた。

なお、児童に対する福祉的側面からの大神宮の社会事業については、別項にて述べることとする。

## 敬神婦人会と崇敬会の結成

戦後、神社の復興と神道の興隆は婦人の力からと大神宮の総代で初代の神社本庁事務総長であった宮川宗徳の主唱によって各地の神社に敬神婦人会が設立され、その全国的な統一組織として昭和二十三年七月に全国敬神婦人連合会が結成された。東京大神宮でも婦人教化のための会を結成すべく、昭和二十五年七月一日に総代婦人らが参集して準備会を開催、のちに全国敬神婦人連合会の第二代会長となる佐佐木米子（佐佐木行忠宮司の夫人）、前出の宮川英子（宮川宗徳総代夫人、のち全国敬神婦人連合会副委員長）が世話人となり、大神宮を崇敬する婦人らによって御祭神の御神徳を欽仰して敬神の実を挙げるとともに、淳厚な民風を作興して清き明るい新日本の建設に寄与することを目的とする東京大神宮婦人会を発足した。世話人名にて関係者へと広く会の発足案内を行った後、十二月二日に初会合を開催、会則を決定、会長に佐佐木米子以下役員を選任して婦人らで構成する東京大神宮婦人会の結成をみるに至った。

婦人会とは別の大神宮関連団体として、昭和四十年十月には、東京大神宮の御祭神の神徳を奉戴して、大神宮を崇敬する人々の結集を堅固にし、崇敬の誠を捧げ、大神宮の経営を奉賛して、伊勢神宮の一層のご隆昌を期することを目的とする東京大神宮崇敬会を結成しており、崇敬会と時期を同じくして、大神宮で神前結婚式を挙げた人々が大神宮との神縁を末永く保つための組織として花菱会が結成されている。崇敬会の事業内容は、

①伊勢神宮の御神威発揚に関する事業
②東京大神宮神徳敬仰奉体に資する事業
③東京大神宮祭典行事奉賛に関する事業

④東京大神宮の経営諸施設及び境域の整備保持に関する事業
⑤其の他本会の目的を達成するに必要な事業

というものであり、年間五千円を納める維持会員、年額一万円を納める有功会員の二種に分かれており、祭典の案内ほか、年末には新たな年を迎えるために伊勢神宮と東京大神宮のお札と銅板干支絵馬、干支福財布を授与している。また、東京大神宮献饌講も結成されており、年間数十件におよぶ恒例祭祀に際して、海川山野の季節の産物を神々に献じているが、祖先から受け継いできた献饌の美風を継承するため、正講員は年額三千六百五十円、特別講員は年額三万六千五百円を献納し、講員には奉賛を神前にて奉告し、祈禱神札、福箸、福しゃもじなどが授与されている。

## さまざまな講座やワークショップの開催

大神宮では、現在、神社で行う文化事業の一つとして各種の講座やワークショップが行われている。毎回、大神宮のホームページやSNSを用いて告知し、境内に隣接する東京大神宮研修所において、数十名単位の事前申し込み制により開催している。こうした文化事業は、松山文彦宮司になってからのもので、平成以降の取り組みであり、従来の大神宮の種々の事業にはなかった取り組みでもある。この取り組みは、女性を中心に幅広い年齢層に向けて、大神宮と神道を中心とした日本文化に親しんでもらおうというコンセプトのもとで行われている。参加希望者が多く、募集開始早々に定員に達してしまうこともあるという。

ワークショップのチラシ

まず、講座について内容の一部を紹介すると、定期開催の「和のこころを学ぶ講座」では日本のしきたりや昔から伝わる知恵の数々を、「歳時記講座」では季節の和菓子を味わいながら年中行事について学ぶことができる。ほかに、人気アニメに込められた宗教的メッセージを読み解く「はじめての宗教学」など、誰もが楽しみながら学べる講座を開講してきた。続いて、種々のハンドメイドを体験できるワークショップの内容の一部を紹介すると、新年神棚用しめ飾り作り、お正月水引飾り作り、開運絵馬ネックレス作り、花と海をテーマにしたフラワーアレンジメント、ヒノキを使ったビスケットネックレス作り、刺繍こぎん刺し、大筆書道、風鈴絵付け、七夕Ａｒｔハーバリウム作り、サクラの葉っぱのピンブローチ作り、母の日の感謝を伝えるプリザーブドフラワーなど、日本文化に因む内容が多く、これらワークショップは松山幾一権宮司の企画によるもので毎回好評を博している。

## 新設した文京区目白台の神饌用菜園

平成十六年十二月十五日に大神宮の職舎（東京都文京区目白台一丁目二二―二）に隣接した南側の土地九十四坪を中土順平氏から譲り受け、これを整地して大神宮の祭祀の際に神饌を供えるための田畑である菜園を整備した。この菜園を宗教法人として有為に活用するため、大神宮の友好団体であるＮＰＯ法人ちんじゅの森（代表・中尾伊早子／令和二年より森村衣美）の協力を得て、平成三十一年四月二十日に、ちんじゅの森サロン「ほぐほぐ」をオープンし、人が集えるスペースとして開放した。ちんじゅの森による「ほぐほぐ」での活動を支援する形で、永青文庫や椿山荘にほど近い閑静な住宅街の中にある大神宮の菜園での農業体験や季節のイベント等を通じ、近隣の日本女子大学の協力も得ながら幅広い年代の人々が集い親しむことのできる新たなコミュニティを構築しようとする試みを行っている。これまでに田植えや稲刈り、脱穀・籾摺り・精米体験、梅干しやらっきょうの甘酢漬け作り、行燈の作製や藍の生葉染め、お米と芋煮のワークショップ、注連縄・注連飾り作り、小正月―餅つきと繭玉を楽しむ、お月見夜話、風土まるごと旬を味わう手しごと講座「干し柿―鳥取県八頭町」など季節のイベントも開催してきた。さらに映画『人生フルーツ』上映会、食に関する映像視聴を通じた話し合いの会など、種々のイベントに集う人々とともに、豊かさを見つめ直し、これからの生き方を考える機会の場を設けている。

目白台の菜園

# お伊勢参りと大神宮・神宮教院

神宮司庁東京出張所の設置以来、大神宮では、東京における神宮の教宣活動を担う拠点としての役割を課せられてきた。神宮司庁と神宮教院の分離によって東京出張所が閉鎖して神宮教院が伊勢と東京に本院を置き、神宮教として活動するようになってからも、江戸期の神宮御師の時代から続く「お伊勢参り」と称される、神宮への庶民参詣を鼓吹する活動を行ってきた歴史がある。そこで本項では伊勢参宮にかかる活動について紹介してみたい。

## 神宮教時代の大参宮会の様子

明治四年七月の神宮改革以前は、伊勢の参宮を促進した軸というべきものは内宮・外宮の御師であるが、御師による御祓大麻の神札頒布の停止により、大きく参宮のあり様が変化し、新たに神宮教会を中心とした神風講社など伊勢講の再編が起こる。この点については近年、櫻井治男や森悟朗、武田幸也らによる学術研究もあり、筆者が本書で立ち入って詳しく述べることは紙面の都合上できないが、明治十五年の神宮司庁と神宮教院の分離に伴い、二十年代には東京の神宮教（神宮教教院／日比谷神宮教院／神宮教院）を中心にした伊勢参宮の促進運動も一つの動きとして窺い知ることができる。

まず、神宮教では、明治二十二年六月二十二日に「神風講社　伊勢大参宮会広告」を「神宮教教院名」で『読売新聞』紙上に広告として掲載しているが、これは明治二十二年十月に行われる第五十六回の神宮式年遷宮が、文政十三年の式年遷宮からちょうど六十一年目にあたり、江戸期には六十年に一度のブームともなっていたいわゆる「おかげ参り」の年にあたることから神宮への参詣を促す目的で出された広告である。その後も翌二十三年一月まで度々広告が掲載されている。とくにその広告内容で目を引くものは、当時はまだ鉄道網が発達していなかったことから、船での参宮の方途と代金割引についての案内が掲載されており、大参宮会の会員となった者に対して熱田港、四日市、豊橋、津、大阪、和歌山など各港から伊勢の神社港までの共立汽船の乗船代金の二割引を行うというものである。加えて横浜港からの乗船者については、日本郵船との特約により、横浜から四日市港までの乗船者は往復割引、横浜から志摩の鳥羽答志島までについては三百名以上の乗船者がある場合、乗船代金の割引を行う旨を告知している。この横浜からの乗船については、横浜市太田町六丁目百十一番地に臨時の教院出張所を設置して臨時会員加入の申し込みと会員票の発行を受け付けていたようである。ちなみに横浜から四日市港までの乗船料

廣告

一熱田港より　神社港迄
一四日市港より　神社港迄
一豐橋港より　神社港迄
一津港より　神社港迄
一大坂及紀州各寄港所より神社港迄

右ハ新年一月より六月迄伊勢大參宮會員に限り路次便益を與へんとして瀛船乘客賃錢各弐割引を以て共立瀛船會社と乘船特約相結び往復共實施の都合に付此旨會員信徒有志諸君へ廣告そ

明治廿三年一月　神宮敎院
大參宮會事務係

伊勢大參宮會御神寳拜觀及び神樂執行等之儀去る一日より巨多參拜者の爲め初會相開き聊り規約順序と過ぎさそ第一着より好都合を得さり加ふるに從前御鎮座の古殿拜觀とも特許を被り千載一遇不容易槃擧と相與ゆるの機會に臨んでハ事實疑ひなく追々陸續參拜あらんことと冀望の至りに堪ぞ此旨信徒諸君へ廣告そ

明治二十三年一月　神宮敎院
大參宮會事務係

明治23年1月8日の『読売新聞』に掲載された神宮教の参宮広告

金は割引にて往復一円二十銭であると告知しており、明治三十年前後の物価に照らし合わせると白米で十キロで一円十二銭であるため、この乗船代金がどのくらいのものであったのかという目安となる。

また、大参宮会の会員入会は一名あたり三十銭にて本院、各地方本部で加入手続きの後、会員票の受領については地方本部にて手続きした者は地方本部で、それ以外の東京府下の神宮教会、本院取り扱い分については、当時芝にあった神宮教院事務所の大参宮係にて直接渡していたとされる。この第五十六回の神宮式年遷宮の大参宮会にてお伊勢参りをした会員は、伊勢の神宮にて両宮の参詣、神宮教の伊勢の宇治本院（のちの神宮奉斎会伊勢大本部のこと）での大々神楽の奏奠、遷宮で撤下された神宝および遷宮後の古殿地の拝観を特典としていた。なお、伊勢にある神宮教の伊勢の宇治本院でも大参宮会の入会申し込みを受け付けていた。交通機関が現在ほど整備されていなかった明治二十二年当時ではあるが、篠田時化雄の回顧によれば、藤岡好古、篠田がこの大参宮会の事業を興したところ、総計で百万人を超える参宮をせしめることができ、宇治山田市民に大きな恩恵を与えることができたという（『篠田小笹之屋大人物語』）。神宮司庁の参宮者統計が明治三十三年から実施されており、同年が約百万人程度の参拝者数であるため（神宮司庁編『神宮便覧』）、篠田の回顧は、やや誇張した数字とも考えられるが、明治三十二～三十三年頃には東京市下谷区竹町、本所菊川町、足立等に神宮崇敬を本旨とする敬忠組や各地参宮団らが主軸となって、月に三十万余人の参宮者を送ったという記録もみられることから（『神社新報』昭和三十九年三月十四日、三面）、この大参宮会を利用して本院を含む各地方本部から合計数十万単位の人々が伊勢神宮への参宮をしていたことは明らかであろう。

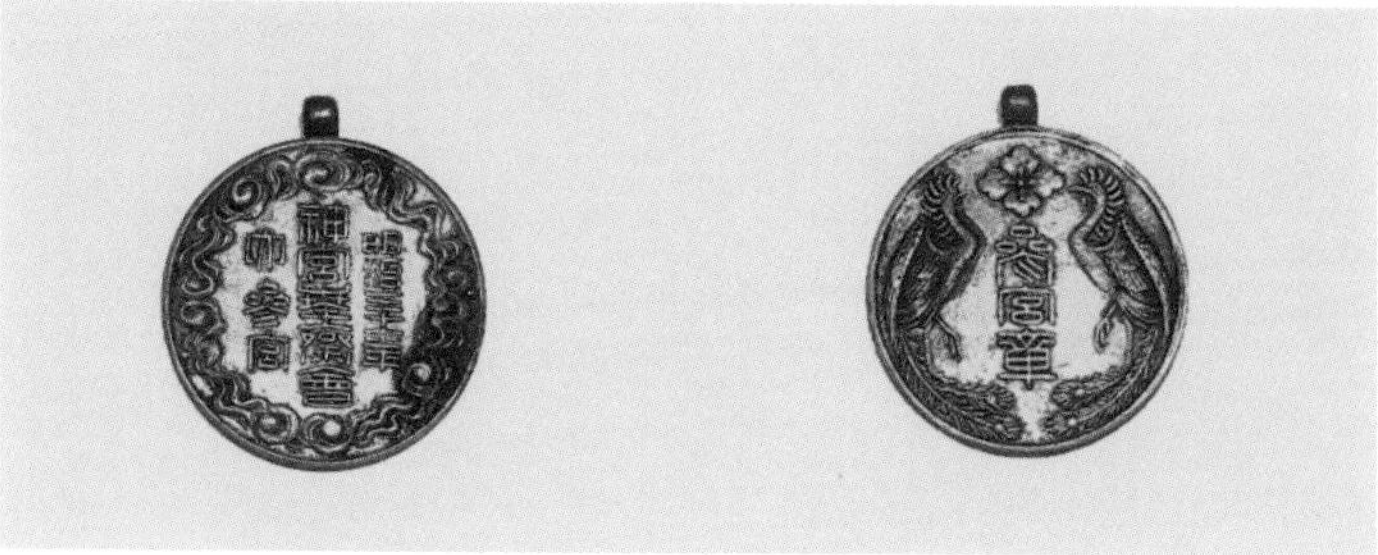


明治36年の神宮奉斎会の参宮会の参宮章（右が表、左が裏）

実際に神宮教の地方本部である長野県の上田本部（第十九教区）では、一月から三月までの大参宮会の申し込み者が多く、上田本部の各参宮者の利便のために神宮教の標旗を授与して対応し、その数が一月二十二日までに五百名余にのぼったとされるが、日々続々申し込み数は増加しており、当時はまだ一般的には地方では旧暦での生活暦で日々の生活が動いていたため、旧暦の一月となる二月以降に申し込みがさらに増加する模様であると報じられている（『読売新聞』明治二十三年一月二十九日別刷）。

明治三十年には、皇大神宮御鎮座千九百年の奉祝記念祭が三月十日から五月十八日まで斎行されることから、奉祝会員という名称にて前述したような参宮会員の特典が設けられ、この時期には汽車なども発達しつつあったため、鉄道省官線および、日本鉄道、甲武、両毛、総武、青梅、川越、奈良、大阪、山陽、九州各鉄道が各二割引、船については、日本郵船、熱田共立汽船が三割引、関西同盟汽船が往復二割引という割引の他、伊勢の神宮に参詣する前に伊勢の宇治本院で修祓を受けて、職員による両宮への参詣の案内、神宮宮域内にある神楽殿での大々神楽の奏奠、遷宮で撤下された神宝の拝

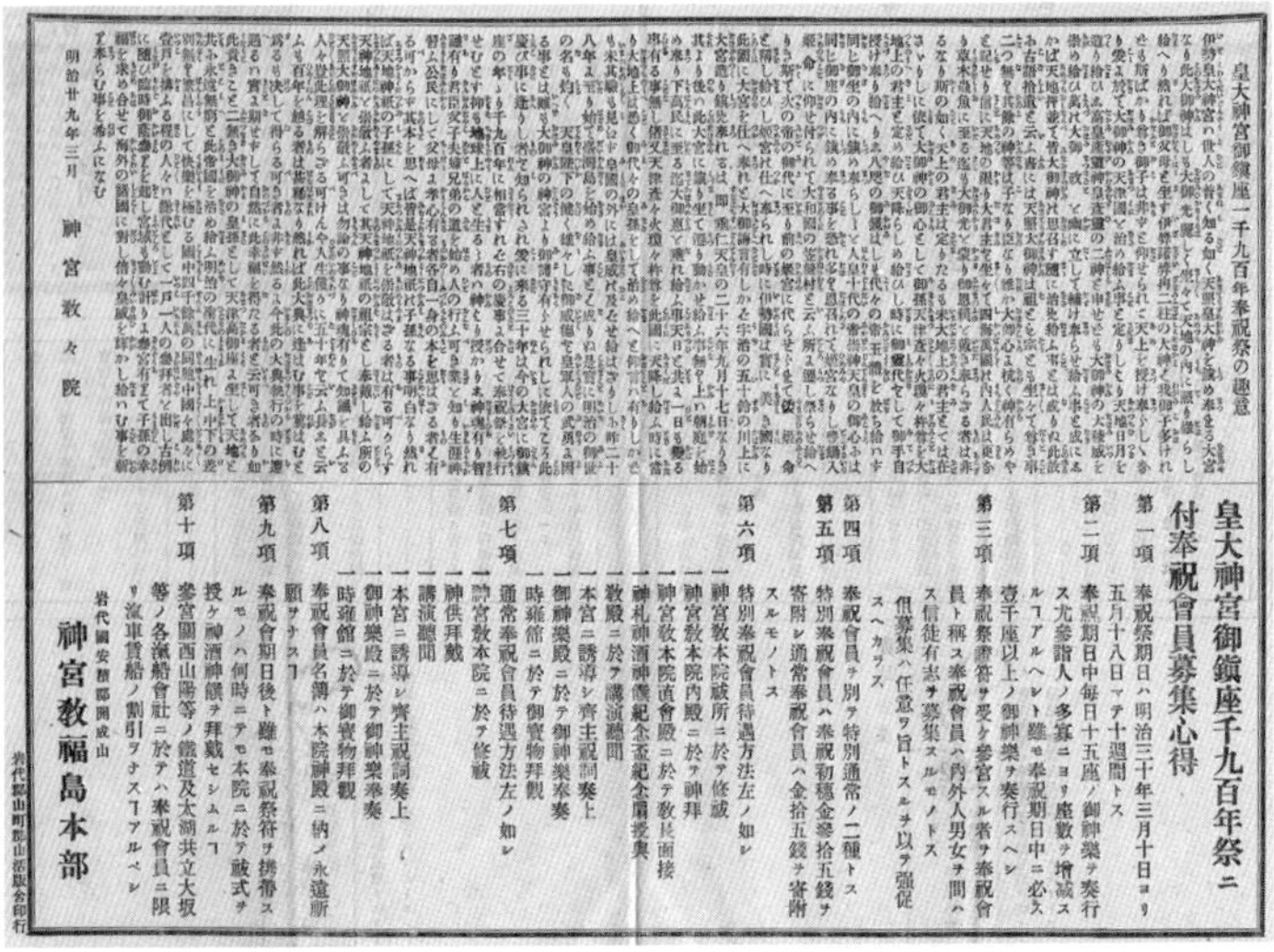

皇大神宮御鎮座千九百年奉祝祭の趣意

明治廿九年三月　神宮教々院

皇大神宮御鎮座千九百年祭ニ付奉祝會員募集心得

第一項　奉祝祭期日ハ明治三十年三月十日ヨリ五月十八日マテ十週間トス

第二項　奉祝期日中毎日十五座ノ御神楽ヲ奏行ス尤参詣人ノ多寡ニヨリ座数ヲ増減スルヿアルヘシト雖モ奉祝期日中ニ必ス壹千座以上ノ御神楽ヲ奏行スヘシ

第三項　奉祝祭齋符ヲ受ケ参宮スル者ヲ奉祝會員ト稱ス奉祝會員ハ内外人男女ヲ問ハス信徒有志ヲ募集スルモノトス

但募集ハ任意ヲ旨トスルヲ以テ強促スヘカラス

第四項　奉祝會員ヲ別テ特別通常ノ二種トス

第五項　特別奉祝會員ハ奉祝初穂金參拾五錢ヲ寄附シ通常奉祝會員ハ金拾五錢ヲ寄附スルモノトス

第六項　特別奉祝會員待遇方法左ノ如シ

一神宮教本院祓所ニ於テ修祓
一神宮教本院内殿ニ於テ神拜
一神宮教本院直會殿ニ於テ教長面接
一神札神酒神饌紀念盃紀念扇授與
一教殿ニ於テ講演聽聞
一本宮ニ誘導シ齋主祝詞奏上
一御神楽殿ニ於テ御神楽奉奏
一時雍館ニ於テ御寶物拜觀

第七項　通常奉祝會員待遇方法左ノ如シ

一神宮教本院ニ於テ修祓
一神供拜戴
一講演聽聞
一本宮ニ誘導シ齋主祝詞奏上
一御神楽殿ニ於テ御神楽奉奏
一時雍館ニ於テ御寶物拜觀

第八項　奉祝會員名簿ハ本院神殿ニ納メ永遠祈願サナスヿ

第九項　奉祝會期日後ト雖モ奉祝祭符ヲ携帯スルモノハ何時ニテモ本院ニ於テ祓式ヲ授ケ神酒神饌ヲ拜戴セシムルヿ

第十項　参宮關西山陽等ノ鐵道及太湖共立大坂等ノ各滊船會社ニ於テハ奉祝會員ニ限リ滊車賃船ノ割引ヲナスヿアルベシ

岩代國安積郡開成山
神宮教福島本部

岩代郡山町郡山活版舍印行

皇大神宮御鎮座1900年に際しての神宮教福島本部が作成した奉祝会員募集の趣意書（筆者所蔵）

観、紀念盃、紀念扇の授与、神宮神苑会の農業館の拝観（通常会員）、農業館ならびに二見賓日館の拝観（特別会員）が特典となっていた。さらには伊勢の山田の外宮前には、神宮教御用と称する高千穂屋旅館の広告も併せて掲載されることもあった。

明治三十六年には、四月十五日から五月十五日まで神宮司庁皇道布演開始三十年、神宮奉斎会設立五周年の記念事業として、十万人の大参宮を目指して参宮人を募集する大参宮会運動を実施している。この折も前述したような参宮会員の特典が設けられ、会員に配布された参宮章（二三七頁の参宮章写真）の他、伊勢の神宮に参詣する前に伊勢の宇治本院で奉拝式、両宮への参拝、神宮宮域内にある神楽殿での大々神楽の奏奠、大々神楽大麻と御饌の授与、遷宮で撤下された神宝の拝観が特典となっていた。なお、大正十四年以降は、参宮団体の募集とともに東京の貧窮児童を対象とする神宮や桃山御陵の敬神旅行を企画した時期もあった。

## 神宮奉斎会の賛成員制度について

神宮教時代の参宮会員の制は、ある種、他の宗教でいうところの教徒に近似するものであったが、他の宗教のような特段の戒律や義務はなく、あくまで伊勢の参宮奉拝を通じた教化と奉賽であって、非常にゆるやかな制であった。明治三十二年に神宮教が解散して財団法人神宮奉斎会となった際には、これまでの参宮会員の制に相当するものとして、参宮において特典のある賛成員という制度が設けられることとなった。この賛成員の制度は、三十二年十月に賛成員組合規約が設けられ、神宮奉斎会の趣旨に基づき神宮を奉拝し、徳義を重んじ、奉公のことを行うことを義務として、名誉賛成員、特別賛成員、通常賛成員の三種類があった。名誉賛成員は、本会に功労ある者もしくは徳望ある者を理事会の議決にて招請する者で、賛襄、協賛、賛助の三種類があった。賛襄は主に華族が委嘱されており、協賛にはのちに神前結婚式の項でも登場する下田歌子も

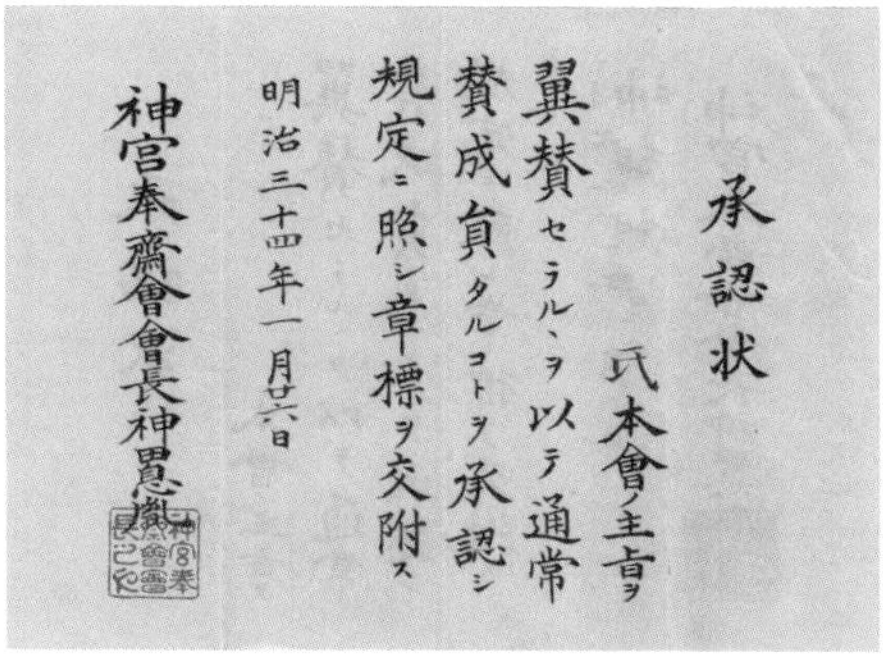
承認状
氏本會ノ主旨ヲ翼賛セラルヽヲ以テ通常賛成員タルコトヲ承認シ規定ニ照シ章標ヲ交附ス
明治三十四年一月廿六日
神宮奉齋會會長神[illegible]

神宮奉斎会賛成員の承認状（明治34年）
個人名の記載箇所は加工を行っている

神宮奉斎会の賛成員に配布された章標

委嘱されていた。大正四年に発行された高倉長江『日本之勝観』に記された神宮奉斎会の記載に従えば、賛成員の数は百万人を超えていたと考えられる。

特別賛成員は金十円以上を一回もしくは数回に分割して納入した者、通常賛成員は金一円以上を一回もしくは数回に分割して収めた者である。賛成員の入会の際は、入会証を提出せしめ、一時納金者には承認状および章標（写真参照）を公布し、数回納金して完納せざる者には、承認状及び略章を交付して完納の後、章標を交付して、両賛成員には、神勅と教育勅語の刷物を授与した。特別賛成員の参宮の折の待遇は、神宮教の参宮会員と同様、伊勢の神宮奉斎会大本部で修祓を受けて、大本部内の神宮奉斎所内陣にて参拝、大本部直会殿にて神酒御饌の拝戴、神宮の神宝の拝観、神拝扇及磁盃の授与、神宮神苑会の農業館の拝観、二見賓日館の拝観があり、通常賛成員は、伊勢の神宮奉斎会大本部で修祓を受け、大本部内の神宮奉斎所外陣にて参拝、神拝扇、伊勢神宮御正宮の参拝案内というものであった。

また、東京の神宮奉斎会本院でも賛成員は特典を受けることができた。特別賛成員は神宮奉斎会本院内の神宮奉斎所で修祓を受け、神宮奉斎所御門下に於いて奉拝、本院直会殿にて神酒御饌の拝戴、事務所奥の間にて奉斎会重役の面謁というもので、通常賛成員については神宮奉斎所で修祓を受けて、神宮奉斎所斎場にて参拝、御供御酒の拝戴という待遇であった。いずれも章標または略章を佩用し、名刺を通じたる際に限る待遇である（明治三十三年五月十五日神宮奉斎会賛成員募集心得追加）。賛成会員以外にかつての神宮教教師、神風講社たる者は、賛成員になることができた他（明治三十二年十月十七日令第十三号、神宮奉斎会寄附行為第七章第六十四条）、賛成員で同一地方に居住する者が地方本部の承認を得て百人以上からなる賛成員組合（賛成員何組）を結成することができ（賛成員組合規約第二条）、事務所を置くこともできるという制度であった。この賛成員組合の最初となったのが、前述の長野県の上田本部で、三十二年十月二十六日に佐久組、厳鉾組、弥栄組の三組合が結成され、一ヶ月後には京都本部でも平屋組、稚桜組、後瀬組、神路組、立花組、五十鈴組、御禊組の計七組が結成され、他の地方にも相次いで賛成員組合の結成をみることとなった。

## 戦後の伊勢神宮講社について

戦後、神宮奉斎会を解散して、その奉斎殿が東京大神宮へと生まれ変わった際、神宮教、神宮奉斎会の時代から重要視してきた神宮への参拝促進、つまり参宮会の事業をどう引き継いでいくかは大きな課題であった。そこでこれまでの参宮会を改組するために企図したものが、昭和二十一年四月の財団法人伊勢神宮講社の設立申請である。神宮奉斎会の解散に伴う、後身事業の一つであり、佐佐木行忠、藤岡好春、宮川宗徳ら三人が発起人となって安倍能成文部大臣宛に四月二十七日に神宮奉斎会の

伊勢神宮講社許可

全國各府縣から評議員を選出

國民の參宮を奬勵

東京麹町區富士見町に在る神宮奉齋會では本講設立に伴つて解散となり同會本院奉齋殿は嚢に東京大神宮として設立を承認され財産引繼が行はれたが更に餘剩財産を以て皇大神宮に對する國民の奉賛を奬勵する目的を以て伊勢神宮講社設立計畫が佐佐木行忠氏、藤岡好春氏等によつて進められ過般設立認可の申請を行つたがこの程正式に許可され發足を行ふこととなつた、取敢ず同大神宮の小出宮司が理事兼講頭に就任したが總裁、副總裁理事、監事も追つて決定されるはずで評議員を全國各府縣から選出し、全國的協力の下に國民の參宮を促し神宮への崇敬を盛んにすると共に地方神社の正しき發展を圖らんとするもので、東京大神宮は經費の不足額を補つてもこれを維持することになつてゐる

伊勢神宮の眞姿發揚

崇敬同志會結成

境内地面積

當局に報

伊勢神宮講社の設立許可を報じた記事(『神社新報』)

解散申請と同時に、藤岡神宮奉斎会会長が私財を寄附して財団法人伊勢神宮講社の設立申請を行い、六月に許可され、神宮奉斎会以来の伝統を維持することとなった。設立後、一旦、東京大神宮の小出宮司が理事兼講頭に就任したが、総裁、副総裁等理事、監事、評議員を全国各府県から選出し、全国的協力の下に国民の参宮を促して神宮への崇敬を盛んにすると共に地方神社の正しき発展を図ろうとする目的で経費の不足額は大神宮が補塡して維持することとなっていた。なお、副総裁には佐佐木行忠氏が就任していた。

同講社主催の神宮参拝団は、世相もありなかなか実現しなかったが、入江晃権宮司の就任以後、講社の拡張を図り、第一回の参拝団が出発したのが昭和二十五年五月のことであった。以後も春の四月から五月に参拝団を結成して出発の際には奉告祭を斎行し、伊勢到着後は、神宮当局の配慮にて特別の取り扱いを受け参拝、帰京後は参拝反省会を実施、戦前期にあった都内の敬忠組の伝統を引き継ぐ神宮参拝の実現を見ることとなった。昭和三十年代までは中断がありながらも参宮会の活動を行っていたが、その後会員の減少などもあり、一定の役割を果たしたとして、解散した。

# 伊勢にもあった大神宮の大本部

## お伊勢参りの玄関と大神宮との関係

東京・関東方面から伊勢神宮へ参詣する際には、高速道路が発達した現在では、バスやマイカーで伊勢まで行く人々も多いと考えるが、鉄道を利用した方法が最もポピュラーである。とくに新幹線で名古屋駅から近鉄電車を使ってお伊勢参りをする際には、今もモダンな建物の近鉄宇治山田駅から下車して、神宮へと参拝に向かう方々が多いと思われる。その宇治山田駅に降り立つと駅前のバスロータリーの前に昭和四十五年に建設された伊勢市観光文化会館が参詣者を出迎えてくれる。この伊勢市観光文化会館が建てられる以前、この地には昭和二十八年に伊勢会館が建設されていたが、それ以前の昭和二年から二十六年余の間、「神都公会堂」と呼ばれる木造の瓦葺きの大屋根を持つ総檜造りの大講堂があったことは、地元の伊勢市民でも覚えている方は少ないと思われる。その神都公会堂、実は東京大神宮と深い関わりを持つ建物でもあった。

## 神宮教院から神宮教伊勢本院へ

神都公会堂は、もともと大正十二年まで現在の三重県伊勢市宇治浦田町一丁目の神宮祭主官舎の構内の奥にあり、もとは神宮司庁から神宮教に移管された神宮教院伊勢本院（宇治本院とも称した）の建物で、明治三十二年以降は神宮奉斎会（日比谷大神宮）の所管の建物であった。瓦葺、総檜寝殿造りの壮大な建物で、五十鈴川の下流方面からもその大屋根と破風を見ることができたとされる。御幸道路にも面しており、かつ高さもあったことから伊勢神宮の門前町である宇治のランドマーク的な存在でもあった。

この神都公会堂は、先に述べた通り、かつては宇治浦田町に置かれていた神宮教の伊勢本院の建物であった。神宮教となる以前、伊勢には東京の神宮司庁皇大神宮遥拝殿（大神宮のこと）と関連する施設として神宮教院があったが、神宮教院には当初、のちの神都公会堂にあたる建物はまだ建築されていなかった。

神宮教院は、明治五年に伊勢の神宮が大教宣布運動に伴って教導職養成のために設立したもので、当初は明治五年十月に神宮司庁教務課を改めて設置したことに始まる。明治六年一月に、内宮の旧神職家である宇治浦田町の藤波氏朝邸を購入して教院の講堂とし、同年三月にこの藤波氏朝邸に教院を移転したとされる（孫福弘孚『櫟陰記』第八巻、明治六年一月十日条、阪本健一『明治神道史の研究』、宮川忠夫編『篠田小笹之屋大人物語』、坂常三郎『神都の繁華』）。

その後、明治九年の規則改正によって神宮教院内に神宮の神官の養成と教育のために本教館を設置したものの、種々のトラブルがあり明治十四年に閉鎖された（西川順土『近代の神宮』、神宮皇學館編『神路』四号〈伊勢本教館号〉）。本教館閉鎖後は、神官の養成・教育機関としての機能について明治十五年

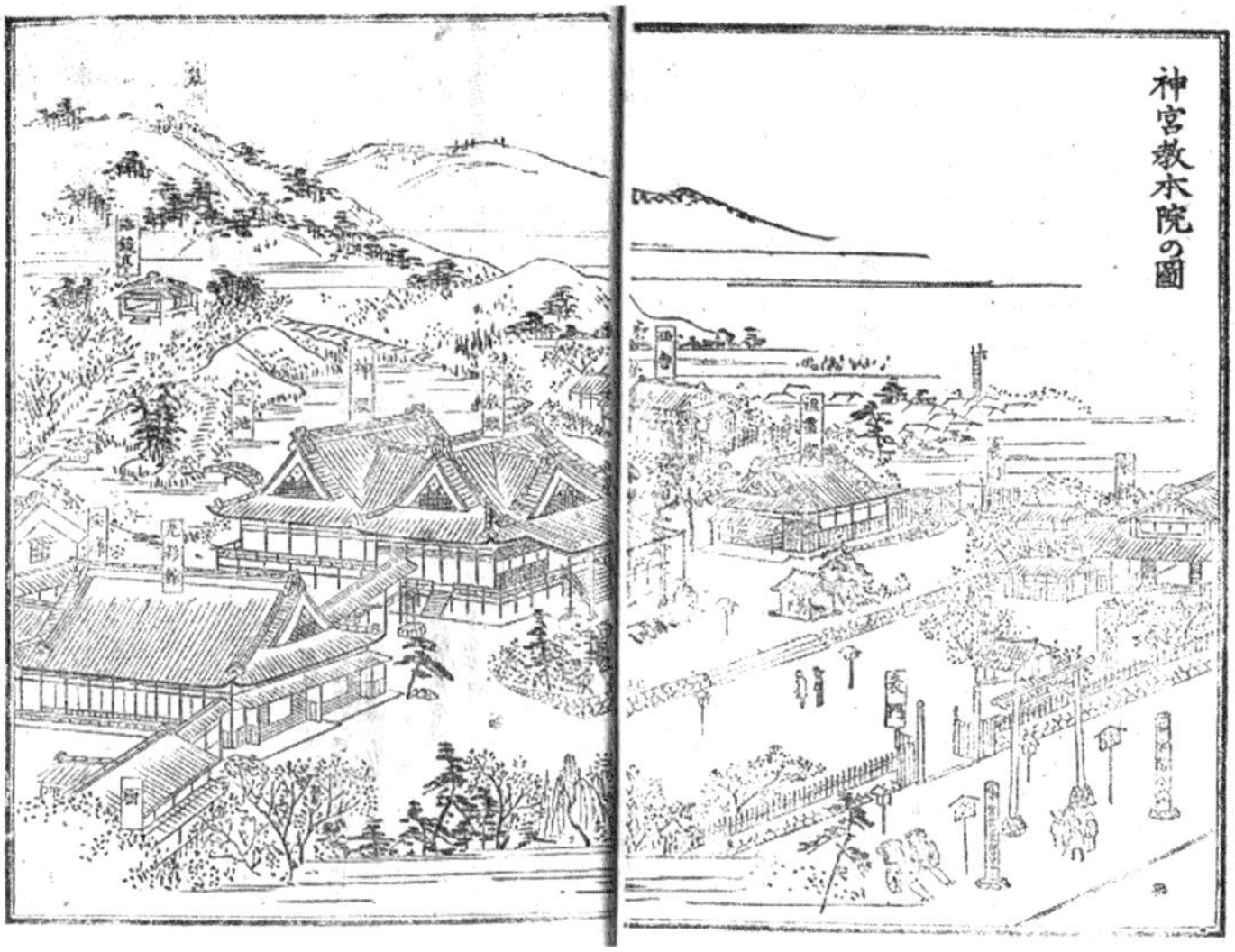


『神都の繁華』に描かれた神宮教伊勢本院（神宮奉斎会伊勢大本部）の構内図
左下に旧藤波氏朝邸であった光彩館が見える

四月に設置された神宮皇學館（のちの官立神宮皇學館大學）が担うこととなった。

　この宇治浦田町にあった神宮教院の建物は、明治十五年一月の神官教導職分離によって、伊勢の神宮が神宮（神宮司庁）と神宮教院とに分離したため、東京に教院運営の本事務所が置かれることとなった神宮教（神道神宮派）の所管建物となり、神宮教伊勢本院（宇治本院）と称されることとなった。本院の講堂以外にも西舎、東館、祖霊殿や宝庫なども配置されていた。

　伊勢本院となってからは、明治二十六年六月四日に神宮教院の教規の修正、学寮の開設、機関誌の発行が決議、認可された折に、伊勢の本院も併せて新築することが決議され、各地方本部からの献納金の下、明治二十七年に大教殿、神殿が新築されるこ

神宮奉斎会伊勢大本部(大教殿・神殿)

ととなり、翌二十八年五月十五日に神殿の落成式が挙行された(坂常三郎『神都の繁華』、孫福弘孚『櫟陰記』明治二十八年五月十五日条)。それまでの本院の講堂など旧藤波邸の建物は、光彩館という名称にて存置された。

その後は、主に東京や関東ほか、地方からの伊勢神宮の参宮を募り参詣する際に、神宮教、神宮奉斎会の時代を通じて、参詣者や奉斎会の会員・賛成員のため、伊勢本院内の大教殿(奉斎殿)を通じての修祓や遥拝、接遇・休憩所として利用されており、臨時参宮会員の申込み取扱所ともなっていた。また、神宮教時代は伊勢本院が神宮大麻の奉製と頒布にも関与した時期があったほか、一時期は、毎年十月二十日限りであるが、全国頒布される神宮大麻・暦の受け渡し場所としても機能していた。なお、余談であるが、ジョン・ブリーン氏の著した『神都物語』(吉川弘文館)に「神宮教院は、一八七二年末に宇治の浦田町に新築された」という記載がある。これは、誤記であり、神宮司庁は、明

伊勢大本部の会員取扱所の看板

治五（一八七二）年に宇治浦田町に神宮教院の建物を新たに建築してはいない。本書にてこれまで述べてきた通りであれば、「神宮教院は、明治五年に神宮司庁内に設置され、その後、明治六年一月に宇治浦田町の藤波氏朝邸を購入して同年三月に移転、その後、神宮司庁と神宮教院の分離後、同地内に明治二十七年になって、神宮教の神殿・大教殿が建築された」とすべきであろう。また、ジョン・ブリーン氏の同書では、さらに飯田良樹氏所蔵の神宮教の伊勢本院を記した絵図も併せて掲載されているが、これも「神宮教本院神宮教の東京出張所」と表記されている。こちらも前出の『神都の繁華』の絵図などと照らし合わせてみれば明らかであるが、「神宮教伊勢本院の絵図」と表記すべきであろう。ジョン・ブリーン氏の『神都物語』は、広く一般の目に触れる書籍でもあるが、東京大神宮の歴史にもかかわる著述が書かれた箇所だけにこうした誤記は極めて残念である。

### 神宮奉斎会伊勢大本部

とくに明治三十二年九月に神宮教が解散し、財団法人神宮奉斎会となった後は、財団の寄附行為にて東京に主たる事務所である奉斎会本院に対して、この旧伊勢本院は神宮奉斎会が伊勢にも事務所を置く「神宮奉斎会大本部」という呼称にて規定し、会員の取り扱いのほか、伊勢神宮の奉拝殿という

現在の宇治山田駅前に移築後、神都公会堂となった旧神宮奉斎会伊勢大本部の大教殿

役割を担っていた。この大本部の長となったのが、神宮奉斎会の第三代会長を務めた篠田時化雄である。神宮教管長であった田中頼庸が明治二十六年七月に病気にて退任して以降、神宮教、神宮奉斎会をともに管長事務取扱の要職にて支えてきた藤岡好古が神宮奉斎会初代会長に就任した際、篠田自身は前管長の待遇にして神宮奉斎会大本部長に就任したのである。大本部には、奉斎会の理事七名のうち一名を互選した大本部長一名のほか、幹事一名と録事若干名が置かれ、なお、大本部長は任期三年で内務大臣の認可を得て就任することとなっていた（篠田は三十二年九月十五日に内務大臣の認可となり就任）。

なお、この大本部は大正七年四月まで神宮奉斎会にて使用された。明治三十六年一月七日の『朝日新聞』朝刊に掲載された黒田撫泉の「回遊列車伊勢の初便り」には、当時、宇治浦田町にあった神宮司庁の庁舎と神宮奉斎会大本部がある様子が記されており、また、四月二十九日の同紙の「伊勢参り」の記事には、「大きな御殿があるのは神宮奉斎会の大本部」と記されており、宇治浦田町にあるひと際大きな建物が、神宮奉斎会大本部ということが一般に広く知られていたことを窺い知ることができる。

その後、明治後期以降に各地で鉄道敷設などがさらに進んだこともあり、大正期以降は、伊勢までの交通事情も徐々に改善・発達していったことや、伊勢の市街地内にも大正三年に、伊勢電気鉄道が路面電車を皇大神宮（内宮）の入り口である宇治橋前まで開通させるなど、参詣者が伊勢に到着した後も参宮への利便性が著しく向上し、加えて神宮の側も宮域内にある神楽殿を改築したほか、新たに参集所などの参詣者の待遇のための施設設備を整備したこと、さらには大本部の建物そのものも巨大かつ多くの建物があり、維持管理の費用がかさむようになったことから、神宮奉斎会が単独で施設を維持することが困難となったことなどが事由となり、伊勢大本部は廃止されることとなったのである（『東京大神宮沿革史』、『東京大神宮百年の歩み』）。

## 神都公会堂

大本部の廃止後、かつての大教殿（奉斎殿とも）などの建物は一旦、神宮へと移管された。その後、大正十二（一九二三）年十一月五日に創建された倭姫宮の創建記念事業の一つとして、同年八月に宇治山田市（現伊勢市）が神宮から旧神宮奉斎会大本部の建物の無償譲渡を受けることとなり、昭和二年九月に同市岩淵町箕曲の地（現在の宇治山田駅前）へと移築されて神都公会堂という名で生まれ変わった（「神都にふさわしい神殿造りの公会堂」度会郷友会『度会』第二六六号）。移築後、公会堂の前では、昭和四年十月に斎行された第五十八回神宮式年遷宮の記念事業として、同五年三月十日から五月十日まで三

博覧会開催当時の神都公会堂

府三十二県十市と南洋庁の参加を得た「御遷宮奉祝神都博覧会」が開催された。この博覧会は、公会堂に隣接して設けられた歴史館などもパビリオンの一つであったが、昭和五年五月十一日の『伊勢新聞』によれば、連日の盛況で、七十万人を超す入場者があり、大成功を収めた博覧会であったことが報じられている（『伊勢市史』第四巻　近代編）。

神都公会堂は、昭和六年三月十七日に神都博覧会の跡地を利用して建設された参宮急行電鉄線（のちの近鉄大阪線・名古屋線）宇治山田駅の開業以降、神宮式年遷宮の中心となった造神宮使庁の関係者をねぎらうための内務大臣の祝宴や、全国市長会議、国会議員の演説会など、種々の会合に利用されていた。また、第二次世界大戦の折には、昭和二十年七月二十八、二十九日に伊勢市街地の約五割を焼失し、大きな被害のあった宇治山田大空襲の被害も幸いにして免れていたが、戦後になり昭和二十八年に第五十九回の神宮式年遷宮に併せて現在の伊勢市観光文化会館の前身となる伊勢会館が建設され、取り壊されることとなった。それゆえ、伊勢の神宮、東京大神宮にとってもゆかりの建物であったが、現在では、その姿を古写真等でしか窺い知ることはできない。

なお、隣接して昭和三年五月一日に開館していた神都図書館（外宮御師であった橋村肥前大夫御師邸を移築した建物、右頁写真の左端）は、解体に際して橋村肥前大夫御師邸にあった山門とともに伊勢市一色町の昌久寺に移設されており、現在でも往時を偲ぶことができる。

## 神宮大麻・暦の頒布と大神宮

### 重要な事業の一つであった神宮大麻・暦の頒布

神宮の御神徳があまねく人々に行き届くよう、頒布事業に尽力することは、神宮の教化・宣伝や奉賽そのものでもあり、神宮教、神宮奉斎会にとって大きな使命の一つでもあった。この使命を実行に移すべく、神宮教、神宮奉斎会時代を通じて主要な事業の一つとなっていたのが、現在は、毎年秋から年末年始にかけて神宮から神社を通じて各家庭に頒布される「お伊勢さま」のお札と暦、つまり、神宮大麻と神宮暦の全国頒布の事業である。神宮大麻を各家庭の神棚等に奉安して、神宮大麻を通じて日々天照皇大神を敬拝することで、神宮の御神徳を仰ぎ、自身や家族の御加護を祈ることは非常に意味のあることでもある。加えて清浄を尊ぶ神道の思想に基づき、一年ごとに区切りをつけて毎年新しい神宮大麻を受けて、神棚に改めて奉安し、古い神宮大麻を神社へと返納してわが国の大祖神、総氏神である天照皇大神に家内の安全や国家の安泰を祈り、やがて来る新年を寿ぐことは、日本人の美風の一つであるといえる。明治天皇はかつて、

はるかにも　仰がぬ日なし我が国の　しづめと立てる伊勢の神垣

との御製を残されたが、この御製は伊勢神宮の御神徳を仰ぎつつ、日々を平安無事に過ごすためにも各家庭における「お伊勢さま」でもある神宮大麻を祀り、これを毎日拝することが大事であることを我々に指し示したものであるといえよう。

## 神宮大麻の頒布と神宮教・神宮奉斎会

明治十五年から昭和二年まで、神宮教・神宮奉斎会では、神宮大麻・神宮暦の全国頒布を神宮より委託されており、神宮教あるいは神宮奉斎会の主たる事業として頒布業務を地方本部とともに担っていた。大神宮は神宮教の東京本院、財団法人設立後は神宮奉斎会の本院、東京本部としても機能していたため、頒布業務に携わっていたことはいうまでもない。

神宮大麻

とくに神宮教時代においては、神宮大麻・暦の頒布が同教の最大の事業となっており、主要財源の一つとなっていた。明治十五年までは、伊勢の神宮司庁（伊勢神宮のこと）が主に行っていた神宮大麻の全国頒布について、明治十五年一月に神官教導職の分離に基づいて神宮司庁

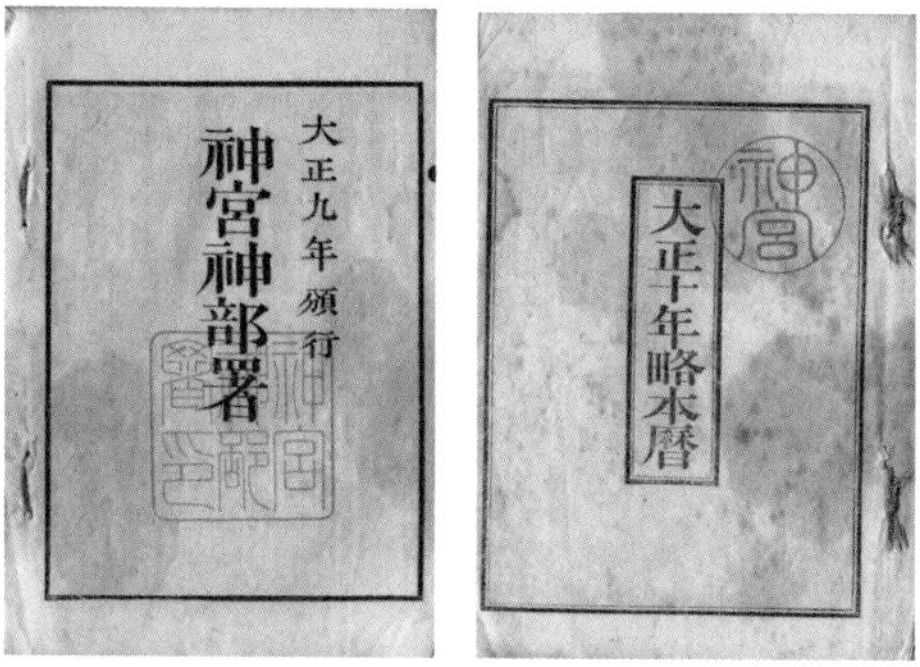


神宮神部署の印のある神宮略本暦（大正９年）

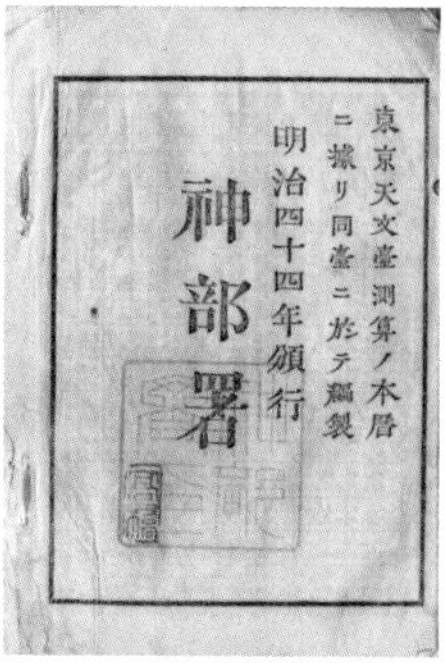


明治44年頒行の神宮暦（裏面）東京天文台測算によって編製された暦であることが分かる

と神宮教院が分離されることとなり締結された「神宮司庁・神宮教院分離規約」に基づいて、同年四月には神宮から神宮教院に大麻の頒布を委託されることとなり、これを神宮教院大麻課が担当することとなった。さらにはその奉製事業をも委託されることとなり、翌十六年には「神宮大麻頒布規則」を定めて京都・伊勢山田豊川町・東京の三ヶ所に事務所を設置し、同年十月に内務省の方針によって、神宮大麻と暦の奉製は神宮司庁で担当し、これを神宮教院に授与して神宮教が全国頒布の事業をすることが確認された後、十一月に「司庁教院訂約条目」を定めることとなった。

　また、神宮暦については、江戸時代の神宮御師による暦の頒布の頃よりこの暦自体が、農作物の播種時期や漁業の開始時期など農業や漁業を行う人々にとっては、年中行事の基準ともなっており、さらに満潮や干潮、二十四節気の関係もあって暦の作成は、天体および気象観測との密接な関連があるため、十六年十月に帝国大学（帝

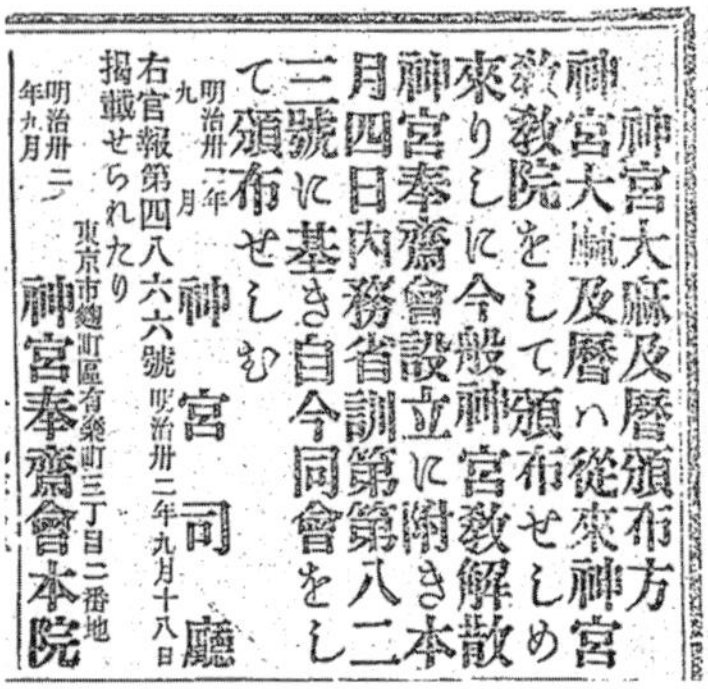
神宮大麻及暦頒布方
神宮大麻及暦ハ從來神宮
教院をして頒布せしめ
來りしに今般神宮教解散
神宮奉齋會設立に附き本
月四日内務省訓第第八二
三號に基き自今同會をし
て頒布せしむ
明治卅二年九月　神宮司廳
右官報第四八六六號明治卅二年九月十八日掲載せられたり
明治卅二年九月　東京市麹町區有樂町三丁目二番地　神宮奉齋會本院

明治32年9月20日『朝日新聞』朝刊8面に掲載された神宮大麻頒布についての神宮司庁、神宮奉斎会本院の合同広告

国大学付属東京天文台）編纂の暦本を神宮司庁大麻製造局が印刷製本してこれを神宮教が頒布することとなった。昭和二十年までは暦の編纂に東京天文台（現在の国立天文台）が関与していた。二十八年になると海外への神宮大麻・暦の頒布も開始され、神宮教の活動も拡充されていよいよ頒布事業が多岐にわたることとなったのである。

その一方で、神宮の神札である神宮大麻の全国頒布という国家的な事業を神道の一宗派の取り扱いを受けている神宮教が委託されているということに対して、これを不都合であるとする声も次第に強くなり、神宮教を解散して、民法第三十四条（旧民法、現在は三十三条）に基づき、所管の省庁を内務省とする財団法人神宮奉斎会の設立となったのである。また、神宮奉斎会の寄附行為の総則第一条には、「本会の目的は神宮の尊厳を欽仰し、皇祖の懿訓、皇上の聖勅を奉戴し、国典を攻究し、国体を講明し、国礼（宗教に亘る儀式を含まず以下同じ）修行、神宮大麻及暦頒布の事に従ふにあり」とある。このことは、神宮大麻及び暦の頒布が神宮奉斎会にとって、神宮教院以来の神宮大麻・暦頒布の精神と伝統を継承しつつ、その普及と拡大を図るために尽力することが求められており、まさに会としての最重要事業の一つとして位置づけられていたということを示すものでもあった。

明治三十二年九月に神宮教から財団法人神宮奉斎会となってからも内務省は、神宮司庁に対して

「（神宮）大麻及暦ノ製造ハ其ノ庁ニ於テ之ヲ行フヘシ」と指示した上で、「大麻及暦ノ頒布ハ、其ノ製造費初穂料及編暦手数料ヲ徴収シ神宮奉斎会ヲシテ之ヲ行ハシムヘシ、但其ノ庁ニ於テ参拝者ニ対シ、直接ノ授与ヲ行フコトヲ妨ケス」とした。これを受けて神宮奉斎会では、神宮司庁と協議の上、三十三年四月十三日に神宮司庁より承認を受けた『皇大神宮大麻暦頒布制規』に準拠して、実際に頒布する方法を規程した上で、神宮奉斎会による神宮大麻・暦の頒布が行われ、頒布地域を農山漁村の辺地にまで幅広く推し進めて普及に尽力することとなったのである。

神宮の国民への教化宣布、奉賽、神宮大麻・暦の頒布を扱うことが主たる事業の一つとなっていた神宮奉斎会であったが、その一方で神宮大麻の奉製を行う神宮司庁としては、もともと神宮教院のあった神宮奉斎会の大本部は伊勢にあるものの、主たる事務をとる神宮奉斎会本院は東京にあるため、緊密な連携が取れず、別個に神宮独自で国民の神宮奉賽に関する事務を取り扱う機関が必要であるとの趣旨で事務機関として明治三十三年十月に官制に基づく形で神部署（のち神宮神部署）を設置した。神部署は、神宮大宮司の監督のもとに神宮大麻・暦の奉製など個々の事業を進めることとなっており、神宮奉斎会は、これまで神宮司庁との間に結んでいた神宮大麻暦に関する契約についても神部署設置後は、同署との間の契約に切り替えることとなった。とはいえども神宮大麻・暦の頒布については、従前の通り神宮奉斎会に委託されることとなっていたため、神宮大麻・暦の頒布成績は、次第に向上していくこととなった。

一方で、神宮奉斎会による神宮大麻・暦の頒布について、新聞紙上などでは神宮教時代もそうではあるが、一財団法人が神宮大麻・暦の頒布をなすことに対する異論や疑念、誤解が喧伝され（もともと教派神道の一であった神宮教が財団法人神宮奉斎会へと組織替えした一因でもあった）、さらには帝国議会でもその点が議論として取り上げられることにもなった。それゆえ明治三十九年には、神宮奉斎会が神宮から委託を受けて神宮大麻・暦の頒布実施を行える期間を明治四十五年までとし、以後は神部署に頒布業務を移管することとされたが、四十三年になり、差し当たって十一年間は移管せず、委託を延長することとなった。その後、明治四十五年四月に新たに神宮神部署官制が公布されて、全国二十八か所に神部支署を置き大麻・暦の頒布事業を分掌させることとなり、その支署は神宮奉斎会の地方本部内に置かれることとなった。そのため、神部支署はいずれも実質は神宮奉斎会の地方本部がその仕事を取り扱っていたのであるが、形の上では支署の事業を援助する形式で執り進めなければならなかった。そのため頒布事務に混同、混淆を生じることも多く、また地方本部の本部長には内務官僚が転任されることも徐々に増えていったこともあり、頒布事務をめぐって紛糾する事象もあったことや、加えて第一次世界大戦後の経済不況の影響もあって頒布の成績が次第に悪化した。そのため、各地の神部支署は政府の行政整理施策とも相俟って大正十三年十一月に全廃される方針が打ち出されて廃止が決定し、昭和二年からは、全国神職会の請願に基づき、同会へ頒布業務を委託することとなったのである。その後、頒布業務の委託契約の無くなった神宮奉斎会は、地方本部とともに、一気に運営難に苦しむこととなったのである。

昭和二十年八月、先の大戦の終戦を経て、神宮・神社の国家管理が廃止となると、皇典講究所、神宮奉斎会、大日本神祇会の民間神祇関係三団体が解散合併する形で、神社本庁が設立された。その際、それまで大日本神祇会（旧全国神職会）に委託されていた神宮大麻の頒布業務は、そのまま神社本庁へと委託が引き継がれ、神社の神職や総代らによって各家庭に頒布される基本的な形態は現在も続いている。かつて神宮奉斎会の行っていた神宮大麻・暦の頒布や神宮の教化宣布や参宮促進にかかる事項は、神社本庁の神宮奉賛部（のち本宗奉賛部）がこれを取り扱うこととなり、神宮司庁と全国の神社庁、神社の協力のもと現在に至っている。

また、神宮暦とは異なる独自のものであるが、現在でも東京大神宮では『家庭暦』を発行・頒布している。全国の神社でも主に各神社庁が主導する形で管内の神社が共通の仕様で利用できる暦の頒布を行っているケースもあるが、神社独自の仕様で『家庭暦』を作成して頒布しているのは、伊勢の神宮以外に靖國神社など全国でも僅かであり、これはかつて神宮教・神宮奉斎会時代に神宮大麻とともに神宮暦を頒布していた大神宮ならではのものであるといえよう。

大神宮発行の『家庭暦』

なお、神宮大麻の頒布活動に関連して大神宮では、神社新報社が発行し、全国の神社で頒布されている神宮大麻の広報誌『むすひ』（神宮司庁・神社本庁の共同編集）を活用している。

この『むすひ』誌については、平成十年版より毎年、表紙・裏表紙を東京大神宮の仕様（年によっては中身の記事内容も大神宮独自のものとなる）にしたものを積極的に配布して、崇敬者や挙

神宮大麻広報誌『むすひ』（左が大神宮仕様のもの）

式者、参拝者に向けた神宮大麻の頒布活動に資している。なお、裏表紙は、平成十年から二十五年までは、東京大神宮のロゴや結婚式の写真を入れていたが、平成二十六年版からは伊勢神宮の写真を入れて、お伊勢参りを勧奨する内容に仕上げている。この独自仕様の『むすひ』の印刷・発行によって、これまで以上に『むすひ』の配布に力を入れており、大神宮での年間の配布部数は、現在十万部に至っている。

## 大神宮と海外布教

大神宮では、神宮教・神宮奉斎会時代に、分教会を海外にも設けて伊勢の神宮の御神徳を広く海外へと広めるための宣布活動に尽力していた時期がある。グローバル化が進む現代では、海外へ神道や神社の持つ文化的側面を発信することがいわば当たり前ともいうべき時代となっていることはいうまでもない。戦前期の台湾における神宮教の動きについては、日清戦争の折に北白川宮能久親王の率いる近衛師団に神宮教の布教使として従軍し、その後官幣大社台湾神社宮司となった山口透の動きについて明らかにした菅浩二の著書に詳しい（菅浩二『日本統治下の海外神社』）。そのため、本書では、明治三十年八月に台湾国語学校の教師生徒が台湾から大神宮を参詣した逸話について紹介しておきたい。

## 台湾から大神宮へ参詣

明治三十年八月一日、台湾総督府国語学校の教師生徒二十余名が同学校の教師である本田嘉種（のち茨城県女子師範学校校長）の引率にて日比谷大神宮を訪れた。月次祭に参列して厳粛なる祭典を見学、鄭重に玉串を奉奠して拝礼した後、茶菓などの懇切な待遇を受けたようであるが、藤岡好古管長事務取扱から、伊勢の神宮について講義を受けた折に、参詣の生徒一同が頗る感銘を受けたと伝えられている。この国語学校の参拝は修学旅行の一環であったというが、同年一月七日に台南教会長の渋谷吉之丞少教正が逝去した際には、艋舺《ばんか》国語学校の生徒総代ら六名が弔辞を読み、追悼の意を捧げたことが知られている。渋谷は二十八年春から台湾へと赴任しているが、大神宮の参詣も含め当時、台湾にて神宮教の布教使が、国語学校にも携わって良好な関係を築いていたことを窺い知る事実の一つである。また、別項の戦地への慰問と慰霊祭の項でも述べているが、当時は施政下にあった地には民政庁や駐留軍隊宛に神宮教から神宮暦を送達献納していたことが知られている。

## コレア丸に乗船した酒巻女史

大正六年二月二十三日には、横浜から桑港（サンフランシスコ）に向けて出帆する東洋汽船のサンフランシスコ航路のコレア丸に乗船した名士らが新聞に報じられている（『朝日新聞』大正六年二月二十四日朝刊）。菅原通敬前大蔵次官（のち貴族院議員）や鉄道省からの派遣で米国へ視察留学する十河信二（のちの国鉄総裁）の他、台湾銀行や三井物産、古河鉱業、日本石油などの社員名が掲げられており、その中に神宮奉斎会の藤岡好古や官国幣社の宮司らの金銭的支援や神風会の宮井鐘次郎の尽力を得て、神道を海外に普及する目的でロサンゼルスの神宮奉斎会加州羅府分教会に向けて渡航することとなった酒巻壽子女史の話題が紹介されている。酒巻壽子は、英語学者で陸軍士官学校の英語教授や海軍兵学校教授を務め、のちにジャパンタイムス社の主幹となった酒巻貞一郎の長女で、広島高等女学校を卒業後、国語伝習所で中学校教員の予備試験の合格を果たしたものの、志を神道に向け、海外への神道普及に尽力することになり、分教会へと派遣されることとなった。台湾や朝鮮はもとより、アメリカなど当時、神宮奉斎会の海外への宣布活動については、神道の海外布教・展開という点で大変興味深いものがあるが、史料探索の限界もあり実際の分教会の活動の実態など、いまだ明らかになっていないことも多い。

## 先覚の顕彰や様々な祭典の執行

大神宮では創建以来、例祭や月次祭などの恒例祭祀以外に、先覚の慰霊祭をはじめとする様々な臨時の祭典や祈願祭が執行されてきた。この項では、ほんの一部であるが、この百四十年の歴史で行われてきた様々な祭典と神宮奉斎会時代に行われた先覚の顕彰事業について紹介してみたい。

### コレラ防疫の祈禱

まず、創建間もない明治十九（一八八六）年八月のことである。大神宮では当時国内で感染拡大していたコレラの防疫のための祈禱を日比谷神宮教院名で新聞広告を出して同年八月一日から三日間斎行、祈願のため参詣した人々へ神符を授与している。現代でいえば、令和二年に起こった新型コロナウィルスの感染拡大の際、全国の各神社が祈願祭を斎行して神札や御守を授与するようなものに近いといえよう。大神宮創建以前の明治十二年七月には、翌年に同局の神殿が合併された神道事務局でもコレラ除けの祭典を品川口と千住口、内藤新宿、板橋の四街道にて斎行している。

### 聖上行幸の臨時祭など

明治二十七（一八九四）年九月十二日には、日清戦争の軍事統帥指揮のために戦時大本営として設置

日比谷大神宮へ明治天皇の平癒祈願のために参詣する人々の様子

された広島大本営に明治天皇が行幸あそばされるにあたって途上安全の臨時祭を斎行。十三日に天皇が御発輦された際には職員一同が打ち揃って奉送申し上げ、沿道にあたる地方本部でも同様に祭典を執行している。この行幸では、十月に開会された第七回の帝国議会も広島臨時仮議事堂で行われており、二十八年五月の天皇の東京還幸まで立法・行政・軍事が広島に集中した時期でもあった。

天皇・皇室に関わる臨時祭事や祈願は、これ以外にも「皇室と大神宮との関わり」の項でも記しているが、明治四十五年七月の明治天皇不豫の際、大神宮での病気平癒祈願祭の斎行では、大神宮主催のものとは別に新派旧派の俳優による祈願や、東京写真師組合による平癒祈願、麴町区をはじめとする市民による平癒の参詣や祈願が行われており（上記写真参照）、翌年には、崩御後の一年祭の斎行も執り行われている。

また、大正四年十一月の大正天皇の即位礼の際には、先だって七月に神宮奉斎会が主導となり、富士山の御殿場口、須走口、富士吉田口にて御即位奉祝会を発会して、富士山頂上奥宮にて七月二十五日から八月一日まで奉祝祭を斎行、久須志嶽にて大篝火を焚き宝祚の無窮を祈願するという行事を実施している。

なお、伊勢の神宮の式年遷宮の遷御当日は、神宮奉斎会では神宮との従前よりの関係もあり、会長・理事以下は奉拝のため伊勢へと参向するとともに、本院である大神宮をはじめ各地方本部・支部では式年遷宮当日の午後八時より遥拝式を斎行することが本院より通達されていた。

## 常陸丸遭難一周年祭

次いで明治三十八年六月十五日午前八時に大神宮で斎行された常陸丸遭難一周年祭である。この祭典は、日露戦争中の明治三十七（一九〇四）年六月十五日、玄界灘沖でロシア海軍ウラジオストク巡洋艦隊の装甲巡洋艦三隻からの攻撃を受けて沈没した常陸丸（元は日本郵船の旅客船で当時は日本陸軍の徴傭運送船となっていた）の遭難事件についての慰霊祭で、近衛歩兵第一聯隊補充大隊が主催したものである。神宮奉斎会から村田清昌を斎主、築地本願寺から小田遜順を導師として、青山共同墓地殉難者建碑の前で弔祭を斎行、殉難者遺族が参列している。現在では、常陸丸の殉難記念碑が靖國神社に建立されているため、御存知の方も多いことと思うが、戦死者一〇九一名という艦船沈没の被害が当時の国民にもたらした影響の大きさを窺い知ることのできる慰霊祭の一つに大神宮も関わっていた。

## 国学者の顕彰

大神宮では、神宮奉斎会の時代に、江戸時代に日本の正しい精神や姿を求めるための学問構築や研究をなした国学者を奉斎する神社・墓所の維持保存に側面から援助する事業を行っている。明治三十三年七月二日には、『古事記伝』を著したことでも知られる国学者の本居宣長翁を祀る三重県松阪の山室山神社に保存基金として金千円を寄附、また、平田篤胤翁を祀る秋田の平田神社とその墓所保存、文庫保存基金のために同じく金千円を寄附、発起人である本居豊穎、本居健亭、平田盛胤から感謝の意を呈されている。同じく本居宣長の師である賀茂真淵翁の墓所保存会として金五百円をそれぞれ寄附、こちらも発起人総代の賀茂百樹から神宮奉斎会会長の神田息胤宛に感謝の意を呈されており、僅かではあるが、国学の四大人と呼ばれる国学者らの顕彰のための事業を行っていた。

## 先覚の慰霊祭

また、神道を中心として種々の道に通じた先学たちの慰霊祭も執り行っていた。第百銀行の頭取であった池田謙三を発起人として、明治四十年十二月十五日に垂加神道を大成した山崎闇斎を祀る闇斎祭を大神宮にて斎行。祖先が山崎闇斎門にて至大なる感化を受けたとされる谷干城子爵や哲学館（のちの東洋大学）教授の内田周平や漢学者の外崎覚ら五十余名が参列、祭場には闇斎や弟子の浅見絅斎の書が掲げられたとされる。

明治四十一年六月十四日には、芝紅葉館にて幕末から明治維新期に活躍した儒学者の横井小楠の四十年祭が神宮奉斎会の藤岡好古会長が斎主となり百名余が参列して斎行されている。祭典は横井を生涯の師と仰いだ徳富蘇峰(猪一郎)が発起人となり、四十年祭の後、由利公正子爵、福井藩士であった松平正直男爵の回顧談があり、参列者には福井県知事も務め、横井の顕彰を率先して行っていた岩男三郎や松平康荘侯爵や清浦奎吾子爵、堤正誼男爵、井上哲次郎らが参列していた。

## 諸分野で活躍した人々の神葬祭

また、大神宮では当時、朝野を問わず諸分野で活躍した人々の神葬祭も数多く奉仕していた。その一部を紹介すると、明治四十四年九月九日には、日露戦争の各海戦や旅順攻撃等で戦勝に大きく貢献した日本製の軍用爆薬の開発者として知られる海軍技師の下瀬雅允博士の神葬祭を神宮奉斎会の村田清昌が斎主となり奉仕している。翌四十五年五月二十五日には、神戸須磨にて朝鮮李王朝末期の政治家で日韓併合に尽力した李容九の神葬祭を神宮奉斎会の藤岡好古会長が奉仕している。次いで大正三年十一月十日には、青山葬儀場にて幕末期に国事に奔走した国学者の丸山作楽の養子で陸軍中央幼年学校教授や皇典講究所講師を務めた丸山正彦の神葬祭を村田清昌が斎主にて奉仕している。この葬儀には、旧肥前平戸藩主家の松浦厚伯爵をはじめ陸軍関係者、丸山作楽門下であった今泉定助、藤岡好古や今井清彦など神宮奉斎会関係者、歌人の阪正臣など、当時朝野にいた国学者の大半が会葬したとされ、六百名余が参列したと伝えられている(『読売新聞』大正三年十一月十一日朝刊)。

# 現在の大神宮の建物について

創建時から関東大震災の被災後、大神宮が日比谷から飯田町へと移転する経緯や事情については、第一編で述べた通りである。そこで本項では、飯田町への移転後、現在の境内にある本殿以下の建物について概要を簡単に述べてみたい。

## 現在の本殿および幣殿・拝殿

現在の大神宮の本殿および幣殿・拝殿は、戦前期の昭和三年の建築で竣工から九十二年余を経ている。昭和二十年までは、神宮奉斎会本院奉斎殿と称しており、内務省神社局造営課の大江新太郎技師が設計したものである。この社殿新築に際し、神宮奉斎会本院では藤岡好春専務理事が新本院建築事務の担当を務め、飯田町の新境内敷地の所有権が確立した昭和二年七月二十一日に建築計画を取り進めることとなり、九月に入り、同じ造営局の同僚である岡本保重、江原作造技師が建築事務及び現場監督を委嘱され、設計完了後の十月十四日に巴組が建築工事を請け負って、工事を開始した。工事にはおおよそ一年を要し、翌三年十月に竣工。遷座祭が十月十四日午後八時に斎行された。この社殿新築に併せて本院事務所も新築された。

この本殿(奉斎殿)等の設計を担当した大江新太郎は、明治神宮造営局技師や日光東照宮の修復工事にも関わったことでも知られ、東京帝国大学で庭園学を講じた建築家である。大江は戦災で焼失した乃木神社本殿の設計をはじめ、多賀大社の本殿以下社殿、神田神社本殿、明治神宮宝物殿（国指定重要文化財）、厳島神社宝物館等の設計も行ったことでも知られている。なお、大江の子息の大江宏、孫の大江新ともに法政大学工学部教授を務めており、大江宏は現在の乃木神社の社殿の設計を行うなど三代にわたる建築家としても知られている。

創建 80 年の頃の拝殿　屋根の形状など現在とは様式が異なる

昭和三十年代に入ると、社殿が飯田橋鎮座から三十年を経て老朽化したことに伴い、客殿のところで後述する御鎮座八十年の奉祝事業に併せて社殿の大改修整備を行い、拝殿の床面を一尺切り下げダイヤフロアー張りとし、幣殿の床高さの延長を行って内拝殿に舞台を設けた他、在来の神饌所を控室とし、その外側に神饌所を新設、拝殿床下に地下道を設け、神饌所控室の下に地下室を設けるなどしている。

現社殿は、戦後の数度の改修工事を経た結果、飯田橋への移転時とは社殿各部の意匠、様式が異なっている。とくに一般参詣者が目にするものでは、昭和六十一年九月に竣工した御本殿御屋根銅板の葺き替えと拝殿の改修である。同年九月二十六日に本殿遷座が斎行されたが工事着工から三ヶ月で竣工というスピード工事であった。とくに拝殿は、これまで入母屋造であった御屋根を神明造銅板葺に改め、東西両端に千木を、また棟上に鰹木を並置、さらに拝殿向拝も柱が台桧の素木の丸柱に改められ、千木鰹木が付された。この社殿改修工事は、川村昭二技師（のちに日本建築工芸設計事務所会長・故人）、有井建設が担当したもので、伊勢神宮の御正宮の建築様式である神明造と呼ばれる社殿形式を模した形となった。また、現在の社殿は、平成二十二年に大地震に耐え得るよう、耐震強化工事を行っているため、工事が完了した直後の同二十三年三月十一日の東日本大震災の折には、幸いにも目立った被害は見られなかった。

## 客殿（旧前田侯爵邸書院）

神宮奉斎会本院の奉斎殿と本院事務所については新築であったが、客殿については当時前田侯爵家の総務を務めていた中川友次郎（元内務省社寺局神社課長や特許庁長官を務め、神宮奉斎会発足当時に内務省参事官で祝賀会にも訪れていた人物）の勧誘にて飯田町への奉斎会本院移転時に現在の文京区本郷にあった前田利為侯爵邸の書院（記念堂）の建物を譲渡移転、改築したものである。加賀藩百万石の藩主家であった本郷時代の前田侯爵邸（のち目黒に移転）には、和館と西洋館があったが、明治四十三年七月八日に明治天皇が行幸し、能を天覧あそばされた折に訪れていた建物でもあり（『明治天皇紀』第十二）、和館は都内でも由緒ある日本建築の一つであった（侯爵邸自体には明治天皇は明治十二年四月十日にも行幸、

神路の間

皇后、皇太后は同年四月十八日にも行啓あそばされている)。この客殿は、今も現役の建物で結婚披露宴の会場および控室として用いられており、披露宴の会場として人気のある「神路の間」は、この客殿二階の一室である。

この客殿は、終戦直後、幸いにも戦災を免れたという経緯から昭和二十年十二月二十六日に東京都の指令に基づき、同二十八日より昭和二十五年まで緊急措置として当初、宮司・禰宜らを含む一般の戦災引揚罹災者十七世帯の寮として使用されていた。その後、二十三年九月には総代の連署にて寄宿者の退去、明け渡し方を依頼していたが、昭和二十五年十二月末日を以て寄宿舎の完全退去を機に、仮設建物を撤去することとなった。昭和二十六年には、建物の改装を企図していたが、防火設備などの必要もあり、実際に修造改築することとなったのは、昭和三十一年十二月であった。

この折の社殿以下客殿修築の設計については、山内泰明神宮司庁営繕課長が担当、旧神祇院造営課長で明治神宮の復興時の社殿の設計技師である角南隆氏の意見も伺い、神宮司庁から安藤技手を現場監督に依頼して伊勢市の吉川建設が修築工事を担当した。昭和三十四年七月十九日に工事着工の奉告祭を斎行、二十日より工事を開始し、九月初旬には竣工、十五日に清祓を行い、竣工奉告祭を斎行、鎮座八十年の奉祝大祭に無事間に合うこととなった。この客殿についても拝殿同様ダイヤフロアー張りの床に改め、土足にて上がれるよう、参拝者の便宜が図られている。平成二十三年三月十一日の東日本大震災の折には、幸いにも「神路の間」のシャンデリアの火屋が三個落下して割れた程度で、それ以外のさしたる被害はなかった。この建物の耐震強化工事を平成二十四年六月一日から九月三十日にかけて実施したが、同時にシャンデリアの振れ防止器具の取り付け工事も実施している。

なお、昭和二十三年七月十二日には、戦前まで国有であった社寺の境内地無償払い下げの処分を行うため、第一回社寺境内処分東京地方審査会が客殿で開催されており、都内および関東地方の各神社の国有境内地の無償処分申請の審査が行われた歴史的な場所でもある。

### 大神宮会館（新客殿）

現在、神前結婚式の斎行後、新郎新婦が披露宴を行う際に利用する大神宮会館は、昭和三十八年六月に工事着工、三十九年二月二十七日に竣工したもので、竹中工務店が工事を請負、新客殿として建設されたものである。鉄筋コンクリート造地下一階、地上四階、総建坪七百八十余坪、総工費は約二

(三)　昭和廿一年八月十五日第三種郵便物認可　神社新報　昭和三十九年三月十四日　第八百四十九号

神前結婚式の嚆矢
東京大神宮

由緒と近代的設備を誇る
大神宮会館が竣工
写場や美粧室等に温い心くば

大神宮会館の竣工を伝える記事(『神社新報』昭和39年3月14日)

億円であった。一階は結婚式受付、貴賓室、二階には新郎新婦の更衣室、美粧室、写場、三階、四階は披露宴会場にて四階には二百名収容の舞台付きの大ホールがあり、拝殿にて厳粛に斎行された新郎新婦の挙式の感動そのままに披露宴でも和洋問わず忘れ得ぬ思い出を築けるような設備、配慮がふんだんになされている点が特徴である。この大神宮会館以前の会館は、昭和三十一年に二階建てで建設され、昭和三十四年の八十年祭の折に社殿とともに改造されていたが、社務の繁忙や結婚式の増加から従来の客殿では不便をきたすことが多くなったことから、新築となったものである。その後、昭和六十二年の大規模な改装工事では、内装設計施工業務を協立美建株式会社に依頼し、赤堀毅氏がデザインを担当した。平成以降も数度の改築、改修、改装工事を経て、神前結婚式創始の神社にふさわしい披露宴会場としての形態を保持するに至っており、装いも新たなイメージを醸し出す建物となっている。

また、安全面の確保、危機管理の観点からは、多くの参会者のある大神宮会館が巨大地震にも耐え得るよう、平成二十一年に大規模な耐震強化工事を行っていたことにより、二年後に発生した東日本大震災の際には被害はほとんど見られなかった。

なお、「大神宮会館の秘密」というほどのものではないが、大神宮会館の屋上には、実は太陽光採光装置が設置されている。これは、飯田橋周辺も都内各所と同様に近年高層ビルが乱立し、それらビルの影響により、冬季は参道に日が当たらない。それゆえ、大神宮では、参拝者に少しでも暖かい光に当たって欲しいとの思いで、平成二十二年十二月十日より、会館屋上に株式会社三井E＆Sマシナリー（旧三井造船株式会社）製造の太陽光採光装置を設置している。これは全国の神社の中で、初めての導入事例である。この採光装置には、太陽光自動追尾装置機能を備えていることから、鏡の反射を利用して参道全体にわたり照射することができるようになっている。照射された光は日陰の気温より六℃ほど高いため、参詣者は気づくことなく、秋冬は自然に境内にぬくもりを感じながら参拝を行うことができるように考えられている。後述するが、夏に一服の冷涼を感じられるドライミストを境内に導入していることと一対になっている境内整備事業の一つでもある。

## 東京大神宮マツヤサロン

大神宮会館では、昭和六十二年四月に営業を開始した「東京大神宮マツヤサロン」が、結婚式および披露宴、諸種の会合などのサービスを展開し運営を行っている。「マツヤサロン」は、銀座の老舗百貨店の松屋を核とする松屋グループのなかで飲食分野を担う株式会社アターブル松屋のブライダル・レストラン事業の一つで、銀座や船堀などにも店舗があることで知られている。東京大神宮マツヤサロンでは、結婚式当日の新郎新婦への着装から写真撮影・挙式・披露宴での随伴、会場への引率、また着慣れない白無垢など着物やウェディングドレスに加え、緊張にて戸惑う新郎新婦のフォローは懇切なるものがあり、定評がある。加えて大神宮での挙式希望者への申し込み時から幾度と行われる打合せ段階での丁寧できめ細やかな接客対応や、結婚式当日の披露宴にて出される四季折々の海幸山幸をはじめとして常に創意工夫のなされた色取り取りの和洋婚礼料理は、美味であり、これらを含め、大神宮にて結婚式を挙げ披露宴を行った方々から、常に高い評価を得ていることは、本書に特筆しておきたい事項である。

なお、平成二十五年には、伊勢神宮の第六十二回式年遷宮記念として伊勢の高級食材を贅沢に使用した限定メニューを提供し、好評を博したことから現在も「伊勢懐石料理」として一日一組限定の人気メニューとなっている。

### 社務所の増築

社務所については、飯田町へ移転の折に設けられた神宮奉斎会本院の事務所を社務所として用いていたが、戦後、第五十九回の神宮式年遷宮の奉賛事業のため、昭和二十五年七月に社務所内に伊勢神宮式年遷宮奉賛会事務局分室、同東京都本部をはじめ伊勢神宮講社、神道文化会等の事務所が設けられていたため、狭隘となり、工費約二百万円を以て社務所の拡張を実施し、七月十二日午後三時より地鎮祭を盛大に執行し、社務所の拡張を行った。十月六日に竣工奉告祭を執行した。竣工した社務所は、建坪六十余坪二階建で、階下は宮司室権宮司室等五室、階上は、昭和三十年三月末まで伊勢神宮奉賛会事務局として使用された。その後、昭和三十年代に入ってから社務の繁忙や結婚式申し込みの増加、職員の増加に伴って、社務所が手狭となったこともあり、松山能夫権宮司が就任したことを機に、昭和三十三年に社務所の改築を行い、経費三百五十万円で旧社務所の約二倍に増築を行った。二階建約百三十坪で事務室を拡張したほか、会議室、和室、結婚相談所などを完備、同年十二月十四日に竣工した。加えて、境内の東崖地部分の下にある「東京大神宮社務所」と看板のあるビルは、大神宮の社務所別館と呼ばれる建物である。社務のさらなる繁忙と事務書類の収納スペース等、境内奥の社務所が手狭となったため、この問題を解決すべく昭和六十二年六月二十一日竣工のビルを平成八年十二月十一日に神港管財株式会社より取得し、現在、この建物を有効活用している。

また、鳥居脇に「東京大神宮研修所」と看板の掲げられているビルは、かつては大澤ビルと呼ばれていた建物で、昭和四十五年十一月十日に竣工、平成十五年一月二十九日に所有者の大澤茂樹氏より譲り受けたものである。現在、一年を通じて各種のセミナーやワークショップなど大神宮の研修施設として多岐にわたり活用されている。

## 鳥居と社号標

境内の鳥居は、初代は昭和二十六年九月の建造である。昭和三十四年の鎮座八十年の奉祝記念事業の折に瑞垣を改修するとともに、鳥居も約二間前方に移転し、石造の階段を前方へ出して手水舎を移転している。また玉垣を撤去して灯籠を移転して社殿の前庭を広く取り、西側の駐車場と参道との中間に盛土植樹して社殿の景観を森厳に見えるよう整備し、舗装や下水の完備等を追加工事として行っている。その後、昭和六十一～六十二年にかけて神門が創建され、その折に鳥居も建立し直しており、現在の鳥居は二代目となる。これは、昭和五十四年に御造営奉賛会が結成以来、募財活動とともに、諸工事が進められた際に旧来の鳥居を改めたもので、松下幸之助氏の奉納、高さ約七メートルの桧造りである。

東京大神宮境内入口にある社号標

次に社号標についてであるが、飯田町への移転時に建立されていた神宮奉斎会本院と揮毫された石標は、終戦後、神宮奉斎会が解散して、東京大神宮となったため、青木仁蔵権宮司が板に「東京大神宮」と揮毫し、この石標に張り付ける応急の形で対処していた。

その後、昭和二十三年三月に宮内庁職員の高力幸太郎氏（元総理府事務官、宮内庁秘書課任用係長などを経て侍従、宮内庁の歌会始では昭和二十九年、三十三年の二度入選）に揮毫を依頼し、石工の大高寛太郎氏がこれを請け負って旧石標を改修施工する形で同年四月四日に完

目白通りに新たに設置された社号標（左手は大神宮通り）

成し、清祓を行ったものである。

なお、東京大神宮の設立当初の大神宮の御神印は、元神宮奉斎会理事で金沢大神宮の太田真一宮司（故人）の斡旋によって、石川県鹿島郡能登部町能登比咩神社の能登部房斎氏が刻し謹製したものを宮川宗徳総代の仲介にて奉納したものである。

実は社号標は、もう一基設置されている。大神宮の境内手前の坂道を東へと下り、目白通りと交差する地点に境内にある社号標よりも一回り大きい石製のものが瑞垣とともに高い位置に設置されている。この社号標は、「東京のお伊勢さま」と書かれた看板や東京大神宮参道と書かれた方向指示の看板、大神宮マツヤサロンの看板とともに設置されているが、大神宮では、昭和三年の飯田町六丁目への移転以来、飯田橋の高台の奥まった地に鎮座していることもあって、なかなか神社としての認知度が向上しないのが悩みであった。この目白通り沿いの社号標は、松山文彦現宮司の就任後、目白通り沿いの土地を購入して平成十三年四月に設置されたものである。千代田区内の交通量の多い大通りの一つである目白通りに社号標が設置されたことによって、一般歩行者のみならず文京区方面に通行する乗用車や都営バス、タクシーなどからも大神宮の所在が容易に確認できるようになり、乗用車による大神宮進入への目印となり、また、大神宮の認知度の向上、広報宣伝に一役買っている。

## 境内の整備

大神宮では、これまでも述べてきたように、飯田町（飯田橋）への移転後、幾度となく参拝者が気持ちよく参拝し境内で過ごせるようにとの配慮に基づき、社殿や大神宮会館などの施設および清浄かつ静謐な境内環境の整備を実施してきた。境内の整備に関しては、主に参拝者や人神宮会館利用者にとっての側面と、大神宮の神職・職員側から見た側面とがあるが、まず、参拝者や大神宮会館利用者の側面では、特に平成以降、種々の危機管理と法令遵守、コンプライアンスが社会的にも強く問われる傾向にある世情のなかで、境内での安全・安心をモットーに境内の整備を随時実施してきた。その一つは巨大地震などの襲来にも耐え得るよう、社殿や客殿、大神宮会館の耐震工事を行ったことであり、この点については既に述べた通りである。創建百年の折には、総工費一億五千万円をかけて本殿拝殿の大改修が行われたが、この折に従来コンクリート製であった玉垣が桧造に改められた。また、防災設備の充実にも大きな力が注がれた。

加えて創建百四十年を期して、令和二年八月から十一月にかけて境内整備の一環として駐車場の再

令和２年に再整備した境内の駐車場

整備（株式会社 石の正 担当）を実施した。境内面積に限りがあるものの、より安全・安心に参拝者が車を駐車できるよう、同時に歩行者、車椅子やベビーカーなどの利用者にも配慮し、総石張りで中央に歩道部分を設けるとともに両側の壁の部分も体裁を整えるなど、境内駐車場を中心とした整備工事を行った。

　次いで大神宮では飯田橋移転の当初から懸案となっていた事項の一つに、境内北側・東側に崖地部分があることであった。これら崖地部分については高低差もあるため、危機管理上、境内の安全確保の観点から、崖部分に擁壁の敷設工事（平成二十五年八月〜十月）を実施（株式会社竹中工務店担当）し、崖地部分の崩落を防ぐための法面強度の保持に努めてきた。

　また、神職・職員側からの側面での整備としては、境内施設のバックヤード部分にあたる区域が非常に手狭であることも懸案となっていたため、その解決のため、平成に入ってから境内に隣接する土地を購入して少しずつではあるが、社有地の拡張を行い、昭和三年の飯田町移転時に千二百二十五坪であったものが現在、千五百坪ほどとなるに至っている。

　境内の整備は、参拝者や職員等の安全や生命を守るためでもあるが、一方で参拝者にとって居心地のいい境内空間で気持ちよく参拝を済ませることができるようにするためでもある。

大神宮では、ガーデニングの本場・イギリスの「チェルシー・フラワー・ショー」で平成十八年から三年連続でゴールドメダルを受賞した景観アーティスト、庭園デザイナーの石原和幸氏の協力を得て境内の植栽工事を行っている。石原氏の手がけた庭園には、羽田空港国内線第一旅客ターミナル内の屋内庭園「花の楽園」やJR大阪駅北側の再開発エリアに設置された庭園「うめきたガーデン」など著名なものもあるなかで、平成十六年に完成した大神宮の境内のせせらぎは、小規模なものではあるが、せせらぎを中心に四季折々の草花を植栽しており、参拝者の目を楽しませている。なお、このせせらぎでは、完成直後から数年間ではあるが、小さな滝からの流れを利用して、ホタルを育てて夜の境内をほのかな光で楽しんでもらおうという試みを行っていた時期もあった。また、現在、鳥居横の手水舎の北の壁面を利用して、参拝者が水の流れる音を聞きながら道路の雑音を気にすることなく手水を行うことができるようになっている。

大神宮では、現在、毎日午後九時まで参拝が可能である。午後七時までなら授与品も受けることができる。夜間に安心して境内に入り参拝ができるのは、午後五時から翌朝午前九時まで警備員詰め所に二交代制でガードマンが勤務していることによるものである。

## 境内にドライミスト？——大神宮の現代教化事情——

本項では、平成に入ってからの東京大神宮の教化活動について概観しておきたい。平成・令和の時代は、昭和二十年以降、戦後復興から高度経済成長を経て平成になるまでの戦後四〇年余の時期とは大きく異なり、ＩＴ社会とも称される高度情報化社会にあって、神々への祭祀を中心とする神社にあっても現代では、人々の神社崇敬の意識も多様化し、大きく変化してきている。そのため、大神宮でも様々な教化活動が行われているが、この項では、前節で述べた社頭整備に関する事項も含め、現代社会における大神宮の活動について各新聞報道をもとに述べてみたい。

### 境内のドライミスト

近年は、地球温暖化などの影響でわが国でも夏の暑さが非常に厳しい。とくに梅雨明け以後は、東京都内の気温が三十五度を超える日も多く、三十八度を超えることも当たり前のような時代となってきた。そうした近年の天候事情を受けて、大神宮では、平成十九年の夏より全国の神社境内で初めてドライミストを導入し、涼風を届けるとともに参拝者の悩みや苦しみを雲散霧消させたいとしている。『日本経済新聞』の平成二十二(二〇一〇)年八月三十日夕刊の記事では、観測記録更新となる四十八日間連続熱帯夜が続き、八月末にもかかわらず都心の気温が三十三度から三十四度を記録したことを報じているが、その中で大神宮境内にてドライミストで涼む参拝者の様子を写真とともに伝えている。また、平成十九年八月二十七日の『神社新報』によれば、このドライミストは平成十七年に愛知県で行われた国際博覧会の「愛・地球博」で導入されてから各地で導入されたもので、東京都内では五例目の導入であると報じている。現在では全国各地の神社でも見られるドライミストであるが、大神宮

東京大神宮　境内に冷却装置
「ドライミスト」登場

【東京】今年の夏、全国各地で猛暑が続いているが、千代田区の東京大神宮（松山文彦宮司）では境内に「ドライミスト」と呼ばれる冷却装置がお目見えし、参拝者に霧の涼風を届けている。
このほど同神宮に設置された「ドライミスト」は、高圧（六気圧）で水を霧状にして噴射し、気化熱の原理で気温を下げる装置。霧は水の粒子が

『神社新報』平成 19 年 8 月 27 日 1 面

の導入が全国の神社に与えたインパクトは大きいと考えられる。同様に境内での大型液晶モニターでのデジタルサイネージについては、平成二十三年一月から、大神宮の祭事広報の一環として都内神社の中ではいち早く導入したものであり、当初、『恋ゆ、る。』（現在は『あみゅれ』と改称）と題した大神宮発行のフリーペーパーと連動したものであった。このデジタルサイネージは、産経新聞社とのコラボレーションによるものとして開始されたが、平成二十五年四月からは、大神宮単独にて運用管理を行っている。

## 認知度・好感度からみた大神宮

近年は、社寺を含むパワースポットと呼ばれる聖地巡礼が一つのブームとなっている。東京大神宮に関していえば、それは大神宮自身が、自らそのような御利益を告知しているわけではないが、近年では、縁結びや恋愛成就、婚活の聖地などという表現で紹介されている。

『朝日新聞』平成十九年十月十六日夕刊「日本一の縁結び名所で願掛け」という記事では、同新聞社の会員サイトであるアスパラクラブの会員サービスを通じてアンケートを行い、回答総数一万八九

五三名の中から、神社やお寺に限らず、好きな縁結びスポットを人々に尋ねたところ、東京大神宮は第十位にランクインしている。第一位は出雲大社で二位の幸福駅、三位の恋人岬、八位の鈴虫寺を除き、いずれも神社がランクインしているが、東京都内およびその近郊の神社でランクインしているのは東京大神宮だけであり、この結果でも、都内における「縁結びの神社」としての認知度が極めて高いことを窺い知ることができる。同年四月七日の『朝日新聞』朝刊でも「勝手にセレクト　東京大神宮で人気の開運グッズ」と題して縁結びお守りなど、東京大神宮の授与品だけの特集が記事として登場したり、恋愛や結婚に関する授与品などの紹介でメディアに登場したりすることもしばしばであり、一例では、富山県の井波彫刻の工房が手掛ける木玉のお守り「縁授守」は、木の香りと手触りが好評で年間二万二千体が頒布されている。

また、東京メトロでは、飲食情報サイトである株式会社ぐるなびとの共同で運営を行っている首都圏の情報タウンサイト「レッツエンジョイ東京」が、一都三県の二十歳以上の男女一、四六五人に「特に行ってよかったと思う初詣スポット」の調査をしたところ、二十代女性の多くから「恋愛運をお願いするなら東京大神宮」という回答があると報じられている（『日本経済新聞』平成二十四年十二月二十九日（地方経済面））。同様に『日経プラスワン』（日本経済新聞社）では、平成二十七年十二月十二日の記事「無料で楽しい年越しスポット」にて、東京大神宮が高尾山、横浜中華街、鶴岡八幡宮に次いで東の番付第四位にランクされている。同記事でも触れられているが、大神宮では、正月には境内で伊勢名物の赤福や伊勢神宮の御料酒である白鷹が振舞われている。年始の参拝者にとって名物餅として知られる赤福を戴けるのは嬉しい限りである。神社側では、大神宮を詣でることによって、まさに現代の東京において「お伊勢参り」を体感できるスポットとして参拝者に認知して欲しいという願いの一つがここに込められているといえよう。

また、大神宮では現在、平成二十一年五月五日から週末に参拝者を中心にアンケート調査を実施している（令和二年十月四日現在で八、四九二枚の調査用紙を回収）。参拝者の心に寄り添い、よりよい社頭の整備や参拝者への応対能力の向上のため、参拝者の比較的多い週末にアンケートを実施して、寄せられた意見・要望を職員皆が共有することで、日々の社務や境内環境の改善に努め、より好感の持てる社頭づくりのヒントの一つとしている。神社界を問わず、宗教法人では、近年、外部監査の側面が弱いとの指摘があるなかで、こうしたアンケート調査の結果を社務や境内整備に反映させることは、自己点検機能の一つでもあり、その取り組みは大いに評価されるべき事項であるといえる。

## 企業や団体とのコラボレーション

大神宮では、東京メトロとのコラボレーションも行っていた。東京メトロの情報紙に東京大神宮の紹介記事や広告が掲載されることもしばしばであるが、平成二十三年一月八日には、地下鉄の東京メトロが、都内の縁結びでゆかりのある神社を巡る半年間有効の一日乗車券（一枚七一〇円で五、〇〇〇枚限定）を発行し、五社の神社を巡り各社での記念写真を貼るアルバムとともに販売したが、その中に東京メトロの飯田橋駅至近の東京大神宮も含まれており、神社の由緒の書かれた情報などがアルバムには記載されている。

東京大神宮は、近年若い女性を中心に恋愛成就の神社としての知名度、認知度があるため、恋愛成就祈願にかかわる企業とのコラボレーションが話題となることがある。平成二十七年一月二十八日の『日本経済新聞』（地方経済面）によるとに総合百貨店のそごう千葉にて二月十四日のバレンタインデーに併せてハート形の付箋のポストイットに恋愛成就の祈願を書き込み、それをそごう千葉が大神宮へ奉納するイベントが実施されている。同時期に同様の企画が千葉県の成田国際空港でも実施され、空港の出発ロビーに高さ二・五メートル、横幅三・四メートルのハート形の装飾が設置され、そこに空港利用者が祈願を書き込んだカードをつり下げるというもので、利用者が飾り付けたカードを東京大神宮に奉納するイベントである。同様のケースは、平成二十二年に行われた船の科学館主催のバレンタインイベントでも見られ、祈願文が大神宮に奉納されている。

また、東京大神宮といえば、神前結婚式である。現行の神前結婚式でも次第の中に宝飾品である結婚指輪の交換が含まれており、婚約指輪や結婚指輪などは今も昔も結婚式にあたっての話題の一つである。大神宮では、平成三十年一月に宝飾品製造・販売のフェスタリアホールディングス（旧サダマツ）とコラボレーションし、手作りの宝飾品のワークショップを東京大神宮研修所にて開催し、また、ジュエリーの“Wish upon a star”と同じ技法でカットされたジルコニア製のお守りも授与しており、さらに同社は、令和元年七月六日に七夕に併せてのイベントを東京大神宮で開催している。

平成二十六年には、「一般社団法人いっぱんじん連合」の主催にて、最終電車発車後の深夜に、都内を徒歩で散策して高層ビルや駅、神社などを見ていくという深夜ピクニック行事が催され話題となったが（『日経MJ（流通新聞）』平成二十六年十二月十七日）、ここにも散策コースの一番最初に東京大神宮が含まれており、神社としても深夜に開門してこのピクニック行事に協力している。この時期に前後して平成二十年十二月七日には、日本ウオーキング協会主催の「東京神社巡りウオーク」が日中に開催されており、大神宮は全コースで通過するルートとなっており、立ち寄った参加者に伊勢の太閤出世餅を振舞っている。

こうした各種団体とのコラボレーションとは異なるが、かつては大神宮の境内で植木即売会が行われることもあった。これは、都心で入手困難となった土を提供して親しんでもらい、家や職場に草花を飾ってもらおうと千代田区が主催して昭和四十九年に始まり、平成十年頃までは春秋の年二回程度開催していたものである。区内の公園等で主に実施していたものであるが、大神宮の境内でも開催していた。境内の一角で植木の即売会、赤土・黒土と植木の無料頒布が行われていたが、植木の無料頒布では用意していた三百五十〜六十鉢分が先着の市民らが求めて二十分ほどでなくなる人気ぶりであったとされる（『読売新聞』平成元年五月十六日朝刊）。日比谷大神宮時代の大正三年十月二十四〜二十五日にも、大隈重信伯爵や小笠原長幹伯爵、津軽承昭伯爵、岩崎久弥男爵らの協賛の下、境内で盆栽や花卉の陳列展示会が開催されていたことを考えると、盆栽や植木、菊など花卉の展示会は、戦前・戦後と時代が変わっても神社で行われる行事の一つであるといえよう。

なお、「大神宮と文化事業・社会教化・社会事業」の項で、現在、東京大神宮研修所にて行われている各種のイベントについても記載しているため、その点については、この項での記載は略する。

## 神宮式年遷宮の広報事業

大神宮は、本書でも述べてきた通り、創建時から伊勢の神宮の東京における教化宣伝活動の拠点としての役割を担ってきた経緯や、昭和二十八年に行われた第五十九回神宮式年遷宮の折には、伊勢の神宮式年遷宮奉賛会事務局分室および同東京都本部の事務局、伊勢神宮奉賛会の東京事務局を担った時期もあることから、平成に入ってからの第六十一回(平成五年)、第六十二回(平成二十五年)の神宮式年遷宮の折にも積極的に伊勢神宮および神宮式年遷宮の広報活動を行ってきた。とくに第六十二回の神宮式年遷宮においては、より多くの人々に伊勢神宮と神宮の式年遷宮の祭儀を知ってもらう目的で、平成十七年から八年間にわたって年二回、NPO法人ちんじゅの森(代表・中尾伊早子)が主催する「はじめてのご遷宮」に協力する形で、大神宮を会場にフォーラムを開催、大神宮とNPO法人とのコラボレーションによる神宮式年遷宮の広報活動を継続的に実施した。なお、フォーラムの開催にあたり、フリーペーパー「メトロガイド」(日刊工業新聞社発行)に告知広告を計十六回掲載、広報宣伝を併せて実施した。

## 広告媒体の活用

大神宮は神社としては、氏子区域を持つ「氏神神社」と呼ばれる神社ではなく、いわゆる「崇敬神社」に分類される。そのため、一定の氏子区域のなかでの総代・氏子ら住民とのつながりのもとでの活動を主とする氏神神社とは異なり、地域にとらわれることなく、より広域の人々を対象として神社の活動を行っていかねばならない。それゆえ、まずは大神宮そのものの認知および神前結婚式など神社における祭儀および諸活動を知ってもらうための広報活動は極めて重要となる。大神宮では、とくに平成に入ってから、大神宮の創祀以来の歴史的経緯と御祭神の神徳に基づく教学的な見地および神宮奉斎会時代からの祭儀に基づいて、

①東京のお伊勢さま
②神前結婚式創始の神社
③縁結びの神社

という三点を神社広報における重要な柱として位置づけて崇敬者以外の一般への広告宣伝を行っている。マス・メディアとしては、大手新聞社では『読売新聞』、『産経新聞』という全国紙二紙、ローカルメディアとしては伊勢志摩地域の「いせびとニュース」、「ぱるく伊勢志摩」、東

「メトロガイド」掲載の広告（令和２年１月）

「メトロガイド」掲載の広告（令和元年 12 月）

令和２年５月１日『読売新聞』朝刊に掲載された東京大神宮の広告(全７段)

京地域のフリーペーパーとして知られる「メトロガイド」(日刊工業新聞社発行＝発行部数は関東地区最大級の百万部・副都心線を除く東京メトロ一三二駅で配布)および、「サンケイリビング」などを中心に広告の出稿を行っている他、各種情報雑誌(女性誌、ファッション誌、トラベル誌)などジャンルを問わずに広告の出稿を行っており、近年は、海外向けのトラベル関連のメディアでも大神宮の紹介記事が見られるようになっている。

また、平成二十五年の第六十二回神宮式年遷宮を契機に交通広告(駅構内およびホームの看板)にも出稿し、大神宮最寄り駅のＪＲ飯田橋駅への出稿以外に当初は、伊勢志摩方面への旅行客への大神宮の認知度の向上を目的として近鉄宇治山田駅、近鉄名古屋駅、ＪＲ東京駅、品川駅、京急羽田空港国内線ターミナル駅に大神宮の広告を掲出していた(近鉄宇治山田駅のご遷宮奉祝広告は平成二十五年五月一日から平成二十七年三月三十一日迄掲出)。その後、御鎮座百四十年の節目にあたり令和元年から令和二年にかけては、東京モノレール羽田空港第一ビル駅と同第二ビル駅のホームドアにも大型広告を掲出しており、羽田空港を利用して全国各地の観光地への旅行客や地方への帰省客などに対して、

「東京のお伊勢さま」の認知度を向上させる取り組みを実施している。

また、東京における神宮の教宣活動の拠点という大神宮創祀以来の役割に鑑み、伊勢市観光協会ともタイアップして同協会と伊勢志摩観光コンベンション機構で作成した観光パンフレットなどを境内で配布、平成二十九年からは年一回、「伊勢の観光物産展」（伊勢市観光協会青年部主催、共催伊勢市、協力東京大神宮）を境内にて開催しており、参拝者に好評を得ている。

第62回神宮式年遷宮の折に近鉄宇治山田駅に掲示した広告
（絵図は、「昭和四年度遷宮絵巻 遷御図」神宮徴古館農業館所蔵）

飯田橋駅に掲出の広告

東京モノレール羽田空港第２ターミナル駅ホームドア広告

近鉄名古屋駅の広告

なお、この物産展とは直接の関係はないが、前述の通り大神宮のお正月の初詣では、伊勢名物の赤福餅が振舞われることもあり、まさに東京でお伊勢さまを体感できるスポットとなっている。その効果か否かは定かではないが、正月三が日は、最寄り駅のＪＲ飯田橋駅まで初詣の参拝者の行列が連なる程の賑わいで、大神宮に初詣する参拝者の楽しみの一つとなっている。

## 子育て支援と大神宮

### 「ウェルカムベビー」の大神宮

東京大神宮といえば、現在は「東京のお伊勢さま」、もしくは「恋愛成就の神社」、「縁結びの神社」

として広く著名となっているが、子育て支援に関しても業界から一目置かれている神社であることも少し述べておかねばならない。

平成二十七年十一月七日の『日本経済新聞』夕刊が報じた記事によれば、「ミキハウス」のブランドで、子ども服及び子どもを取りまくファミリー関連商品の企画・製造・販売などを行う三起商行株式会社（大阪府八尾市）の子会社で、子育てに関係する調査事業などを手掛けるシンクタンクであるミキハウス子育て総研（大阪市北区）が、神社の認定事業を始めたことが報じられている。同総研は、親会社のノウハウを生かし、専属の認定士がプランや仕様をチェックして全国で子育てに優しい住宅や宿泊施設などを認定している民間企業であるが、子育て世帯が全国の各神社でのお宮参りや七五三などで参詣する際に、ベビーカーでの移動や授乳がしやすいかなどを評価対象とし、その第一号に東京大神宮を認定したということである。

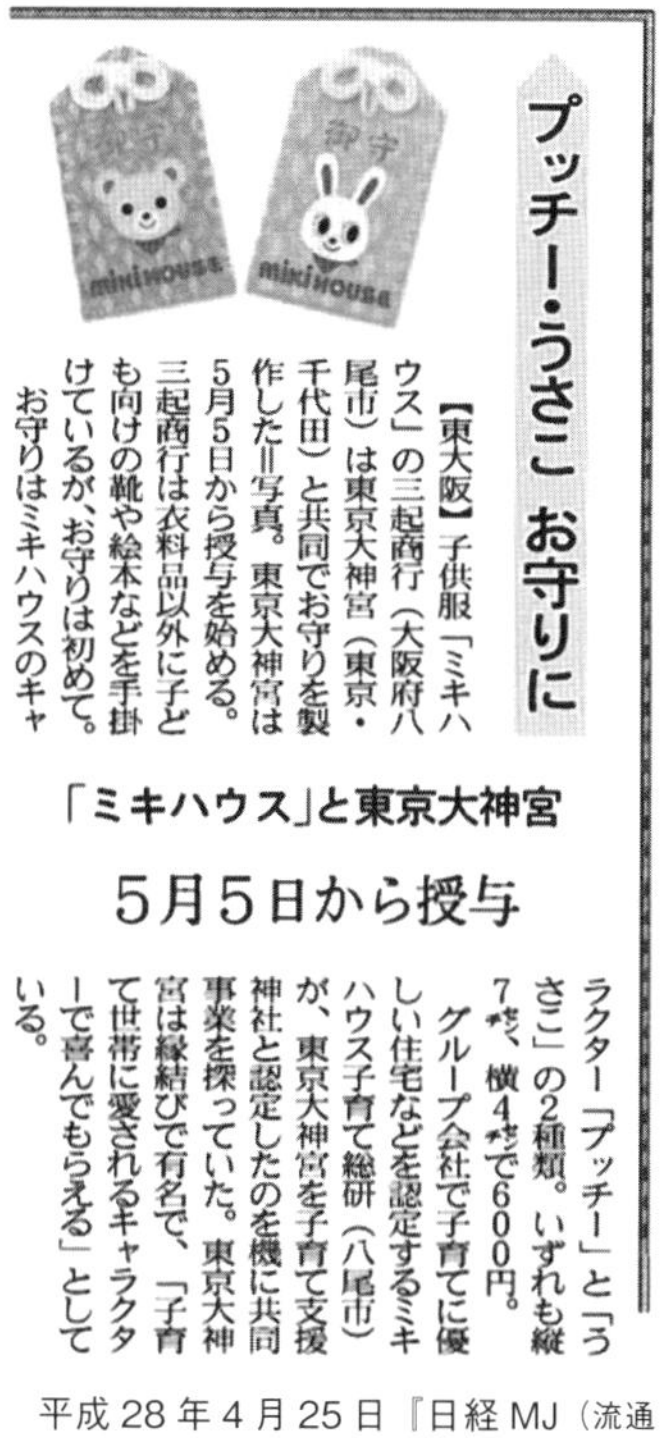

プッチー・うさこ　お守りに

「ミキハウス」と東京大神宮

5月5日から授与

【東大阪】子供服「ミキハウス」の三起商行（大阪府八尾市）は東京大神宮（東京・千代田）と共同でお守りを製作した＝写真。東京大神宮は5月5日から授与を始める。三起商行は衣料品以外に子ども向けの靴や絵本などを手掛けているが、お守りは初めて。

お守りはミキハウスのキャラクター「プッチー」と「うさこ」の2種類。いずれも縦7センチ、横4センチで600円。

グループ会社で子育てに優しい住宅などを認定するミキハウス子育て総研（八尾市）が、東京大神宮を子育て支援神社と認定したのを機に共同事業を探っていた。東京大神宮は縁結びで有名で、「子育て世帯に愛されるキャラクターで喜んでもらえる」としている。

平成28年4月25日『日経MJ（流通新聞）』4面

この神社の認定の評価基準となる「ウェルカムベビーの神社」の評価項目は、先に述べたベビーカーでの移動や授乳のしやすさ以外に、社殿内の冷暖房設備の有無など、五十にわたる評価項目のうち、四十以上の項目で評価基準を満たす必要があり、「ウェルカムベビーの神社」に認定されると、認定された神社がロゴマークを用いてPRできるというものである。なお、平成二十八年五月五日からは、共同事業として、ミキハウスのキャラクターであるプッチーとうさこのお守りも頒布されるようになっており（新聞記事参照）、子供服ブランドとして著名なミキハウスとのコラボレーションによって縁結びのみならず、子育て世帯にも親しまれる神社となっている。

## かつては境内に児童遊園があった大神宮

こうした子育て支援に大神宮が取り組みを行っているのは、何も平成に始まったことではない。大神宮は、昭和三年の飯田町への移転以後、先の大戦の終戦によるGHQの六年八ヶ月余の占領下の間、昭和二十五年八月に大神宮子供会を結成して、九名の各世話人に依頼状を発送して地元の子供たちの参集を求めて、八月二十九日から三日間、神殿拝礼、講話、音楽、童話、紙芝居、幻灯（スライド型映写機）などの催しを行い、爾来、ひな祭り（三月）、子供祭（五月）、七夕祭（七月）、ラジオ体操（夏休み中）などを斎行して、子供達に自分たちの「お宮様」として喜んでもらおうという試みを行っていた。この大神宮子供会に加えて、大神宮では昭和二十七年十一月に戦後の混乱期の中で、満足な広場や遊び場に恵まれない子供たちのためにブランコや滑り台、砂場など児童遊具を完備した「大神宮遊園地」を整備していたことが知られている。この児童遊園は、千代田区が整備した区立の公園ではあったが、区との協議のもと覚書を交わして東京大神宮が三十二坪（約一〇五・七九㎡）の境内地の無償貸与を行ったことで実現したもので、その由縁から区立公園にもかかわらず「大神宮」の名を冠していた。

児童遊園については、現在でも全国各地で神社境内の一部が児童遊園（児童公園）となっているケースがあるが、神社神道と福祉との関わりから考えると大神宮の児童遊園は、戦後間もない時期のもので、児童福祉の側面で先駆的な取り組みであったといえる。しかし、残念ながら、わずか一年九ヶ月後の昭和二十九年八月に境内地に隣接した道路拡張工事の実施のために、覚書に基づいて施設設備は撤去され、惜しまれつつも閉園することとなった。

昭和二十九年七月三十日の『読売新聞』朝刊には、「さようなら大神宮遊園地」と題した記事にて児童遊園の閉園が報じられているが、飯田橋周辺のローカルニュースにも関わらず、新聞記事として掲載されていることを考えると、子供のみならず地元の人々の憩いの広場として親しまれていたことを窺い知る記事でもある。

その他、昭和二十五年には、八月二十九日から三日間、毎朝六時から子供会を開催、約二百五十名の子供達が入江権宮司以下職員指導の下に拝礼を行い、神道講話、童話、音楽、紙芝居等を取り入れたプログラムで夏休みの終りを有意義に過ごす行事を実施していた。同三十一日には、夜七時から大神宮社務所で映画上映会を催し、「遷宮上人」ほか四篇の映写を父兄と共に楽しんだことが報じられており（『神社新報』昭和二十五年九月十八日）、子供会を國學院大學の協力の下に開催していた。

また、昭和三十四年の新春からは、第一回千代田区内小中学生新春書道展を大神宮にて開催、約五

昭和30年代に大神宮で開催されていた新春書道展の様子

百点の作品が奉納された。この展示会は千代田区内の総括書初め展としての位置づけとされ、以後も大神宮を会場に開催、好評を博しており、現在は元日から五日まで開催している。この千代田区内小中学生新春書道展は、平成三十一年で第六十回を数えるに至っている。この他、全国かるた会（現在は開催せず）や昭和二十六年五月十日から開始された夏のラジオ体操は、現在でも神職と地域から集まった方々とともに続けられている。

### 七夕祭りに併せた「七あそび」行事

先に子供会の項でも少し触れたが、近年では各地の幼稚園や保育園にて必ずといってよいほど行われる年中行事の一つとして「七夕」がある。前述の大神宮遊園地のあった時期にあたる昭和二十八（一九五三）年七月七日、東京大神宮では、七月七日の七夕に併せて、有職故実研究会の奉納により故事にちなんで宮中の古式にならい管弦と歌会の「七あそび」行事を午後七時半から開催した。

烏帽子狩衣姿の旧公卿の所役が二弦三管にて盤渉調の七曲を奏した後、天の川になぞらえた白布が境内に敷かれ、西方の牽牛に男性、東方の織姫に女性と分かれて歌人が着座、牽牛側から歌を詠んで巻紙に書をしたためて扇で渡し、織姫側が返歌を送るという優雅な七夕行事が行われていた。

現在では、こうした七夕行事がリニューアルされ、七夕の日に「七夕祈願祭」が斎行されており、特別奉製の七夕守と記念品の授与が行われている。また、祈願祭とともに「七夕懐石料理を楽しむ夕べ」という七夕にちなんだ料理を楽しめるプランもあり、崇敬者にとって人気の祭事の一つとなっている。それゆえ、七夕祈願祭は毎年、参列申し込み多数の状況にある。

献茶祭（上）と観月祭（下）の様子

令和二年は、一月末から日本国内でも感染者が発生して、全国的に感染が拡大した新型コロナウィルス（Covid-19）の感染症対策のため、規模を縮小して神職のみでの祈願祭斎行となった。この祈願祭は、大神宮の祭典のなかでも、雛まつりの祓、観月祭、表千家のご奉仕による献茶祭などとともに毎年、多くの参列者で賑わう祭事の一つである。

# 大神宮の創立・発展に尽力した人物

本書では、これまで大神宮をめぐる歴史的経緯をはじめとして、この百四十年間の大神宮にかかる様々な事象を述べてきたが、この項では、大神宮の歴史を刻んできた人物に焦点をあてて述べてみたい。創建以降、東京皇大神宮遥拝殿、神宮教、神宮奉斎会、東京大神宮とそれぞれの時代において事業運営に尽力した人物は、現在では新潟や熊本、山口、中津など地名を冠した個々の大神宮となっている各地方本部や戦後の総代・責任役員らも含めて数多いが、とくに神宮教、神宮奉斎会、東京大神宮の要職にあって、伊勢の神宮の教化や国典・国礼の普及、神宮大麻・暦の頒布、戦前・戦後の神社神道の発展に尽力してきた人物九名に焦点をあてて少し述べておきたい。

## ①田中頼庸（たなか　よりつね、神宮大宮司・初代神宮教管長）

田中頼庸は、天保七年に薩摩国（鹿児島県）に生まれる。元薩摩藩士で幕末期から明治中期の国学者・神職。通称藤八、雲岫と号した。明治維新以後は、藩校である造士館国学局初講、神社奉行となり、藩の神道関係の要職を務めた後、明治四年に神祇省に出仕、翌五年三月十四日に神祇省を廃止して設置された教部省の教部大録、翌六年に権少教正となった。明治七年に神宮大宮司兼権中教正に就任後、浦田長民とともに神宮の諸改革に取り組み、ついで権大教正、正六位に叙せられる。明治九年には大教正となる。

明治十年には、神宮の職制改革に伴って神宮宮司となり、大神宮の創建時の十三年には神道事務局副管長となっている。大教院の廃止後、神道事務局に奉祀する祭神をめぐって伊勢派と出雲派が争った祭神論争では、伊勢派の代表格として出雲派の千家尊福と対立し、最終的に明治天皇の親裁を仰ぐことに発展した。明治十五年一月の神官教導職分離に伴って神宮教院が神宮司庁と分離した際には、神宮宮司を辞職して一派独立した神道神宮派（神宮教）の管長に就任。田中は、篤志家・社会事業家としての一面もあり、鍛冶橋監獄の教誨師も務めたことから、心学者の高瀬眞卿に協力する形で、神宮からの金銭的補助を引き出し、わが国で二番目となる児童自立支援施設である神宮教院感化院（のちの東京感化院）の設立にも尽力した。

田中は、神宮大宮司時代から文明開化によって我が国の和文体が衰退することを嘆き悲しみ、研文会と呼ばれる会を立ち上げたが、神宮教専任となってからも日比谷大神宮にて会を継続し、官僚・学者らを集めて井上頼圀や小中村清矩、久米幹文、飯田武郷ら国学者と研鑽を重ね、明治初期・中期の国文学の進展にも尽くした。また、国典・国礼に関しても、皇族の神葬を奉仕したほか、明治二十年に鹿児島で行われた島津久光公爵の国葬、二十一年には鬼県令と称され、交誼の深かった三島通庸警視総監・子爵の葬儀を斎主として務め、神葬祭の普及にも尽力した。病気のため明治二

田中頼庸

十六年七月十三日に管長を辞職、同十七日に内務大臣の認可を得た。明治三十年四月十日没。享年六十二。博覧強記の人としても知られ、著書に『校訂日本紀』、『校訂古事記』、『賢所祭神考証』、『神宮祭神提要』、『校訂古語拾遺』、『神徳論』、『三則演義』、『梅の屋文集』などがある。

②藤岡好古（ふじおか　よしふる、第二代神宮教管長・初代神宮奉斎会会長）

藤岡好古は、弘化三年に江戸浅草に生まれる。国文学者にて神道家。旧姓は青山。藤岡家の養子となり、国学者の堀秀成の門に入る。教導職としても活躍した堀秀成のもとで国学を学び秀才の名を馳せ、特に言語学に関しての造詣が深かったことでも知られる。明治五年に教部省に出仕、権少講義となり、六年に佐賀県の国幣中社田島神社権宮司・少講義となる。その後、大阪へと移り官幣大社生國魂神社禰宜、権中講義となり、七年に伊勢の神宮にて皇大神宮禰宜・権大講義となる。明治十五年に神宮権宮司、権少教正となり、十八年に権宮司の職を辞して、十九年に神宮教院弁理となる。藤岡は、神田息胤、篠田時化雄とともに田中頼庸管長の片腕、三羽烏とも称された。明治二十一年には神宮教大教正となり、田中頼庸管長が辞職した二十六年に神宮教管長事務取扱、三十年に神宮教管長となる。三十三年に神部署参務員となり、従六位に叙せられる。明治三十二年九月に初代神宮奉斎会会長となり、大正元年には神宮神部署主事、四年に東京府神職会長に就任した。

藤岡好古

藤岡は、恬淡寡慾の人柄としても知られており、その弟子でもある穴守稲荷神社の金子胤徳に「(宗教家として)人の不幸に際しては何物を措いても、率先して見舞いしてやれ、此の優しい心の無い者は、到底宗教家として社会に立つことはできぬ」と説いているが、自己の利益に赴くことなく宗教者としての基本である篤志にあふれる人柄であった。事実、官幣大社伏見稲荷神社(現伏見稲荷大社)の宮司に補せられようとした際にも辞退して後進を推薦していたことが知られている。

奉斎会会長として再度就任し、活躍していた大正六年、日本大学の宗教科の開講式に出席し「たましひ」に関する講義をしていた折に突然卒倒。脳溢血にて急逝した。享年七十二。従五位に叙せられた。編著に師である堀秀成の書を編んだ『音義全書』がある。

### ③篠田時化雄(しのだ　しげお、第三代神宮奉斎会会長・大本部長・神宮禰宜)

篠田時化雄は、安政三年十二月十四日に桑名藩士篠田義方の長男として桑名(三重県桑名市)に出生。慶応三年春に十一歳にて桑名藩勘定所に出仕し、明治六年二月に神宮教院生徒寮に入る。同七年二月には皇大神宮宮掌・訓導となり、京都在勤を命ぜられて、神宮教会京都本部に在勤して教会の神殿新築に尽力する。その後、十一年に神宮主典、十二年に大講義に補せられ、明治十五年の神官教導職分離の際には、教導職兼補の立場であったが、神宮祭主久邇宮朝彦親王から神宮禰宜へと補任する旨の思召しがあったが、これを辞し神宮主典で免官。教導職権少教正として、皇道布教のため各地を巡回講演し、十七年の教導職廃止後は、京都・大垣・大阪にて神宮教の地方本部長に就任、二十三年に大

篠田時化雄

教正となる。二十五年に京都府皇典講究分所所長となる。また神宮教弁理となっていた明治二十六年には、田中頼庸神宮教管長が病気にて辞職、藤岡好古とともに神宮教管長事務取扱を命ぜられている。明治三十二年に神宮教が解散、財団法人神宮奉斎会へと組織替えした際には、理事・大本部長（伊勢）に就任、三十四年十二月十七日に第三代会長に就任、三十六年十二月二十六日まで務めた後、大正六年に藤岡会長が急逝した後は再度会長に就任、大正十年まで会長・大本部長職を務めた。

また、大正元年に神宮神部署が設置されると神部署主事、京都支署長を務めた。

篠田は、女子教育にも尽力したことで知られている。明治三十八年には、京都府皇典講究所内に精華女学校（のちの精華高等女学校、現在の京都精華学園高校・中学校）を創立し、同三十九年四月に校長（四十一年に文部大臣認可、四十三年より開校）となり、また篠田が尽力して同年に財団法人養徳会を設立して学校経営の母体とし、学校内に神宮遥拝所を設け、神道精神に基づく女子教育と社会教化に尽力した。なお、別項でも記している通り、明治十五年四月二十八日に冷泉為紀を斎主に自身の神前結婚式を行い、三十三年に神宮奉斎会（日比谷大神宮）にて模擬神前結婚式を行い、現行の神社で行う神前結婚式を創始し、大正元年に全国神職会より、その指導を求められるとその普及に尽力した。昭和十一年四月に八十一歳で逝去、従五位に叙された。著書に『国民精神要義』、歌集『小笹の露』があり、昭和三十一年には、六十年にわたる神宮に関する公私の職務を記した篠田の評伝である『篠田小笹乃屋大人物語』が京都大神宮から発行されている。

④今泉定助（いまいずみ　さだすけ、第四代神宮奉斎会会長）

今泉定助は、文久三年（一八六三）二月、仙台藩家老・白石城主片倉家の臣、今泉伝吉の三男に生まれる。明治七年からは定介と称し、昭和七年から戸籍名の定助に復した。明治七年に白石神明社の神職であった佐藤広見の養子となるが、二十三年十二月に離縁して今泉姓に復している。十二年四月に東京の神道事務局生徒寮に入った後、幕末維新期に国事に奔走し、明治中期以降は、政治家として活躍した丸山作楽の門に入り、自由民権運動の華やかなる時期を保守政治家であった丸山の書生として丸山家で過ごす。十五年九月に東京大学古典講習科図書課に入学した後、十九年九月に卒業する。

同年十二月に東京学士会編纂委員を嘱託された後は、文部省により編纂が開始されていた百科事典である『古事類苑』の編輯に従事。二十三年三月に國學院の創設に尽力し、開設後は講師となる。國學院では松野勇雄からの信頼が篤く、二十七年四月に松野が逝去すると、その創立にも携わった東京府城北中学校（府立四中＝現都立戸山高校の前身）校長に任ぜられた。三十年九月に國學院学監補となり、三十九年九月病気のため、それらの職を辞したが、四十一年十二月には、神宮奉斎会宮城本部長を命ぜられ、職務に復帰する。

今泉定助

明治四十三年九月に寺内正毅朝鮮総督に対して、朝鮮同化策につき建議、大正元年五月に神宮大麻暦頒布準備委員、同月神宮奉斎会新潟本部長、九月には神宮神部署主事、新潟支署長に補せられたが、五年五月に神宮神部署東京支署長に転じた。十年五月には、篠田時化雄の退任に伴い、神宮奉斎会会長に就任した。大正期には川面凡児のもとで禊を修めたほか、在野の神道家として著名であった葦津耕次郎とも交流を深め、祭政一致の国体論を提唱して政治家、軍人、経済人等に国体を講じ、好評を得た。昭和八年には陸軍参謀本部においても講義し、翌年には血盟団事件の特別弁護にあたっている。

昭和十年には、宇垣一成朝鮮総督に招かれて、満州へと渡航して満州皇帝に帝王と祭祀の精神について進講する。十二年からは、今泉翁を皇道発揚の先覚者として崇める日本大学総長、山岡萬之助の主唱にて日本大学に皇道学院を設立、院長として青年教育に努め、独特な国体論の講義に感化される者も多かったと伝えられている。今泉は政治家にも講義する機会が多かったことから、歴代首相にも進言しており、米内光政首相、小磯国昭首相らは、今泉理論の信奉者であった。昭和十九年九月十一日に逝去、青山墓所に葬られた。享年八十二であった。のちに日本大学内に設けられた今泉研究所を中心に昭和四十四年から四十五年にかけて『今泉定助先生研究全集』（全三巻）が発刊された。著書として『皇道論叢』、『大祓講義』、『国体原理』等がある。

### ⑤藤岡好春（ふじおか　よしはる、第五代神宮奉斎会会長）

藤岡好春は明治十四年、山梨県の生まれ。父は初代神宮奉斎会会長を務めた藤岡好古。明治三十八

藤岡好春

年に國學院大學師範部国語漢文歴史科を卒業、同四十二年に神宮奉斎会熊本本部長に就任する。大正元年に神宮神部署主事、群馬支署長、同五年に神宮神部署神部第一課長となり、十年に神宮奉斎会理事に就任した。同十一年に神宮神部署東京支署長、十三年に同大阪支署長、昭和四年に神宮奉斎会専務理事・全国神職会監事となる。今泉定助の逝去により、昭和十九年に最後の神宮奉斎会会長に就任、昭和二十年の終戦後は、二十一年に奉斎会を解散するまで、専務理事の宮川宗徳とともに神社本庁の設立と会の解散整理に尽力するとともに、宮川、佐佐木行忠とともに宗教法人東京大神宮の神社規則を作成するなど、東京大神宮の設立にも尽力した。二十一年二月の神社本庁設立後は本庁顧問となり、二十二年に山梨県の金桜神社宮司に就任した。三十五年に神社本庁長老、翌年に鳩杖を授与され、昭和四十四年六月三十日に没。享年八十八。

### ⑥宮川宗徳（みやがわ　むねのり、最後の神宮奉斎会専務理事・神社本庁初代事務総長・設立当時の東京大神宮総代・責任役員）

宮川宗徳は、明治十九年十二月十二日に熊本県阿蘇郡長陽村大字河陽で父宗保の長男として出生。宮川家は阿蘇神社の累代の祠職の家であり、宗保は神宮奉斎会にて活躍したことでも知られる。明治三十八年九月に國學院大學予科に入学し、明治四十三年に國學院大學国史科を卒業するが、國學院で

宮川宗徳

歴史学を学んでいた最中の四十二年に日本大学夜間部政経科にも入学しており、兵役に就く四十五年まで修学していた。國學院卒業後は、内務省に奉職、ほどなく歩兵第十三聯隊に入隊、大正二年十一月に除隊し、上京。翌三年に細川侯爵家の編集所嘱託、同年六月に文部省へ奉職する。九年には文部省を退職、東京市へと転じ、市の教育課主事兼視学として教育行政に従事する。その後、東京が関東大震災の災禍に遭い、宮川は震災焦土の中でいち早く各学校の学業の再開に尽力、その手腕が買われて、十三年に牛込区長に就任。その後、小石川区長、下谷区長を歴任、在職中は市政の枢要な職にあって遺憾なくその行政能力を発揮した。昭和十二年に市を辞職。十七年に東京市議会議員に当選、十八年には國學院大學理事に就任、昭和二十年五月、前年九月に財団法人神宮奉斎会の今泉定助が逝去し、友人の藤岡好春が会長職に就くと、藤岡に請われて奉斎会の専務理事に就任、専務理事就任三ヶ月後の八月には終戦を迎えた。

以後、GHQの占領下にあって、神社の国家管理が廃止となることが強行されるとの情報が現実的なものと判断されるようになった十月以降、関係者との連携のなか、全国の神社の護持のため宮川は善後策を講じる。宮川は、二十年十一月に新団体の設立準備委員に就任、同じく準備委員となった皇典講究所の吉田茂、藤巻正之、大日本神祇会の秋岡保治、伊達巽ら関係者とともに民間神祇三団体の合併に基づく全国神社の結合のための新団体の設立準備について、対応策を協議することとなったが、宮川は神社本庁の設立の中心的な役割を果たした。また、設立後は二月に初代事務総長に就任、社寺国有境内地無償譲渡の法案成立に尽力し、これを成し得た。しかし、二十二年の公職追放令にて神社新報社社長を辞職、翌年には本庁事務総長も辞職することとなった。

また、宮川は、現在も神社本庁の関係団体である株式会社神社新報社、財団法人神道文化会（現一般財団法人）、新宗教法人制度のもとで発足した東京大神宮の生みの親の一人である。神宮奉斎会の解散から、東京大神宮への設立においては、神宮奉斎会地方本部へ自らの名前で方針を示し、佐佐木行忠副総裁、藤岡好春会長とともに神社規則の策定にあたり、神宮奉斎会の解散と神宮奉斎会本院の神殿を基盤とする宗教法人東京大神宮の設立、財団法人伊勢神宮講社の設立を果たした。新たに宗教法人として生まれ変わった大神宮の総代・責任役員として、晩年まで長年その運営に携わった。

公職追放解除後は、再び一線へと復帰し、昭和二十四年には第五十九回伊勢神宮式年遷宮奉賛会理事長として四年余遷宮への奉賛に尽力、二十七年には神宮責任役員に就任、その後、財団法人伊勢神宮奉賛会理事長を務めて、三十五年に病で倒れるまで神宮奉護委員会の設立など神宮制度の是正問題や神宮奉賛の問題に東奔西走した。

晩年は病のため、表舞台から退き、昭和三十八年一月十八日に狭心症で文京区の東大病院分院で逝去。葬儀は青山葬儀場で佐藤尚武葬儀委員長、古屋新本庁事務総長を斎主として執り行われ、祭壇には天皇陛下よりの祭粢料が供えられた。なお、晩年、神職育成のためにと神社本庁へ寄附、没後も遺族から寄附がなされており、本庁では現在も育英奨学金の一部として運用されており、遺稿類は、逝去後に纏められた『宮川宗徳――その傳記と遺稿』（昭和三十九年）に収録されている。

⑦佐佐木行忠（ささき　ゆきただ、神宮奉斎会副総裁・伊勢神宮講社副総裁、第二代東京大神宮宮司・神宮大宮司・神社本庁統理）

佐佐木行忠は、明治二十六年七月二十六日に佐佐木高美の長男として東京で出生。父の高美は、佐佐木高行侯爵の長男にて、高行侯を補佐して國學院院長代理となり、皇典講究所・國學院の経営に尽力した人物であるが、明治三十五年七月に病没している。祖父の高行は、元土佐藩士にて幕末期に国事に尽くし、戊辰戦争にも功のあった人物で、元老院副議長や宮中顧問官、枢密顧問官となり、明治天皇の側近である侍補としても御信任篤く、大正天皇（明宮）の御教育主任や、明治天皇の皇女（常宮昌子内親王・周宮房子内親王）の御養育主任も務めた。そのため行忠は、幼少期から両内親王殿下との縁が深く、戦後も北白川房子神宮祭主のもとで神宮大宮司を務めている。

行忠は明治四十三年三月に祖父高行の逝去に伴い、十八歳で佐佐木家を継承し、侯爵を襲爵。昭和八年には皇典講究所理事となり、十一年六月には皇典講究所所長に就任（昭和十七年二月に國學院大學学長を兼任）、十二年六月には貴族院副議長に選出され、昭和十九年六月に再任された。

昭和十九年十二月に神宮奉斎会副総裁に就任したが、翌年五月二十五日、神宮奉斎会の役員会終了後、帰宅した折に東京山手を中心とした大空襲にて青山南町の侯爵邸が全焼する。混乱やまぬ八月には終戦となるが、終戦間もないうちから占領軍より神社の国家管理の廃止の意向が示されるという未曾有の危機に際し、皇典講究所所長であった行忠は、新団体設立準備委員会に参画。宮川宗徳らとともに協議を重ねる中にあって座長として議論を取り纏めるとともに、新団体設立発起人の一人として二十一年二月まで神社本庁の設立に尽力した。昭和二十一年二月十四日に行われた皇典講究所、神宮奉斎会、大日本神祇会の三団体解散に際して合同の物故先人の慰霊祭ならびに感謝祭が國學院大學講堂で斎行されたが、その斎主は行忠が奉仕している。

皇典講究所の解散に伴い、行忠は、二十一年三月より國學院大學理事長・学長となったが、GHQから教職不適格の指定となったため、退任。昭和三十四年九月には、再度國學院大學理事長・学長に就任し、四十五年まで学長職にあった。

東京大神宮との関わりは、戦前の神宮奉斎会の副総裁に就任したことが大きく、戦後、昭和二十一年の神社本庁設立に伴って神宮奉斎会が解散した際に設立された東京大神宮の第二代宮司に昭和二十四年四月から二十六年七月まで就任している。その後、大神宮との所縁深い、伊勢の神宮へと転じ、

佐佐木行忠

二十六年七月二十六日に神宮大宮司に就任。第五十九回神宮式年遷宮の諸祭儀に奉仕する。戦後最初の式年遷宮であり、かつ国家の管理を離れての遷宮の御造営、祭儀であったこともあり、種々の苦労も多く、宮川宗徳ら多くの関係者が健康を損ねたが、実質上の総責任者である神宮大宮司の行忠も例外ではなく、内・外宮の遷御が終わった数ヶ月後に山田赤十字病院に入院、

その後、回復したものの、昭和三十二年四月に健康上の理由から大宮司を辞任している。また、三十四年六月四日には、第三代神社本庁統理に選任され、五十年八月に逝去するまで六期十六年にわたり在任、戦後二度目となる昭和四十八年の第六十回神宮式年遷宮では神宮式年遷宮委員会委員長の任にあった。行忠は、戦後、神宮大宮司や本庁統理、國學院大學理事長・学長などの神社界の中心的な地位にて斯界興隆のために力を尽くしたが、行忠の祖父である高行から行忠に至るまでの三代、明治、大正、昭和にわたって、神社界の中枢にて神職養成をはじめとする斯界の発展に尽力した事績は、まさに近代神道史そのものである。昭和五十年八月十日に脳血栓のため逝去。享年八十二。

**⑧坊城俊良**（ぼうじょう　としなが、第三代東京大神宮宮司・神宮大宮司）

元伯爵。勲二等。明治二十六年に坊城俊章伯爵の四男として東京市に生まれる。学習院中退後、明治三十七年に宮内省侍従職出仕となり、明治天皇の晩年の側近の一人として奉仕する。明治四十四年兄の逝去に伴い、伯爵を襲爵。大正三年に宮内省主猟官となり、昭和八年に式部職主猟課長、同十五年に掌典職庶務課長となり、宮中祭祀に携わる。式部職儀式課長を経て昭和二十年に宮内省式部次長となり、併せて掌典長事務取扱、御歌所事務取扱を務める。二十一年からは皇太后大夫として二十六年の皇太后崩御まで貞明皇后に仕えた。宮内庁退官後、二十七年に二代宮司の佐佐木行忠

坊城俊良

宮司が神宮大宮司へと就任したことにより、東京大神宮第三代宮司に就任した。昭和三十二年四月に佐佐木大宮司の退任に伴い、神宮大宮司に就任し、三十九年には第六十回神宮式年遷宮の準備を大宮司にて取り進めることについて昭和天皇からの御聴許を受け、その準備にあたっていたが、昭和四十一年五月三十日に急逝。享年七十二。妻も宮内省の東宮侍従長、侍従次長などを務めた入江為守（昭和天皇の侍従長入江相政の父）の長女朔子で、長年にわたる宮内官としての経歴から『宮中五十年』（講談社学術文庫）の著書がある。

## ⑨松山能夫（まつやま　よしお、第五代東京大神宮宮司・神社本庁常務理事）

松山能夫は大正元年、三重県伊勢市に生まれる。父は第三代神宮奉斎会会長の篠田時化雄。昭和十年に國學院大學附属神道部卒業後、十二年に官幣大社宮崎神宮主典、十四年に茨城県の別格官幣社常磐神社主典、十五年に同社禰宜となり、茨城県護国神社社掌を兼務、終戦後の昭和二十一年に常磐神社宮司となる。昭和三十二年八月に入江晃権宮司の逝去に伴って、三十三年二月五日に常磐神社宮司から権宮司に転任、以後、八十年祭の斎行をはじめ、社務所の増改築や、全国の先駆けとなる総合挙式場である新客殿の大神宮会館の建設および社頭の整備に尽力する。昭和四十年に第四代宮司の飛鳥井雅信宮司の退任を承けて東京大神宮の第五代宮司に就任後は、大神宮の創建九十年、百年祭を斎行、社殿の御造営事業や大神宮文庫の企画発行などを実施した。また、神社界の要職を歴任し、昭和四十六年に神社本庁監事に就任。四十九年に東京都神社庁副庁長となり、神社本庁常務理事となる。昭和五十五年に東京都神社庁長となり、五十八年に神社本庁常務理事に再選された後は、逝去までその職にあった。逝去後は神社本庁長老の敬称を与えられた。また、昭和三十七年からは宮川宗徳の後を承けて、財団法人神道文化会の専務理事として神道文化の興隆・普及のためにも尽力、その功績大なるものがあった。平成元年三月十三日に逝去。享年七十六。

松山能夫

逝去後は、長男で権宮司を務めていた松山文彦が平成元年六月に宮司に就任。以後、東京都神社庁副庁長、庁長、元神社本庁理事などの神社界の要職を歴任した。また、前宮司の後を承け、財団法人神道文化会の専務理事にも就任、父と同様に神道文化の興隆・発展にも尽力し、大神宮発祥の神前結婚式の普及・発展はもとより、神宮大麻の増頒布、伊勢神宮の知名度向上のための教化啓発活動を次々に実施、参拝者に親しみやすい境内の整備と神社のもつ様々な文化事業や教化活動などを軸に三十余年、着実ながらも神社の社会的教化にかかる先駆的な取り組みを次々と行い、神社界のフロントランナーとして注目されている。

## 【明治五年以降　歴代祭主・管長・会長・宮司一覧】

＊神宮司庁東京出張所時代

祭主　近衛忠房　三条西季知　久邇宮朝彦親王

大宮司　北小路随光　本庄宗秀　田中頼庸

少宮司　藤堂高泰　浦田長民　藤岡好古（職名は権宮司）

＊神宮教時代

総裁　皇族　賀陽宮邦憲王

副総裁　子爵　海江田信義

管長　田中頼庸（初代）　藤岡好古・篠田時化雄（管長事務取扱）　藤岡好古（第二代）

＊神宮奉斎会時代

総裁　皇族を推戴予定であったが未定の儘終戦を迎える

副総裁　公爵　二条基弘（初代）　侯爵　蜂須賀正韶（第二代）　侯爵　佐佐木行忠（第三代）

会長　藤岡好古（初代・第四代）　神田息胤（第二代）　篠田時化雄（第三代・第五代）

今泉定助（第六代）　藤岡好春（第七代）

＊東京大神宮時代

宮司　小出英経（初代）　佐佐木行忠（第二代）　坊城俊良（第三代）
飛鳥井雅信（第四代）　松山能夫（第五代）　松山文彦（第六代）

権宮司　青木仁蔵（初代）　入江晃（第二代）　松山能夫（第三代）　三島勝三（第四代）
松山文彦（第五代）　松山幾一（第六代）

# 参考文献・論文一覧

※順不同


神宮司庁「東京遥拝殿設立始末」『神宮公文類纂　教導篇』明治八年〜明治十一年
東京都公文書館所蔵『講社取結・教院設置・邸内社堂・甲および乙〈社寺科〉』
〃　『院省往復録・第1部〈土木(掛)〉』明治八年、九年
宮内庁編『明治天皇紀』第四、五、六、十二、吉川弘文館　昭和四十五〜五十年
宮内省図書寮編修『大正天皇実録　補訂版』第一、ゆまに書房　平成二十八年
伊勢市編『伊勢市史』第四巻　近代編、伊勢市　平成二十三年
近衛忠房撰『五儀略式　解除式　全』神宮教院　明治六年
常世長胤『神教組織物語』下巻(國學院大學図書館所蔵)明治十八年
小西千吉編『教林』第三〜十号、神宮教院内教林社　明治二十六〜二十七年
孫福弘孚『櫟陰記』第八巻、明治六年
神宮奉斎会編『神宮奉斎会祭式』明治三十二年頃(正確な発行年不明)
神宮奉斎会本院編『諸祭儀介助ノ栞』昭和四年頃(正確な発行年不明)
坂常三郎『神都の繁華』教林社　明治三十年
野口勝一編輯『風俗画報臨時増刊　新撰東京名所図絵　麴町区之部上　第拾六編』一七五号、東陽堂　明治三十一年

野口勝一編輯『風俗画報臨時増刊　皇太子殿下御慶事　千代乃祝』二一一号　東陽堂　明治三十三年
室松岩雄『神道婚礼式講義　全』皇學書院　大正八年
富田雙川（富田幸次郎）『田中青山伯』青山書院　大正六年
松枝保二編『大隈侯昔日譚』報知新聞社出版部　大正十一年
円城寺清『大隈侯昔日譚』新潮社　大正十一年
篠田時化雄『神前結婚の由来と説話』昭和五年頃（正確な発行年不明）
石井研堂『改訂増補　明治事物起原』上巻、春陽堂　昭和十九年
岡田米夫・松山能夫ら『東京大神宮沿革史』東京大神宮社務所　昭和三十五年
岡田米夫「大神宮崇敬の地方的発展」『神宮・明治百年史』下巻、神宮司庁　昭和四十五年
久保田収「神宮教院と神宮奉斎会」『明治維新神道百年史』第四巻、神道文化会　昭和四十一年
〃『神道指令の超克』錦正社　昭和四十七年
阪本是丸『東京大神宮百年の歩み』東京大神宮社務所　昭和五十五年
井上順孝・阪本是丸編著『日本型政教関係の誕生』第一書房　昭和六十二年
阪本健一『明治神道史の研究』国書刊行会　昭和五十八年
西川順土「廃絶前後の御師」『月刊歴史手帖』十二巻七号、昭和五十七年　名著出版
〃『神宮教養叢書　第九集　近代の神宮』神宮文庫　昭和六十三年
松山能夫編『千代のさかづき』東京大神宮社務所　昭和五十一年
文部省文化局宗務課監修『明治以後宗教関係法令類纂』第一法規　昭和四十三年
西田重一編『神道人名辞典』神社新報社　昭和三十年
上田賢治・阪本健一・阪本是丸・岡田荘司・竹本佳徳監修『神道人名辞典』神社新報社　昭和六十一年
阪本是丸・櫻井治男・牟禮仁・佐野和史・竹本佳徳監修『戦後神道界の群像』神社新報社　平成二十八年
松山　恵『都市空間の明治維新――江戸から東京への大転換――』筑摩書房　平成三十一年

石井研士『結婚式——幸せを創る儀式——』日本放送出版協会　平成十七年
〃　「戦後における神前結婚式の隆盛と儀礼の交代」『明治聖徳記念学会紀要』三十九号、平成十六年
山本博文『明治の金勘定』洋泉社　平成二十九年
藤本頼生『明治維新と天皇・神社』錦正社　令和二年
〃　「帝都東京の枢要部における宗教性と公共性——神宮司庁東京出張所皇大神宮遥拝殿の設立をめぐって——」『帝都東京における神社境内と「公共空間」に関する基礎的研究〈研究課題番号22520063　科学研究費補助金　基盤研究(C)研究成果報告書〉』平成二十五年
〃　「感化法成立前の児童自立支援事業——近代における民間社会事業と宗教との関わりから——」『人文科学と画像資料研究』第3集、平成十八年
平井直房『神道と神道教化』國學院大學神道学科資料室内平井直房教授古稀祝賀会　平成五年
〃　「神前結婚の歴史と課題」『明治聖徳記念学会紀要』三十号、平成十二年
神社本庁編『改定諸祭式要綱(第二十六版)』神社新報社　平成十一年
芳村忠明「神道事務局と単称神道(神道本局)」昭和四十四年
梅坂清松「神宮教院の創設と新潟大神宮の発祥」新潟大神宮編『新潟大神宮御鎮座百周年祭之記録』昭和五十一年
山田慎也「結婚式場の成立と永島婚礼会」『国立歴史民俗博物館研究報告』第一八三集、平成十六年
間宮忠夫監修『保存版　伊勢・志摩の今昔』郷土出版社　平成十四年
辻村修一・浦谷広己『目でみる伊勢・志摩の100年』郷土出版社　平成二年
武田幸也『近代の神宮と教化活動』弘文堂　平成三十年
菅　浩二『日本統治下の海外神社』弘文堂　平成十六年
南　博編『近代庶民生活誌』第九巻、三一書房　昭和六十一年
宮川忠夫編『篠田小笹之屋大人物語』京都大神宮　昭和三十一年

平井聖監修『歴史群像シリーズ　城と城下町1　江戸東京』学習研究社　平成二十年
人文社編集部『江戸から東京へ　明治の東京』人文社　平成八年
〃　『古地図・現代図で歩く明治大正東京散歩』人文社　平成十五年
〃　『古地図・現代図で歩く戦前昭和東京散歩』人文社　平成十五年
西東社編集部『地図と写真でわかる江戸・東京』西東社　令和二年
鈴木理生編著『東京の地名がわかる事典』日本実業出版社　平成十四年
竹内正浩『重ね地図で読み解く大名屋敷の謎』宝島社　平成二十九年
〃　『地図と愉しむ東京歴史散歩　都心の謎篇』中央公論新社　平成二十四年
井口悦男・生田誠『東京今昔歩く地図帖』学習研究社　平成二十二年

なお、本書にて掲載の写真、地図、徽章、雑誌等で特段所蔵機関の記載がないものは、筆者撮影・所蔵のものであり、現在の拝殿や末社、祭祀、客殿、社号標、境内駐車場、駅および空港ターミナルの広告の写真は、東京大神宮のご配慮によるものである。また、その他の明治期の公文書やその附図、本文中新聞の記事・写真については、それぞれキャプションに掲載した通りであり、掲載を御許可戴いた各機関に心より御礼を申し上げる次第である。

# あとがき

本書執筆のお話を最初に頂戴したのは、確か平成二十二年の春頃であったと思う。それからあっという間に十年余。神道文化会等で日頃よりお世話になっている松山文彦宮司には、本当に長きにわたってお待たせをしてしまった。まずはそのことをお詫びしなければならない。コロナ禍の中にあって本書の刊行にあたり多大なるご理解とご配慮を賜った松山宮司、幾一権宮司をはじめ、責任役員の廣瀬元夫様、畑史郎様、香取純一様、崇敬者総代の皆様方、また、本書執筆にあたって、とくに平成に入ってからの大神宮の各事業などについて懇切丁寧に教示、助力を戴いた東京大神宮職員の小島恵美氏に心より御礼を申し上げる次第である。

また、本書執筆にあたっては『東京大神宮百年の歩み』の著者で本書の草稿に目を通して戴き、当時の執筆時の苦労や思い出を語って戴きながら小生を激励戴いた阪本是丸國學院大學名誉教授、伊勢の浦田長民の資料などを紹介戴くなど、折に触れて執筆にあたってのアドバイスを頂戴した櫻井治男皇學館大学名誉教授、伊勢の神宮教院の創建について御教示戴いた神宮文庫の窪寺康秀氏、史料の解読にあたり教示を頂戴した松本丘皇學館大学教授にも心より御礼を申し上げたい。本書にも項目として掲げた神宮奉斎会伊勢大本部の建物に小生が興味を持ったそもそものきっかけは櫻井先生より、先生が当時調査中であった浦田家所蔵の幕末維新期の神宮御師関係の文書や明治期の古写真を見せて戴いたことや、先生の案内で浦田長民の孫にあたる浦田長吉氏の邸宅を訪問させて戴いたことにある。当時、神宮大麻に関する研究の一環としての訪問であったが、そのことは今でも忘れられない思い出の一つである。

そして本書刊行にあたって錦正社中藤正道社長には、出版を快諾戴くとともに、三百頁余にわたる本書の校正をはじめ、煩雑な写真の挿入や図版等の整理事務などで種々の助力を戴いた。令和二年十二月四日に刊行を楽しみにして下さっていた中藤政文同社会長が逝去され、事後の処理にて慌ただしい中で編集に助力戴いたことに篤く感謝申し上げたい。筆者はかつて神宮教会が設置されていた神田錦町の地と縁深い錦正社から刊行できるご縁を本当に嬉しく思う次第である。

加えて写真や新聞記事、史料の転載にあたり、中津大神宮の長谷川保則宮司、朝日新聞社や読売新聞社、日本経済新聞社、神社新報社、国立国会図書館、東京都公文書館、国際日本文化研究センター等、ご配慮を頂戴した各位、機関にも御礼を申し上げたい。

また、本書は令和二年度國學院大學国内派遣研究「現代社会における神社・神職の公共性および社会貢献活動に関する宗教社会学的研究」の研究成果の一部でもある。派遣研究の機会を頂戴した國學院大學当局および西岡和彦神道文化学部長はじめ、学部の各先生方に謹んで感謝申し上げる。

本書の執筆の実感でもあるが調べれば調べるほど、大神宮の持つ歴史的な魅力と現代社会における大神宮の多彩な社会教化活動とがどんどん湧き出てくる。地図や写真などを多用しつつ、他の神社の神社史とはやや異なるスタイルで大神宮百四十年の歴史を記そうと試みたものの、関東大震災による大正末までの大神宮関係資料の焼失等もあって資料探索上の制約があることや、東京都公文書館の所蔵史料等を一部用いたものの東京の神宮教会の活動などについてはさらに詳細な分析が必要であり、まだまだ本格的な大神宮史を描くには道半ばといった感がある。配慮が行き届かない点はどうかご海容を戴ければと思う。

おわりにあたり、本書刊行の機会を頂戴した東京大神宮の御神縁と御神恩にあらためて感謝申し上げるとともに、刊行を通じて大神宮の恒例・臨時祭祀や神前結婚式、種々の活動に興味や関心を持ってもらう方々が増え、「東京のお伊勢さま」たる東京大神宮の認知度がさらに高まることを願う次第である。天照皇大神や豊受大神とともに天之御中主神、高御産巣日神、神産巣日神という「むすひ」の神々を祀る大神宮が、さらに伊勢の神宮と首都圏に居住する方々との縁とをむすぶお宮となることに本書が微力でもお役に立てたならば幸甚である。

令和二年十二月十五日

新型コロナウイルス感染症が一日も早く収束することを願って　　藤　本　頼　生

著者略歴

藤《ふじ》本《もと》頼《より》生《お》

國學院大學神道文化学部 神道文化学科准教授
昭和49年、岡山県生まれ。
國學院大學大学院文学研究科神道学専攻博士後期課程修了。博士（神道学）。
平成9年に神社本庁奉職後、平成23年に國學院大學専任講師を経て、平成26年より現職。専攻は日本宗教行政史、神道教化論、神道と福祉、宗教社会学など。

主要著書
『神道と社会事業の近代史』（単著・弘文堂、平成21年）
『神社と神様がよ～くわかる本』（単著・秀和システム、平成26年）
『よくわかる皇室制度』（単著・神社新報社、平成29年）
『鳥居大図鑑』（編著・グラフィック社、平成31年）
『地域社会をつくる宗教』（編著・明石書店、平成24年）
『神社・お寺のふしぎ100』（監修・偕成社、平成27年）
『明治維新と天皇・神社――一五〇年前の天皇と神社政策――』（単著・錦正社、令和2年）

東京大神宮《とうきょうだいじんぐう》ものがたり
――大神宮の一四〇年――

令和三年十二月　四日　印刷
令和三年十二月十七日　発行

※定価はカバーに表示してあります。

著者　藤本頼生
発行者　中藤正道
発行所　株式会社錦正社
〒一六二―〇〇四一
東京都新宿区早稲田鶴巻町五四四―六
電話　〇三（五二六一）二八九一
FAX　〇三（五二六一）二八九二
URL　https://kinseisha.jp/

印刷所　株式会社平河工業社
製本所　株式会社ブロケード

ISBN978-4-7646-0145-1